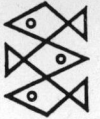

Über dieses Buch In ihrer erzählerischen Annäherung an Else Lasker-Schüler gelingt Elfi Hartenstein ein mit großer Sensibilität gezeichnetes Porträt der Dichterin. Sie konzentriert sich dabei auf nur sieben Monate um die Jahreswende 1909/1910. In dieser Zeit ging Else Lasker-Schülers Ehe mit dem zehn Jahre jüngeren Herwarth Walden in die Brüche. Elfi Hartenstein erzählt diese Epoche aus dem Blickwinkel der Lasker-Schüler: Als Auseinandersetzung zwischen dem disziplinierten Denker Walden und der spontanen, phantasievollen Dichterin. Was Elfi Hartenstein an ihrem historischen Vorbild gereizt haben mag, ist der Wunsch einer Frau, sich neben einem Mann geistig behaupten und ihm dabei doch nahebleiben zu können.

»Die Autorin, heute so alt wie ihre historische Figur damals, schlüpft dabei in die Haut und in den Kopf von Else Lasker-Schüler... Gerade aus dieser Identifizierung mit ihrem Vorbild bezieht die Lektüre dieses Buches ihre Spannung. Else Lasker-Schüler rückt aus der Vergangenheit in schwesterliche Nähe zu der Frau, die sich heute an ihr mißt, vor allem auch in ihrem Scheitern mit einem männlichen Partner... Elfi Hartenstein ist mit ihrem ersten Prosabuch zweierlei gelungen: Sie ruft ein Stück deutscher Kultur- und Literaturgeschichte auf – die großbürgerlich getönte intellektuelle Caféhaus-Bohème vor ihrer Götterdämmerung im Ersten Weltkrieg. Zugleich aber und vor allem wird das historische Modell durchsichtig für ein Stück Auseinandersetzung zwischen den Geschlechtern, wie es auch heute noch gilt, heute wieder.« *Mannheimer Morgen*

Die Autorin Elfi Hartenstein, 1946 in Starnberg geboren, arbeitet nach dem Studium der Germanistik und Geschichte als Lehrerin in Bremen. 1981 erhielt sie für dieses Buch das Förderstipendium für Literatur der Hansestadt Bremen.

Elfi Hartenstein

Wenn auch meine Paläste zerfallen sind
Else Lasker-Schüler
1909/1910

Erzählung

Fischer Taschenbuch Verlag

Die * neben einzelnen Zeilen kennzeichnen die Stellen,
die von der Autorin mit Erläuterungen (Seite 201–209)
versehen sind
Ein △ neben einer Zeile
verweist auf einen Literaturhinweis (Seite 202–209)

Ungekürzte Ausgabe
Veröffentlicht im Fischer Taschenbuch Verlag GmbH,
Frankfurt am Main, Januar 1987
Die Erstausgabe erschien 1983
im SCHREIBEN-Frauenliteraturverlag, Bremen
© Elfi Hartenstein, Bremen 1983
Umschlaggestaltung: Susanne Berner
unter Verwendung einer Zeichnung von Else Lasker-Schüler:
»In der Nacht meiner tiefsten Not
erhob ich mich zum Prinzen von Theben«
Gesamtherstellung: Clausen & Bosse, Leck
Printed in Germany
980-ISBN-3-596-23788-2

Oktober

Im Zimmer ist es dunkel geworden. Die Umrisse der Möbelstücke sind weichgezeichnet, alle Ränder abgerundet, Kanten aufgelöst als flössen sie in Schleier. Die Decke hat sich herabgesenkt, der große Raum engt sich zur Höhle.

Else reißt die Augen auf. Noch muß sie das, was sie umgibt, nicht ahnen. Der Tisch vor dem Fenster, der Stuhl mit der hohen Lehne, sogar die Bücher und Blätter auf beiden – auch jeder andere würde sie erkennen.

Der Rest weicht dem Blick. Weiter hinten im Raum sind die grauschwarzen Schleier tröstlich. Sie liegt und starrt an die Tür. Bewegt sich die Klinke? Vom angestrengten Schauen wird der Blick starr. Else senkt die Lider. Mit der Hand tastet sie sich die Plüschlehne entlang, so bleibt sie, die Knie angezogen, den Kopf auf der Armlehne des Sofas, mit halbgeschlossenen Augen, lauscht.

Ein Amsellied fliegt ihr durchs geschlossene Fenster entgegen. Melodietöne, starke, sanfte. Kann das sein? Jetzt? Mit einem Ruck setzt sie sich auf. Das Amsellied im Ohr macht sie ein paar Schritte aufs Fenster zu, stützt sich mit der Hand auf den Tisch, sucht mit den Augen in den Abend hinaus. Regenwetter, Pfützen im Licht der Straßenlaterne. Sie hat's ja gewußt. Täuschung. Es wird doch Winter. Als sie sich ins Zimmer zurückdreht starrt es ihr stockschwarz entgegen. Aus der heimeligen Schleierhöhle ist ein schwarzes Loch geworden. Wenn sie nichts dagegen tut, werden die Gnomen und Zauberhexen, die wilden Dschungeltiere ihres Lebens gleich hinter den Möbeln, den Bildern und Spiegeln hervorkommen und über sie herfallen. Zerreißen wollen sie sie in jedem Moment, in dem sie nicht auf der Hut ist. So war das schon immer. Man muß wachsam sein. Oder sie mit Träumen besänftigen. Manchmal gelingt ihr beides nicht. Dann kann sie nur noch fliehen.

Entschlossen geht sie zu dem riesigen halbblinden Wandspiegel. Auf der Konsole schräg vor ihm findet sie den porzellanenen Kerzenleuchter, Streichhölzer liegen daneben. Else greift nach der Schachtel, entzündet die Flamme. Ein kleines flackerndes Licht gibt seinen Schein in den Spiegel, verdoppelt sich. Lichtinsel.

Das hat sie noch einmal geschafft, gerade noch rechtzeitig. Sie wirft sich einen verschwörerischen Blick im Spiegel zu, reckt die Arme über den Kopf. Heute – heute nicht, denkt sie. Und laut sagt sie, mit einer Wendung des Kopfes nach hinten, ins Zimmer, zum Bett hin, zum Sessel, zur Tür: ihr bleibt wo ihr seid. Ich befehle es euch. Mir ist nicht nach Spielen. – Sie kichert, dreht sich um sich selbst, verneigt sich mit weit ausladender Gebärde vor der da im Spiegel, macht ein paar Tanzschritte auf den niedrigen Tisch vor dem Sofa zu, da hat sie die Flöte hingelegt, vorhin, vorhin oder gestern mittag, oder letzte Woche, eigentlich liegt sie immer da auf dem Tisch, die gute, die Flöte. Sie setzt sie an die Lippen, spielt. Da ist es wieder, das Amsellied, zieht sich trillernd durch den Raum, trillert und schluchzt, schluchzt klagend, schluchzt noch einen langen wehmütigen Triller – nein, ihr ist nicht nach Spielen. Sie läßt die Hände sinken, neigt den Kopf. Heute – heute nicht. Einen Moment steht sie verloren im flackernden Kerzenlicht, dann wendet sie sich wieder dem Wandspiegel zu. Geht ganz nah an ihn heran, preßt sich sekundenlang die Nase platt, und in geringem Abstand, die Augen weit geöffnet, seufzt sie sich entgegen: schauerlich. Schauerlich. Aber es soll nicht vorbei sein. Und wenn ich tausendmal alt werde und faltig und runzlig und blaß, – ich bin immer noch schöner als diese,

diese – ihr fällt kein passendes Wort ein – diese neunmal-
kluge Haremsdame mit den Perlen, die sie sich in die Ohren stechen läßt, diese blasierte Allerweltspuppe, die immer lacht und kein Fünkchen Genie hat – oh, kein Fünkchen Genie. Nicht den leisesten Hauch von Genialität hat
sie an sich. Deshalb braucht sie es auch so nötig, sich im
Abglanz fremden Lichts zu halten, diese, diese –

Sie sieht an sich herunter und unterbricht ihre Klage.

Sehe ich etwa aus wie vierzig? Vierzig Jahre: das sind
doch Matronen. Wohlanständige Ehefrauen mit wohlerzogenen Kindern und deren wohlerzogenen Kindermädchen, und dazu genauso wohlanständige Ehemänner, und
die, die halten sich heimlich, aber davon weiß man wirklich nichts, ganz und gar nicht wohlerzogene Mädchen.
Nicht Kinder-, sondern Ehemännermädchen. Und die
Ehefrauen, die haben dabei trotzdem alles, was sie brauchen. Selbst wenn sie's wüßten, das, was ihre Ehemänner
mit diesen ganz und gar nicht wohlerzogenen Ehemännermädchen machen, müßten sie um nichts fürchten. Ach, –
und die Liebe? Die Liebe?

Sie streicht sich die lange weite schwarze Bluse um die
Hüften herum glatt, an ihren Handgelenken klimpern
dünne Reifen, die weiten Ärmel fallen dabei über die
Bündchen auf die Handrücken. Vierzig? Was ist das
schon? Ein paar Fältchen um die Augen, na und? Und
kein einziges graues Haar, da kann man mit der Lupe suchen. Mit der rechten Hand streift sie das Haar aus dem
Gesicht. Kurzer Pagenkopf wie sie ihn sich schon als Kind
gewünscht hat. Da war das noch lange nicht en vogue.
Doch: ihre Träume – wann waren die schon zeitgemäß?

An den vor den Spiegel gehaltenen Händen blitzen rote
und grüne Splitter, ringgeschmückte Finger vollführen
einen kunstvollen Tanz durch die Luft. Als wenn's drauf
ankäme. Plötzlich steht sie, mit hängenden Armen und

fröstelt. Es ist kalt. Else kniet sich vor den Ofen, öffnet das eiserne Türchen. Natürlich, kein Fünkchen Glut mehr. Wie tot, murmelt sie, gestorben, aschentot, totenkalt. Wenigstens Holz hätte er bereit legen können. Aber er hat ja nicht einmal die Asche geleert. Soll ich alles selbst machen? Das Nest warmhalten, damit er nicht friert, wenn er endlich nach Hause findet? An mich denkt er gar nicht. Ich sitze hier und – na warte, es wird einen Sturm geben. Einen Sturm. Sie lacht. Da ist keine Bitterkeit in diesem Lachen. Wenn du wüßtest, wie ich dich liebe. Ich trage mein Herz auf der Zunge, hab es dir tausendmal gedichtet – und du glaubst es nicht. Hältst es für lyrische Pose. Dabei lebe ich in meinen Worten und trage sie vor mir auf einem goldenen Tablett wie mein Herz. Aber komm du nur nach Hause –

Sie schlingt sich einen Schal um die Schulter, zündet die Lampe auf dem Fenstertisch an. Ich werde dich nicht suchen gehen im Café. Ich will sie nicht sehen heute, alle diese Gesichter. Ich hasse sie. Heute.

Auf dem Tisch liegt viel Papier. Die Blätter, die auf den Stuhl und auf den Boden gefallen sind, werden dazu gelegt, sorgsam geschichtet. Obenauf der Brief, heute morgen fand sie ihn zwischen viel anderer unwichtiger Post, hundertmal gelesen wurde er inzwischen, sie weiß ihn auswendig Wort für Wort und kann ihn doch immer wieder von neuem lesen und sich an ihm freuen.

Dieser Brief! Briefe können wie Spiegelbilder sein. Wie wenn du an einem ruhigen Teich stehst und du bückst dich und schaust hinein in sein Wasser: das ist dein Gesicht, das dir da entgegenblickt, ein bißchen verschoben und welligbewegt, nicht ganz du, so, als wäre eben die Anregung zu diesem Bild von dir ausgegangen, und du findest dein Bild wieder, findest dich wieder. Du kannst dir Grimassen schneiden und dich auslachen, und dein Bild hält deinem Lachen stand. Es wendet sich nicht ab, solange du es ansiehst. Und die Glockentöne, die du in deinen Brief gepackt und weggeschickt hast, klingen dir wieder entgegen mit der Antwort. Und du bist ganz verliebt, nicht nur in den, der dir so zu antworten weiß, sondern auch in dich, die du diese Antwort hervorgerufen hast mit deinem eigenen Brief, deiner eigenen Antwort. Briefe schreiben ist auch eine Art von lebendig sein.

Ja, nickt sie, als sie dasitzt und liest, es ist wirklich wie mit dem zweiten Gesicht. Ist es nicht faszinierend, daß unter diesen vielen tausend Masken ab und zu ein Mensch auftaucht, ein lebendiger Mensch aus Fleisch und Blut, einer, der versteht, der aus Worten die richtigen Gedanken herausspürt, der seine Gedanken mit ganz ähnlichen Worten lebendig machen kann, der nicht zurückschreckt vor diesen eigenwilligkunstvollen Gebäuden, der selbst ein Baumeister ist, ein Künstler, ein Schloßherr. Einer, der seine Träume pflegt. Und der damit sein Leben lang ein Knabe bleiben kann, ewig 14jährig. Ein Freund. Ein Ebenbild. Ach, – und daß er bereit ist, das Bild in seinem Kopf auszutauschen, wenn er sieht, daß es in Wirklichkeit ganz anders, ganz ungedacht neu sich zusammensetzt. Vertrauensvoll das Bild wechseln können, das ist Freundschaft, echtes Indianertum. Welch ein Glück!

Dear fourteenjähriger boy, schreibt sie. Das klingt wie das   * △
Lächeln, das dieser Brief in ihr Gesicht gezaubert hat. Ich
sagte Ihnen ja immer, ich bin Jussuf aus Egypten, schon   *
der mageren Kühe wegen; jetzt ist das Lächeln verlöscht –
auch trage ich den lammblutenden Rock, auch warfen
mich meine Brüder in die Grube und ich kenne Potiphars
Weib, das mich mißbrauchte und – die schwungvollen
schwarzen Linien, die die Feder aufs Papier geworfen hat,
scheinen nachzuzittern, es zittert auch Elses Hand. Sie

legt die Feder neben das Blatt, starrt ein Loch in die dunkle Fensterscheibe. Oktober, und was für eine bleierne Nacht. Immer kommt alle Bedrohung im Herbst, immer. Als wenn nicht der Gedanke an den nahenden Winter schon allein schlimm genug wäre. Manchmal ist es wirklich fast menschenunwürdig schwer, sich in dieser kargen Umgebung nicht aufzugeben. Nur träumen kann man da noch, ja – es gibt sie doch, diese andere Welt, strahlende funkelnde Glückswelt, man muß sie nur in sich tragen und auch in anderen ausdeuten wollen, das gibt Kraft, immer wieder, und sie können einem nichts anhaben, die Kalten, Stolzen, die nichts verstehen, die nie hinter den Dingen sehen.

Sie nimmt die Feder wieder zur Hand, Träumedeuten, schreibt sie, ist meine besondere Begabung. Und nachts trage ich den königlichen Turban im Schlaf und schenke Waizen aus.

Es stimmt, stimmt alles. Er wird es schon verstehen. Und dennoch: daß Sie mich anders denken konnten – ich kann doch nur ein Bursche sein oder ein Königssohn. Und Sie? Ich möchte Sie sehn – im schwarzen Nachtfenster lächelt er ihr zu, nein, er lächelt gar nicht, er nickt nur ein ganz klein wenig mit dem Kopf als freue er sich, sie so dasitzen zu sehen, diesen Brief schreibend. Seine hellen Augen ruhen in ihrem Gesicht, er hat einen schmalen Mund und eine schmale, gebogene Nase und sein glattes Gesicht ist weich und kantig zugleich. So muß er aussehen, dieser kluge, offene Mensch, der sie so gut versteht. Sie hat keine Mühe, sein Bild in Worten aufs Papier zu formen, Jethro Bithell, schreibt sie, eine Vogelnase und schmale Lippen –, er sieht sie immer noch an und jetzt lächelt er doch. Ist er einverstanden mit ihr? Natürlich ist er einverstanden mit ihr, er ist ja ihr Freund. Jeder seiner Briefe spricht auch in all den ungesagten Worten nichts als Verbundenheit, Gleichheit der Wahrnehmungen. Wie anders sie das hier erlebt jeden Tag mit dem Mann, den sie liebt. Immer kritischer Abstand, als wäre von dem ganzen Sternenhimmel ihrer Liebe nichts mehr geblieben als dikker Nebel, den jeder in eine andere Richtung zu durchtrennen habe, um überleben zu können, – und das bei all dem, was sie immer noch zittern macht, ihn immer noch nach ihr suchen läßt. Als würde diese Liebe so ängstigen, als gäbe es auf der Welt nichts sehnlicher herbeizuwünschen, als sich täglich unähnlicher zu werden? Ist es nicht so: was in einer Freundschaft als höchstes Gut, ja Ursache und Grund überhaupt gilt, die möglichst große Nähe und Gleichheit, wird für die Liebenden zur tödlichen Fessel? So, wie sie jetzt hier gefesselt ist in Berlin und fort will seit Monaten, irgendwohin reisen, zu jemandem, der von all dem nichts weiß, der in einer fremden Stadt lebt, die mit Abenteueraugen entdeckt und vereinnahmt werden kann, der seinen Teppich im Zimmer zur Verfügung stellt für den Bau eines neuen Luftschlosses, der da ist und warm und nah und Märchen erzählen kann und den Winter in eine blühende Oase verwandelt. Wie sehnsüchtig sie fort will!

Ich bin müde, schreibt sie, vielleicht werde ich mich bald in irgendeinen Graben werfen und höhnisch verdorren. Ich bin zu traurig. Ich weiß nicht hin und her, ich kann nicht mehr wirklich leben und ruiniere gesunde Leben und möchte es nicht und kann sie nicht retten.

Gott, – wem schreibt sie das? Er kann doch nichts dafür, daß sie sich so zerrissen fühlt, er doch wirklich nicht. Ob sie den Brief jetzt nicht mehr wegschicken kann? Nein – die hellen Augen schauen ihr noch immer aufmerksam prüfend durch die Nacht entgegen, da lächelt sie aufs Papier und träumt: wir wollen lieber durch die Straßen über die Plätze von Bagdad gehen an meinem Palast vorbei. Ich kenne noch einen Palast, den ich wie meinen liebe: in Lon-

don der Palast der Königin Anna, der blickt: tausend To-
tenaugen ins Wasser. Mein Palast ist lieblicher gewesen, so
– sie zeichnet ihn, mit Kuppeln und einer Palme – mit
einer Palme, nun ist er ja auch ein Greis und schon ganz
grau. Aber die Gärten sind voll von bunten Brunnen. Ich
könnte ja wahnsinnig werden, daß ich hier in dieser nüch-
ternen Stadt sitze – – schon wieder, ach, sie kann den Gedanken nicht mehr von sich wegschieben. Es ist schon so
spät, und je weiter die Zeit in die Nacht vordringt, desto
unruhiger wird ihr ums Herz. Es ist nicht mehr die Zeit
für Briefe.

Lieber boy Jethro Bithell, ich schreibe in diesen Tagen Dir
nicht, eben geht ein Comet durch meinen Kopf: das Gedicht gehört Ihnen. Es ist sehr kalt geworden. Ich werde
mich gleich vor den Ofen legen, mich zudecken mit Dek-
ken und in die Welt fliegen als in Gedanken.
    Sie zeichnet noch ein bißchen darunter, Sterne, einen
Sichelmond, einen fliegenden Vogel, und dann, in schnellem Entschluß, mit Schwung, mittenhinein: Tino.

Sie schraubt das Tintenglas zu und steckt den Brief in ein
Kuvert. Adressieren kann sie es morgen. Wie fürchterlich
kalt ihr ist! Ja, sie will den Ofen noch anheizen. Sie läuft
aus dem Raum und mit Schwung durch den Flur und die
Treppe hinunter zum Keller. In der einen Hand hält sie die
Lampe, in der anderen einen Pappkarton, den will sie voll
Holz packen. Sie lädt ihn ganz voll bis oben hin, auch
noch ein paar Handvoll kleine Späne obendrauf und weiß
dann gar nicht, wie sie ihn aufnehmen soll, denn er ist viel
zu schwer, als daß sie ihn jetzt noch mit einem Arm fassen
könnte, – und was soll sie dann mit der Lampe machen?
Da steht sie nun und denkt angestrengt, aber es will ihr
nichts einfallen, wie sie es fertigbringen könnte, doch beides auf einmal und ohne daß die Lampe verlischt in die

Wohnung zu schaffen. Es ist wirklich zum Verzweifeln! Warum hat der Mensch auch in solchen Notfällen nur seine beschränkten Mittel! Und weil ihr im Moment nicht einmal ein Zauberspruch durch den Kopf weht, mit dessen Hilfe sich alles in Wohlgefallen auflösen ließe, setzt sie die Lampe wieder auf dem Boden ab, bückt sich und lädt sich fünf, sechs dicke Scheite in die Armbeuge, ein paar Zweige und Späne noch dazu, und dann, im Aufstehen, greift sie mit der freien Hand nach der Lampe und tastet sich vorsichtig den Weg zurück nach oben. Gut, daß sie nicht bis zum dritten Stock muß. Erleichtert lehnt sie sich von innen gegen die Wohnungstür, einen kurzen Augenblick nur, dann kauert sie vor dem Ofen und ist ganz beschäftigt mit Holz und Feuer. Kleine, leckende Flämmchen knacken übers dürre Holz, dann, als würden sie sich festsaugen und vollpumpen mit Kraft, prasseln sie los immer höher, gelbblaue Spitzen, die immer größer und heller werden und schneller. Sie sitzt und guckt von unten, schließt dann beruhigt das Türchen und legt von oben noch zwei größere Scheite nach. Ihr ist, als wäre in Sekundenschnelle die Kälte um sie zu einem großen Kreis in die äußeren Ränder des Zimmers geflüchtet. Da atmet sie tief durch: wenigstens einer der nächtlichen Feinde besiegt.

Sie holt sich eine Decke vom Bett, legt sie um die Schultern, steht ein wenig zögernd vor dem Schreibtisch, sucht mit den Händen durch Papiere. Schließlich greift sie sich ein Notizbuch, einen Bleistift. Damit setzt sie sich in die Ecke des Plüschsofas, zieht die Beine hoch, wickelt sich ganz in die Decke. Still ist es um sie herum, so still, daß das gleichmäßige Ticken des Weckers auf dem kleinen Tischchen vor ihr zu dröhnen scheint im Halbdunkel und das Knistern der Holzscheite im Ofen ihr fast die Ohren verletzt. Sie beugt sich vor, wirft einen Blick auf das Zifferblatt: halb eins ist es schon, – ach Großväterchen, tickst du mir wieder die Stunden fort, die Minuten rinnen in die ewige Zeit, jede ist kürzer als die vorhergehende und dennoch so traurig. Immer wieder fühle ich das, mein Herz ist eine traurige Zeit, die tonlos tickt, – schon meine Mutter hatte goldene Flügel, die keine Welt fanden – ich erlebe es wirklich so, alles war Wahrheit, was sich mir zu Gedichten formte. Meine Lieder trugen des Sommers Bläue und kehrten düster heim – – und meine Arme, die sich heben wollen, sinken... Herwarth, warum, warum mußt du heute abend so entsetzlich lang ausbleiben, warum hält es dich dort ohne mich, warum eilst du nicht, fliegst nicht mit goldenen Flügeln, – brauchst du mich nicht wie ich dich?

Der Komet, der durch den Kopf geht: du nahmst dir alle Sterne über meinem Herzen, alle Sterne über meinem Herzen, du – ach, ich wollte, ich könnte dir noch einmal ein Liebeslied schreiben! Nein, ich kann es, ich werde es tun, nicht nur ein Liebeslied, viele, viele: es ist immer noch so – wie ein heimlicher Brunnen murmelt mein Blut, immer von dir, immer von mir. Schöner werden sie sein, inniger, sternfunkelnder, blauer, sicherer, ruhiger – wenn ich es richtig überlege, diese Traurigkeit ist unnötig, wir sind doch zusammen, wir haben Pläne, wir leben, Herwarth – Goldwarth, und: wir lieben uns. Aber, trotzdem, doch, es ist trotzdem so: du nahmst dir alle Sterne über meinem Herzen... Ach, krause Kreise, meine Gedanken kräuseln sich, puh.

Sie wirft die Decke von sich, springt auf die Beine, breitet die Arme aus und tanzt, tanzt auf den Ofen zu nach einer Melodie aus Weckerticken und Feuerknistern, sie dreht sich um sich selbst, bleibt dann plötzlich stehen, die rechte Hand ausgestreckt zur Türe hin, sagt sie mit einer glockentonweichen, dunklen Stimme: du – nahmst dir alle Sterne über meinem Herzen – meine – Gedanken kräuseln sich – ich – muß tanzen. Ha. Das ist es. Genau so gräbt es der Bleistift in das aufgeschlagene Notizbuch. Herwarth. Und dann, ohne Zögern und Überlegen: immer tust du das, was mich aufschauen läßt, mein Leben zu müden. Ich kann den Abend nicht mehr über die Hecken tragen, – oh, ist das nicht entsetzlich: das ist bitterste Einsamkeit und bodenlose Müdigkeit. Und Else ist müde, sie bricht fast zusammen vor Kälte, vor Anstrengung, vor Sorgen.

Seufzend legt sie das Notizbuch beiseite, bückt sich nach der auf den Boden geglittenen Decke, wirft sie aufs Bett. Mit müden Füßen schlurft sie über den Flur zur Küche, tastet sich im Dunkeln zum Fensterbrett. Da steht ein Topf mit Milch, den hebt sie sich mit beiden Händen an den Mund, trinkt ein paar Schlucke. Eine kleine Weile verharrt sie am Fenster, sucht in die Dunkelheit hinaus, dann stellt sie den Topf an seinen Platz zurück und trägt sich mit müden Schultern und traurig hängenden Händen wieder ins Zimmer zurück, wo sie beginnt, sich langsam auszukleiden. Während sie wie ein sein Herbstlaub verlierender Baum Kleider und Schmuck um sich herum auf den Boden fallen läßt, beobachtet sie den Schatten ihrer Bewegungen an den Wänden. Schnell läuft sie barfuß auf die Lampe zu und löscht sie mit einem kurzen Griff. Auch die Kerze vor dem Spiegel bläst sie aus und flüchtet sich dann in ihr Bett, rollt sich ganz in die Decken und Kissen und nah an die Wand, dorthin wo Puppen und Stofftiere aus ihrer Kinderzeit ihren Platz haben, da liegt sie in ihrer nachtschwarzen Höhle, wagt kaum zu atmen und lauscht auf das Knistern des Feuers, das ab und zu noch die schmerzhafte Stille durchseufzt. Lang-bange Minuten, dann schläft sie.

Einmal schluchzt sie im Schlaf, dreht sich, nein, wirft sich auf die andere Seite, da fühlt sie einen warmen Arm um sich und einen weichen Atem an ihrer Wange. Du, flüstert sie und gräbt wie ein Kind ihren Kopf in diese Schulter, ich hab dich ja gar nicht kommen gehört. Sie lie-

gen eng beieinander und er hält sie fest. Seidenweiche
Nähe.

Als Else erwacht, hängt der Tag trüb vorm Fenster, und sie
schließt schnell wieder die Augen, blinzelt dann gegen das
Licht und weiß nicht, soll sie sich umdrehen und weiter-
schlafen oder sich mit der Wirklichkeit des angebrochenen
Tags abfinden, ganz wach werden, aufstehen.

Mit der Hand tastet sie neben sich, dreht dann den Kopf
nach der Seite, schaut mit großen Augen: die andere
Decke ist zurückgeschlagen, der Platz neben ihr leer.
Schlagartig ist sie hellwach, schwingt sich aus dem Bett,
läuft in die Küche: Herwarth! Da sitzt er am Tisch, die
Morgenzeitung aufgeschlagen vor sich, eingehüllt in Ziga-
rettenrauch. Bist du schon aufgestanden –? Sie steht hinter
ihm, ratlos, hilflos. Ich muß gleich weg, sagt er und wendet ihr nicht einmal das Gesicht zu. Aber, sie schluckt,
aber es ist doch noch so früh, und du warst so lang aus
heute nacht, und ich hab dich doch schon so lange gar
nicht mehr richtig gesehen. – Sie legt ihm die Hände auf
die Schultern, drückt ihr Gesicht an seine Wange. Da läßt
er die Zeitung sinken, faßt Else mit einem Arm um die
Hüfte und rückt mit dem Stuhl so weit nach hinten, daß
sie sich ihm auf den Schoß setzen kann. Ich wollte dich
nicht wecken, sagt er, du hast ja geschlafen wie ein Engel,
als ich heimkam, heute nacht und jetzt auch. Sie küßt ihn
auf die Stirn und über die Nase bis zum Mund, sekunden-
lange Windstille, seine Hände spielen ihren Rücken entlang, seine Lippen liebkosen ihr Hals und Schultern. Du,
sagt er weich, vielleicht sollten wir noch zusammen frühstücken wenigstens, du hast ja recht, es ist wirklich früh,
eine halbe Stunde Zeit habe ich noch, und ich hab dir ja gar
nicht erzählt, was gestern alles passiert ist.

Und während Else sich um den Ofen bemüht und Kaffeewasser aufsetzt, Tassen zurechtrückt und den Milch-

topf vom Fenster auf den Tisch stellt, sitzt er da, raucht in hastigen Zügen und sprüht ein Wortfunkenfeuer, das jenes im Ofen weit übertrifft an Kraft und Schnelligkeit, weil es angefacht ist mit Wut und Ärger. Else hat Mühe, den Ursprung der Flammen zurückzuverfolgen, der Brandherd will ihr nicht gleich vor die Augen treten, und alles, was sie begreift, ist, daß der, der hier vor ihr mit zusammengezogenen Brauen und nervös auf den Tisch trommelnden Fingern sitzt, unzufrieden ist und fast auseinanderzubersten droht vor angestautem Zorn. Sie begreifen es nicht, sie begreifen es einfach nicht, sprüht er sie an, daß aus Wiederholungen niemals Kunst werden kann. Tönen lautstark von der Aufgabe der neuen Zeit und sehen nichts, hören nichts, nichts, was vorgeht hier und in ganz Europa. Weil sie blind sind und taub. Das einzige, was sie können, ist schwätzen. Und in diesem Geschwätz wiederholen sie tagein, tagaus das, was immer schon da war. – Er stockt einen kurzen Moment, schiebt die Tasse mit dem Kaffee, die Else vor ihn hingestellt hat, beiseite und zündet sich an der Glut der zuendegerauchten eine neue Zigarette an. So kommen wir nicht weiter, murmelt er, es wird mir von Tag zu Tag klarer. Das ist doch als würde ich jeden Tag in dieser Redaktion mit bloßen Händen Mauern abtragen wollen, und jeden Morgen wenn ich hinkomme, ist das kleine Stück, das ich tags zuvor glaubte geschafft zu haben, wieder neu hochgezogen und mit Stacheldraht umgürtet, auf daß das Erbe, unser ehrwürdiges Kulturerbe, keinen Schaden erleide, und damit ja keine frische Zugluft die Ruinen zum Einsturz bringen möge. – Er schweigt, trinkt seine Tasse mit einem einzigen Zug leer, nimmt die Brille ab und wischt sich mit der anderen Hand die Augen. So sitzt er, den Kopf in die Hand gestützt. Dann, ganz plötzlich, reißt er sich hoch, schaut auf Else hinunter, die ihm gegenüber Platz genommen hat und jetzt mit fragend hochgezogenen Brauen und weit geöffneten Augen in seinem Gesicht sucht, und ein ganz kleines ironisch-weiches Lächeln hat sich über seine Lippen gebreitet: sie werden es uns nicht austreiben, sagt er, die nicht, so nicht, im Gegenteil. Mir ist etwas eingefallen, für dich, ich spiel's dir vor, komm. Er greift nach ihrer Hand und zieht sie über den Flur in das andere Zimmer, das er so wenig benutzt in den letzten Monaten. Ein Flügel steht dort an der Wand, und Herwarth öffnet blitzschnell den Deckel und, bevor er sich Zeit nimmt, den Stuhl zurechtzuziehen und sich hinzusetzen, liegen seine Finger schon auf den Tasten, greifen Akkorde, wütend und bestimmt, so, sagt er, hör, hör genau, so und dann so, das ist das Thema. – Die Finger der rechten Hand springen zwischen Einzeltönen – und dann, der Rhythmus kann vielleicht noch schärfer sein, so, nein, nicht so, das ist banal, das ist Marschmusik, stärker, fordernder, so, – die linke Hand greift ein, Synkopen drängen einander – und jetzt, dieser Melodiebogen und – Schluß. Weißt du, was ich meine? Ich hatte es schon tagelang im Kopf, aber erst gestern, genau während dieses Streits, war's mir klar.

Und Else, die atemlos den Tanz seiner Hände verfolgt und den Tönen gelauscht hat, steht ganz still neben ihm und ihr Gesicht zeigt für lange Sekunden ungläubig-staunende Freude. Dann legt sie ihm die Hand auf den Arm und bettelt: spiel's nochmal, du, bitte, – ich kann's gar nicht glauben, das ist ja wundervoll, Wunder voll, unser Kriegslied... Du – sie strahlt ihn an, unser Kriegslied. Und wie machst du das bei den beiden letzten Strophen? Da muß doch, – wenigstens in der letzten reicht es ja nicht, wenn du nur den Rhythmus veränderst? – Das ist kein Problem. – Und während Herwarth sein Spiel wiederholt, steht sie und hat die Augen geschlossen und flüstert mit in den Nacken gelegtem Kopf: Unsere Willen sind zwei harte Degen und sie haben nie verfehlt gestritten, und wir dringen bis zum Erzkreis vor, in seiner Mitten fällt nach

18

dürren Ewigkeiten Freudenregen – halt, jetzt – – ja, nickt er, paß auf, so: vor unserm Schilde stürzt das blinde Dämmergraugebilde. – Ja, genau so, das ist fantastisch: und die Nacht des Tages voll in Lichterstaunen. Gott, Herwarth, das ist – das ist ja ein ganz anderes Gedicht geworden! Sie sitzt auf seinem Schoß, küßt ihm ungestüm die Stirn. Du bist großartig.

Und er, in einer Mischung aus Spitzbüberei und Ernst, kneift ein Auge zu, blinzelt und sagt dann, ohne den leisesten Anflug von Lächeln in der Stimme: ich weiß. Aber du auch. Sie wissen es nur noch nicht.

Er schiebt sie von sich weg, steht auf. Ich muß los, es hilft alles nichts.

Und er ist im Flur, hat die Jacke an, den Mantel über dem Arm und den Schlapphut auf dem Kopf bevor Else überhaupt im Türrahmen erscheint. Wir werden es ihnen beweisen, sagt sie, und hält ihn noch einen Augenblick lang im Arm. Da hat er die Hand schon auf der Klinke, und im Hinausgehen dreht er noch einmal den Kopf zurück, ruft: Um eins im Café – bist du da? – – Zu die Tür, hinter der Else steht mit dunklem Blick und flüstert: und ich dachte, du liebst mich nicht mehr.

November

* Das Café ist ein Barometer: in dieser Zeit stehen die Zeiger auf Veränderung. Es wogt und rauscht, funkelt, dräut sich zusammen, entlädt sich – je nach Tageszeit. Manchmal vormittags scheint die Stille um die wenigen Gäste fast unglaubwürdig, eine trügerische Ruhe vor dem Sturm. Der setzt in den Nachmittagsstunden ein, nicht immer plötzlich, aber immer unaufhaltsam. Am frühen Abend, zur Zeit der Theater- und Varieté-Vorstellungen, ebbt die Bewegung noch einmal ab, – das Café ist zwar die Stätte, an der Pläne geschmiedet, Ideen geboren werden, umgesetzt aber werden sie andernorts. Das Theater, das im Café gespielt wird, ist das Theater des Lebens, es findet außerhalb der Vorstellungszeiten statt. Um Mitternacht drängt sich das Publikum, das wieder zu Darstellern geworden ist, um die vielen kleinen Tische. Was sich hier zusammensetzt, ist ein Mosaik aus all den Versuchen zu sehen, zu hören, zu sagen, zu schreiben, zu spielen, zu bilden, zu malen, was lang eingeschlossen war in den Konventionen einer von innen heraus verfaulenden Gesellschaft. Das Ziel ist erst einmal der Weg: Abstand nehmen, in Frage stellen, verwerfen und zum Ausdruck bringen, wofür bislang keine Töne gefunden waren. Das wispert und raunt nicht mehr leise und verhalten, es sprudelt und drängt und streitet und kämpft. Der Kampf findet auf allen Ebenen und zu allen Tageszeiten statt, und er unterscheidet sich von dem, was Menschen sonst so geschäftig werden läßt, dadurch, daß bei aller Kunst, die zum Leben und Überleben notwendig ist, an erster Stelle eben nicht das Leben, sondern die Kunst zu stehen pflegt. Deshalb ist die Ruhe

des Morgens, wie das Café sie dem Uneingeweihten vermittelt, nur eine scheinbare, denn niemand kann sagen, ob nicht das, was auf das so offenkundig gelangweilte Gesicht des in der Ecke vor einem Glas Wein sitzenden Herrn in der Samtjacke ein ironisch-mokantes Lächeln gezaubert hat, in den Nachtstunden Anlaß sein wird zu einem euphorischen Fest oder wenigstens einer scharfzüngig geführten hitzigen Diskussion. Das Café ist der Austragungsort. Es wird nicht beredet, was in den Zeitungen steht, sondern es steht in den Zeitungen, was beredet wurde. Und wer darüber spottet, ist lebenslänglich gezeichnet, abgeschrieben. Da wird plötzlich klar, daß es eine geschlossene Gesellschaft ist, die im Café verkehrt, bei allen Streitereien, Eifersüchteleien, bei aller abschätzenden und auch abschätzigen Beobachtung, bei allem Ehrgeiz, allem Neid: unausgesprochene feste Regeln türmen sich unversehens zur Mauer, Abwehr und Schutz, Heimat der Heimatlosen, der aus Normen und Gesetzmäßigkeiten Ausgetretenen, der Ruhelosen, Suchenden, sich Angriffen stellenden Angreifer. Was sie verbindet ist, sollte es einer, der von außen kommt, wagen, den Giftpfeil zu schleudern, immer stärker als persönliche Animositäten. Es ist der Bruch mit den unhinterfragten Werten des Hergebrachten, mit der Garantie der ruhigen Sicherheit des Bewahrens und Beibehaltens, das sich selbst zum Zweck geworden ist. Nicht selten, daß Prozesse, die im Café ihren Ursprung hatten, tatsächlich im Gerichtssaal ausgetragen werden. Denn was da in den Köpfen gärt und kocht, wird auf die Straße hinausgeführt, der Öffentlichkeit bekanntgegeben, vorgespielt, ausgestellt, auf den Tisch geblättert. Und die Zeit, in der bürgerliches Ordnungsdenken sich durch schlichte Nichtbeachtung von Unruhestiftern über alle Verunsicherung hinwegsetzte, ist vorbei. Aus den einzelnen, wenigen, die nicht einverstanden waren, sind viele geworden, die Neues entwickeln.

Die unzähligen Versuche, Altes zu ersetzen, haben die Verteidigungsbereitschaft der Wächter und Wahrer herausgefordert. Wer Frack trägt und eine dicke Brieftasche, kennt den Streitwert, um den es geht. Berlin ist die Hauptstadt des Reiches – was hier sich an kulturellem Leben entwickelt, strahlt weit. Soll, kaum daß das erste Jahrzehnt dieses Jahrhunderts sich seinem Ende zuneigt, eine Meute von Kaffeehausliteraten über Gut oder Schlecht entscheiden? Wo bleibt der gute Geschmack? Wo bleiben Adel und Finanzaristokratie? Diese ewig betrunkenen, an keine inneren Werte mehr gebundenen, Stellung, Herkunft, Sitte und Moral mißachtenden Exzentriker, dieses arbeitsscheue Volk, das sich anmaßt, eine neue Kunst hervorzubringen – soll das zum Repräsentanten des Geschmacks der guten Gesellschaft werden? Das ist Sittenverfall, das ist Revolution, das ist Größenwahn. Das Café ist seine Wiege.

In seinem vorderen Teil sind nur wenige Tische besetzt, als Else sich durch die Glastüre schlängelt und nach schnellem Blick in die Runde an den Marmortischen vorbei und zwischen den spiegelverzierten Säulen hindurch sich auf eine der hinteren Nischen zubewegt. Angekommen, läßt sie sich mit einem fast verschluckten Seufzer, der, auch wenn er an niemandes Ohr dringt, doch deutlich über ihr Gesicht gebreitet erscheint, auf der zweisitzigen Bank nieder. Sie schiebt einen mit Palletten besetzten schwarzen Tuchbeutel auf der Tischplatte gegen die Wand und läßt, zurückgelehnt, für einen kurzen Moment ihre weit offenen Augen den Raum durchwandern.

Ihr Blick bleibt aber nicht bei den wenigen Gästen. Er ruht sich in den Spiegeln aus, auf Köpfen und Schultern, die über Büchern und Zeitungen, Papieren und Stiften gebeugt sind. Seltsames Volk, denkt sie, wir alle, mit dieser zweiten Heimat hier an marmornen Tischen. Hier treiben wir unser Leben voran, setzen produktiv um, was wir in unseren Köpfen von draußen mit hereingebracht haben. Laut sagt sie zum schwarzgekleideten Kellner, der vor ihr aufgetaucht ist, ja, Anton, eine Schale Kaffee möcht ich bitte und ein Glas Wasser, ein großes, und, oh, ich hätte ja zu gern ein Kotelett mit Salat und Pflaumen, aber ohne Kartoffeln, und nur, wenn es mir auf einem echten Silbertablett gebracht wird und mit einer goldenen Gabel. – Was, staunt sie, das geht nicht? Auch heute geht das nicht? Jetzt frage ich doch schon täglich danach und bald ist Weihnachten – soll Tino von Bagdad denn Hungers sterben? Wir sind nun einmal das Leben en miniature nicht gewöhnt. – – Mit ihren dunklen Augen sucht sie dem Kellner ein verständnisvolles Lächeln ab: ich werde meinen Diener beauftragen, die Schatztruhen zu öffnen, – ach, ich habe es hundertmal getan, aber er weigert sich, er rückt mir den Schlüssel nicht heraus und behauptet, er hätte die Aufgabe zu verhüten, daß ich das Familienerbe an die Falschen verteile. –

Sie seufzt tief. Und mit einem kleinzuckenden Lächeln: aber sonst ist er ein guter Mensch. Ja... bringen Sie mir also Kaffee und Wasser, wie immer.

Ihre rechte Hand mit den dünnen Reifen klirrt auf den Tisch. Dann nimmt sie sie hoch, streift sich das Haar aus den Augen und schaut sinnend hinter dem schwarzen Kellner her, der in der Küche verschwindet. Schöner Mensch, murmelt sie, wie er geht, – er könnte mein Stallbursche sein.

Sie sitzt eine Weile versunken, dann holt sie aus ihrem Beutel Papier und Stift, und will gerade anfangen zu zeichnen, als eine Stimme zu ihr sagt: sind Sie beschäftigt oder darf ich mich zu Ihnen setzen?

Elses Augen blitzen empor, funkeln und strahlen: Sie? Jetzt schon? Das finde ich aber eine Überrschung. Ja, natürlich, setzen Sie sich. Sie brauchen keine Angst zu haben, ich bin immer beschäftigt – also, machen Sie mir die Freude.

Als er sich ihr gegenübersetzt, mustert sie ihn liebevoll. Der graue Anzug, die Uhrkette, die in der Westentasche verschwindet, die Anstecknadel mit Perlenknopf am Kragen. – Sie sehen wieder sehr weltmännisch aus, heute. – Er lacht, lehnt sich zurück. Weltmännisch... wenn Sie das sagen, klingt das fast wie ein Lob. – – Nein nein, kein Lob, nur eine Feststellung, es steht Ihnen. Sie – ach was: erzählen Sie mir etwas. Irgend etwas, ja? Wenn Sie sprechen, bin ich immer in einer ganz anderen Welt. – – Was wollen Sie denn hören? – – Else kneift die Augen zusammen: Sie haben Herwarth gesehen, nicht wahr? Sie haben sicher von dem Prozeß gesprochen, – wissen Sie, ich glaube, er schätzt das nicht richtig ein, er ist wie ein Kind, aber – sie lehnt sich auch zurück, schließt die Augen für einen kurzen Moment: es hat keinen Sinn. Sprechen wir über etwas anderes. –

Mit Ihrer Stimme, fährt Else fort, geht es mir immer ganz seltsam. Ich habe Ihnen das sicher schon erzählt, wenn Sie sprechen, höre ich fast überhaupt nicht zu, lasse mich nur vom Klang wiegen und schaukle wie auf Wellen.

Er lacht, dreht sich halb zum Kellner um, der Kaffee und Wasser vor sie beide hinstellt. Als er wieder nach vorne geht, flüstert Else: er ist auserwählt. Sehen Sie nur, er hat einen königlichen Gang. Und seine Hände, wenn er die Kaffeetassen auf dem Tisch hin- und herrückt, verraten ihn auch. Irgendwanneinmal werde ich ihm ein Zeichen geben und er wird es verstehen.

Sie nicken sich verschwörerisch zu.

Ich muß Ihnen etwas sagen. – Else hört auf, in ihrer Kaffeetasse zu rühren und greift nach seiner Hand. – Sie wissen ja Bescheid, mit der Juristerei, meine ich. Es ist schon gut, daß wir selbst auch fachkundig kontern können. Es geht ja nicht nur um Herwarth. Die Sache an sich,

– ich hätte mir nie gedacht, daß wir wirklich als Gefahr betrachtet werden. Aber es ist revolutionär, Umsturz – auch wenn ich nichts von Politik verstehe. Damals, als Sascha fortgegangen ist, kam es mir so vor, als wenn das ganz verschiedene Bereiche wären, Politik und Kunst, die eigentlich nichts miteinander zu tun haben müßten. Das hat sich geändert, wenigstens in meinem Kopf und, wissen Sie, seit ich heute morgen aus dem Haus gegangen bin, muß ich immer an Sascha denken. Ich fühle, daß es ihm sehr schlecht geht. – Einen Moment hält sie inne, dann fragend: kennen Sie das, diese Art von telepathischen Verbindungen zwischen Menschen, die sich nahestehen? Manchmal treffen die Gedankenströme wie Blitze aus heiterem Himmel ineinander, ohne äußeren Anlaß, ohne etwas, was greifbar wäre. Als meine Mutter starb, – – sie bricht ab, senkt den Kopf. Er hält ihre Hand fest in seiner, wartet. Mit einem Ruck reißt sie den Kopf hoch. Sascha, flüstert sie, selbe Ziele, – aber der Kampf hat dafür nicht ausgereicht. Vier Jahre ist das jetzt her. Wir konnten ihn nicht halten. Wir haben seiner Sehnsucht nicht genug entgegengesetzt. Ich hab ihn angefleht, aber er war so fest entschlossen. Wenn Sie ihn gesehen hätten, eine lodernde Fackel war er geworden, die brannte auf sofortigen Umsturz. Als er die Nachricht bekam, war er bereit. Und – ihre Stimme wird noch leiser – er war so überzeugt, daß er bald wieder bei uns sein würde. Die neue Welt, – ach … –

Ihre Hände krallen sich ganz fest in die seinen: wir müssen Sascha befreien. Helfen Sie. Wir arbeiten zu langsam. Wir sind so gedankenlos.

– Es hat sich schon so viel getan in den letzten Jahren. Sie wissen doch selbst, daß der Kreis immer größer wird. Sie wissen das doch: Es braucht keinen formalen Zusammenschluß, keine Partei mit politischen Parolen. Trotzdem sind es immer mehr, die die Botschaft aufnehmen. Auch wenn es eine Revolution ist, die nicht mit Attentaten Fanale setzt oder in Straßenschlachten erstickt wird.

Er schaut sie prüfend an, nicht ganz sicher, ob sie ihm zuhört. Sie sitzt zurückgelehnt jetzt, mit blicklosen Augen quer durch den Raum, wie er das von ihr, die meist so wach in ihre Träume verstrickt durch den Tag fliegt, ohne daß ihrem scharfen Gespür auch nur Nuancen von Veränderungen entgehen, selten nur kennt. Abwesend greift sie nach ihrer Tasse, nippt am inzwischen kalt gewordenen Kaffee: wir werden lauter werden müssen und samtpfötiger gleichzeitig. Ich will versuchen, Senna freizukaufen. Meine nächsten Bücher bringen Geld. Genug Geld für einen echten russischen Anwalt. Den brauchen wir doch – oder? – Sie hat die Stirn in Falten gezogen, wartet gespannt.

Er nickt. Die deutsche Botschaft hüllt sich ja in Schweigen. – Die Herren dort lassen sich nicht zu einer verbindlichen Antwort herab. Es ist ja politisch, Gott, – er lacht auf – unübersehbar politisch, nicht nur einfach verrückt. Armes Deutschland.

Plötzlich zieht er seine Uhr: ich muß schon wieder los – seine Stimme ist ganz nüchtern jetzt – wir sprechen darüber weiter, heute abend, oder, falls wir uns nicht sehen, die nächsten Tage. Ich werde mich umhören. Wir müssen Verbindungen knüpfen und Namen sammeln, die nicht so einfach abgetan werden können, Persönlichkeiten müssen wir auftreiben, bei denen wir so lange in der Tür stehenbleiben, bis sie wissen, worum es geht und sich bereiterklären, sich für Senna zu verwenden. Und – Sie können doch sicher Petitionen schreiben. Wenn jemand von uns das kann, dann sind Sie es. Und alle zusammen, – wir werden ihn da herausholen, auch wenn es nicht von heute auf morgen geht. Senna ist zäh. Er wird durchhalten, wenn er weiß, daß wir ihn nicht im Stich lassen. Sagen Sie jedem, der ihn kannte, daß er ihm schreiben soll. Je mehr Briefe wir dort hinüberschicken, desto größer wird die Chance, daß der eine oder andere ihn auch wirklich erreicht. Solange wir nicht aufgeben, wird er sich selbst nicht aufgeben. Und – er sagt das schon im Stehen, hat den Mantel vom Haken genommen, den Hut in der Hand, – vergessen Sie nicht: für die andere Seite gilt das genauso: mit einem, der noch Menschen hinter sich hat, müssen sie anders umgehen, als mit einem, nach dem kein Hahn kräht. – Er legt ihr kurz die Hand auf die Schulter, Else greift mit beiden Händen nach ihr, drückt einen schnellen Kuß darauf: ich bin Ihnen so dankbar. Sie wissen gar nicht, wieviel Mut Sie mir machen. Sie sind – Sie sind fast ein Indianer. Ein Freund. Leben Sie wohl. Arbeiten Sie nicht zuviel. Ich – ich trinke noch eine Tasse Kaffee für Sie mit. – – Er dreht sich noch einmal um und lacht: aber dann bitteschön auch auf meine Rechnung, Madame, – und ist schon an der Tür, bevor sie auch nur noch einmal antworten kann.

Sie sinkt zurück in das Polster ihrer Sitzbank, räkelt die Arme über den Kopf und bedeutet im selben Augenblick dem Kellner mit einer Bewegung von Ring- und Mittelfinger der rechten Hand, daß er zu ihr kommen möge. Ich habe soeben, sagt sie, als er vor ihr steht, ein fast königliches Geschenk erhalten. Denken Sie, ich stehe in der Gunst dieses Herrn, der Ihr Etablissement gerade, ohne seine Rechnung zu begleichen – was Ihnen sicherlich aufgefallen ist – verließ. Ich darf diese Rechnung nach Gutdünken erweitern. Was sagen Sie jetzt? – – Ich bin sicher, Sie werden das Angebot zu nutzen wissen. – – Das werde ich. Bringen Sie mir – sie sieht ihn von unten herauf an, hebt die Schultern und läßt sie resignierend wieder fallen – ach, ich weiß ja, es hat keinen Sinn. Es gibt eben keine Silberteller und keine goldenen Gabeln hier. – Sie reckt das Kinn nach vorne, sitzt ganz gerade: bringen Sie mir – ein Glas Wasser, bitte. Und noch eine Tasse Kaffee. Und – sie macht mit der Hand eine abwehrende Bewegung als wolle sie ihn verscheuchen – vielleicht könnten Sie so freundlich sein, weitere Besucher von diesem Tisch fernzuhalten? Ich sitze absichtlich hier hinten, verstehen Sie, ich bin sozusagen gar nicht da. – Sie winkt ihn zu sich herab bis er den Kopf beugt und sein Ohr ihrem Mund nähert, da flüstert sie: ich muß allein sein. Beschützen Sie mich, ja? Sie brauchen sich nur in meiner Nähe aufzubauen, Ihr Rücken ist breit genug. Ich kann heute keine Audienzen mehr geben. Und – sie stockt, aber er verharrt noch zu ihr herabgebückt – irgendwann einmal verrate ich Ihnen ein Geheimnis. Etwas, das nur für Sie bestimmt ist. – Jetzt lächelt er, glättet sich die Serviette über dem Arm und schlägt die Hacken zusammen: Madame, Sie können sich auf mich verlassen. Ihr Diener, Madame. Ich werde Sie verteidigen wie meine eigene Mutter. – – Ihre eigene Mutter? Meinten Sie nicht eher wie Ihre eigene Tochter? – – Gestatten Madame, ich habe keine Tochter. – – Dann, – sie atmet tief und erleichtert durch und kichert: dann ist ja alles gut.

Wieder allein sitzt sie mit geradem Rücken, das aufgeschlagene Notizbuch vor sich, den Stift in der Hand. Nein, zeichnen mag sie jetzt nicht mehr. Worte braucht sie, durchsichtige, klare – oder lieber doch Linien, sanfte, die sich ineinander verschlingen im Spiel, bis auch fremde Augen ihre Absicht verstehen lernen? Sie zögert, starren Blicks sitzt sie, sieht ohne zu sehen, horcht angestrengt, die Geräusche um sie her sind nur Kulisse. Der Stift in der Hand verharrt in Wartestellung.

Einen Ausdruck finden für das, was sich in deinem Herzen bewegt, bunt und schillernd und totengrau zugleich, bekannte Beschreibungen ablehnen, denn das Bild, das sich in dir formt, setzt sich zusammen aus nur dir eigenen Perlenschnüren, die mußt du verstricken. Imitate aus fremdem Besitz kannst du, solange du um Echtheit kämpfst, nicht verwenden, du willst ja nicht wiedergeben, willst ganz Anderes, willst mit deinem Blick das Andere hervorkehren. Du drehst jedes Wort hin und her, betrachtest es von allen Seiten, rüttelst an ihm bis es sich dir kahl entgegenstreckt und du es umgeben kannst mit anderen Hüllen, die sich aus dem Zusammenklang, der Harmonie der von dir auserwählten Worte ergeben, die du im Kreis um dich versammelst bis sie sich von selbst ineinanderfügen, dem von dir gesuchten Bild entsprechen. Das ist immer Spiel und Ernst, Finger durch Glasperlen und bunte Kieselsteine gleiten lassen, solange bis du ihre Lage fixierst, festhalten möchtest, wie du sie absichtsvoll-unabsichtlich zueinander geordnet hast. Was dann bleibt, muß jeden spielerischen Versuch vergessen lassen können. Für das, was andere herausfinden, mußt du geradestehen können. Schreiben: Elses Spiel mit Worten gleicht dem artistischen Glitzerballspiel des Jongleurs, viele, viele Glitzerbälle, die in die Lüfte wirbeln und, kunstvoll in ständiger Bewegung gehalten, gar nicht mehr zur Erde zurückwollen, ganz leicht nur antippen an behutsamen Fingern, um wieder loszutanzen im alle Blicke fesselnden Reigen. Sie weiß um ihre Schätze und hat gelernt, sie zu hüten. So vermehren sie sich ihr unaufhörlich. Senna, schreibt sie dann, Blonder, Lockiger, du, mit den blühenden Lippen, wild-sanfter Geliebter, leidenschaftlicher, zarter – Senna: ob er kommt dieses Jahr? Sein Herz pocht ganz nah, ganz nah – sie legt sich die Hand auf die Brust, atmet ruhig, fühlt das eigene Herz, so stark als schlüge es für zwei. Herzecho. Dein Herz ist ein Wirbelwind, dein Blut rauscht wie mein Blut, – fast vier Jahre lang muß ich dich mir träumen jetzt und fühl dich nicht weniger stark seither. Sascha, es gibt Verbindungen, die sind nicht durch Raum und Zeit voneinander zu lösen: dich hinzaubern und vergehen lassen, – immer spiele ich dieses Spiel. Ich muß es ja spielen, ach, – wenn wir zueinanderlaufen könnten.

Das Herz klopft ihr weiter so unruhig, sie muß sich am Wasserglas festhalten, ganz fest, das ist nicht auszuhalten so. Diese Angst, diese entsetzliche Angst. Wenn er nicht wiederkommt, wenn er stirbt, wenn er nie mehr diese Moskauer Gefängnismauern verlassen kann, wenn sie ihn zugrunde richten? Sie sinkt in sich zusammen, schließt für ein paar Sekunden die Augen: wenn sie jetzt nicht aufhört, daran zu denken, was alles sein könnte, muß sie schreien. Sie wird schreien vor Wut, schluchzen vor Schmerz, sie wird Gläser und Tassen gegen Spiegel werfen, sie wird toben – es muß etwas geschehen. Und: wie entsetzlich, sich mit diesen Gedanken hinzusetzen, um Gedichte schreiben zu wollen. Sascha, die Gedichte für dich können nicht aus Verzweiflung geboren werden: wie sollten sie dich jemals widerspiegeln, mich in meiner Liebe zu dir zeigen können, wenn da nichts ist als Verzweiflung und Untätigkeit und Wartenmüssen und Angst, Angst, Angst.

Was hat er gesagt, unser Freund, vorher, bevor er das Lokal verließ: das ist ja politisch, unübersehbar politisch, und nicht nur einfach verrückt. – Wie recht er hat, einfach verrückt warst du nie, einfach verrückt, Senna-Sascha, du bist ein politischer Fall, wir hier sind nur die Verrückten. Ver-rückt, weißt du, etwas abgerückt von allem, Künstler eben.

Jetzt geht es wieder besser. Sie blättert sich eine neue Seite auf, ganz oben in die linke Ecke malt sie ein großes K, mit vielen Schnörkeln und Sternen, und aus dem K wachsen
△ noch andere Buchstaben, bis da steht: KÜNSTLER. Hm.

K wie Künstler, Kuchen, Kinderspiel, Kerzenlicht, Kranksein; K wie Klavier, Küsse, Kummer; K wie Korallen, Knospen, Kindesweh, Kaviar, Knaben, Könige, Kronen, Kennwort: K wie Kuckuck. Kennwort Kuckuck. Kuckuck. Von Kuckuck – ha: Herr von Kuckuck.

Sie lacht. Herr von Kuckuck, schreibt sie, sitzt immer

auf dem Fenstersims und schnappt mit seinem zugespitzten Mund alle meine todtraurigen Worte auf, die – die ich in einer Ecke stapeln möchte, stapeln möchte, nein, sie streicht die letzten Worte, fährt fort: die sonst im Zimmer liegenblieben, und ich würde schließlich in der Überschwemmung von Todtrauer ertrinken. – Das ist gut: in der Überschwemmung von Todtrauer ertrinken, das geht ihr manchmal wirklich so mit all den traurigen Worten, die sich ihr vors Herz drängen. Wenn sie sich hineinwerfen würde in diesen See, könnte sie die Sonne am anderen Ufer nicht mehr greifen. Hilfe von außen braucht sie schon oft, damit die Totenschleier, die den Himmel umhüllen an bestimmten Tagen, in bestimmten Nächten, sie nicht zu sehr ängstigen, damit sie selbst sich ihnen nicht verstrickt, – ach: Herr von Kuckuck: Mein Mann kann von Kuckuck nicht ausstehen, sagt: »Er ist eine Beleidigung neben dir.« Aber ich muß immer einen Hofnarr haben, das ist so ein altes, erdübertragenes Gesetz. – Ja, Herwarth, du Ernster, Brillanter, das ist der Unterschied zwischen uns: wir wehren uns auf so verschiedene Weise. Wenn sie dich nicht verstehen, nicht verstehen wollen, fängst du an zu diskutieren, und du bist hervorragend vor allen im Einsatz deiner Worte, besonders wenn du getroffen bist, wenn du Ziele verteidigst, Freunde verteidigst, dann bist du hart, hart wie Fels – und umkleidest diese Härte mit deiner eigenen Art von Witz: du bist ein Meister der Wortkunst, und du scheust dich auch nicht vor Polemik. Manchmal, nicht immer, witterst du im voraus den Angriff. Dann baust du deine Wortspeere vor dir auf, und du bist unübertrefflich im Wurf. Was du nicht kannst, ist spielen. Auch deine Ironie spielt nicht. Man muß dich gut kennen, um mit ihr umzugehen. Du schüchterst eher ein, als daß du dich verwundbar zeigen kannst. Und nur deine Freunde wissen, daß deine Stärke auch deine Schwäche ist. Und ich – ich habe da meine Narren. Meine Sklaven und alle die bunten

Wesen, die meine Paläste bewohnen und darüber wachen, daß das Böse in der Welt nicht an mein Innerstes dringt, mich nicht zu Tode erschreckt. Daß ich auf Dächern wandeln und auf Wolken schweben kann. Die Pfeile, die andere gegen mich richten, ritzen so nur ganz wenig meine Haut. Ich lebe meist in ganz anderen Welten und pendle von Berufs wegen. Und um dir zu begegnen, – du wagst dich ja nur selten bis ins Innere meines Palastes vor, wie so viele. Hast Angst vor Spiel, und bist doch durch und durch Künstler selbst. Künstler.

Sie schreibt wieder: ich trage goldene Pantoffel, aber in meinen seidenen Strümpfen sind schon Löcher. Herr von Kuckuck wird merkwürdig düster – er erzählt von Prinzessinnen, die in Goldpantoffeln und Seidenstrümpfen scheuern müssen und sich die Hände blutig reiben und aber der Himmel ihnen alle Sterne schulde. Ich glaube, ich bin am Anfang aus einem goldenen Stern, aus einem funkelnden Riesenpalast auf die schäbige Erde gefallen – –

* das, Herwarth, glaubst sogar du. Und Bulus Mohamed Hassan glaubt das auch. Er weiß, daß wir eines Tages zusammen dorthin reiten werden, wo die Sterne näher sind. Ich habe ihm oft erzählt von den Königen in der Wüste, und von der Zauberin in Bagdad, die mir gesagt hat, ich hätte viele Tausendjahre als Mumie im Gewölbe gelegen. Und ich sei Jussuf, wie ich es seither immer wieder betone, und die Welt, – ach, die Welt: Herwarth, manchmal ist es zum Wahnsinnigwerden, wie wenig Humor du hast und wie andere Wege deine Phantasie geht.

Der Stift in der Hand fängt an zu tanzen, kritzelt über Papier, strichelt festfeine Linien: Herr von Kuckuck, – wie er aussieht? Eine lange, lange Nase, die in diesen gespitzten Mund übergeht, der Kopf über einem dünnen Hälschen sitzt auf schmalen Schultern, ein gekrümmtes Körperchen, ein wenig bucklig vornübergebeugt, aber ganz gerade Spinnenbeine, himmellang, – ja: eine Burleske, die plötzlich auf geraden, rabenschwarzen Beinen steht. Else hebt den Kopf und sieht den Kellner eine Platte mit Kuchen an ihr vorübertragen. Mmm – schreibt sie schnuppernd: Ich rieche zu gern Ananas, rieche sie viel lieber als ich sie essen möchte – ich glaube, wenn ich mir täglich eine Ananas kaufen könnte, abends, spätabends würde ich sie mit meinem Liebsten teilen, ihn füttern mit kleinen Stücken, auch Bulus Mohamed Hassan, – ich glaube: dann würde ich die hervorragendste Dichterin sein. Alles hängt von Kuckucks Budget ab. Mein Mann, der wünscht sich gar nichts mehr, er denkt morgens schon heimlich an seine Zigarette, die er im Bett rauchen wird. Ohne Zigarette, Herwarth, nicht auszudenken. Ich bekomme dann immer diesen Duft in die Nase. »Bist du aufgewacht?« Mein Mann fragt und hebt den Zigarrenbecher vom Boden auf – seine Ananashand streichelt mein Gesicht – die Finger tragen alle Notenköpfe – sie singen – und immer wenn das hohe C kommt, sägt mein Arm über seine Brust und seinen Leib – eine Schlangenbändigerin bin ich mit seinen Gedärmen... ich gleite die Kissen herab, mein Kopf liegt in einem weißen Bach, alle Fische tragen Ketten um den Hals und schwimmen hinter mir über die flaue Matratze. Ich habe solche Angst, ich verkrieche mich in der Achselhöhle meines Mannes. Auf dem Sofa sitzt ein Jüngling, er hat große, braune, spöttische Augen, die lächeln schüchtern. »Wer bist du!« ruft mein Mann. »Ich bin der Schatten Ihrer Frau.« – Ja, warum nicht? Sie verfolgen mich überallhin, diese Schatten, diese Jünglinge. Herwarth! –

Herr von Kuckuck wird noch ein bißchen ausstaffiert mit einem langen Schwalbenschwanz, der ihm keck bis über die Knie hängt – ob er eine Brille bekommen soll? Nein, das würde sein schönes Profil ruinieren, Kuckuck braucht nichts mehr, er sieht wundervoll aus. Ist selbst auch ein Künstler, ein Genie, ein Narr. Oh – solches Leben.

Else hat vergessen, ihren Kaffee zu trinken. Jetzt ist er lau und duftet kaum mehr. Sie nippt an der Tasse, leckt sich über die Lippen, trinkt einen zweiten Schluck. So ist das eben: immer versinkt die wirkliche Welt vor der farbigen Schönheit der anderen, und wenn sie dann wieder hervorgeholt wird, ist sie lau und grau und höhnisch wie nie zuvor.

Puh, – keine traurigen Gedanken mehr. Es ist ja schon Abend, die Straßenlaternen draußen sind längst an. Jetzt wird es gemütlich hier und auch bald lauter und voller.

Notizbuch und Stift werden vorläufig in die Tasche zurückgesteckt, dafür nestelt sie ein kleines silberüberzogenes Etui hervor, das einen Taschenspiegel birgt und einen kleinen Kamm, mit dem Else sich durchs glatte Haar fährt. In der Innenfläche der Hand hält sie sich den Spiegel vors Gesicht, schaut sich lang und aufmerksam in die Augen. Ach was, – vierzig Jahre, vierzig. Man muß es einfach nicht jedermann auf die Nase binden. Sie zupft sich das Haar an den Seiten zurecht, klappt das Etui zu und steckt

* es wieder ein. Als sie Peter Baum durch die Tür kommen sieht, steht sie auf und durchquert mit großen, schwungvollen Schritten den Raum, den Freund zu begrüßen, der ihr den Arm um die Schulter legt und ihr die Wangen küßt. Ah, sagt er, ich fürchtete fast, du seist irgendwo, im Kino, im Theater, im Kabarett, irgendwo, nur nicht hier. Aber so, komm, da können wir ja erst einmal in aller Ruhe miteinander schwatzen. Oder – er sieht sich suchend-fragend um – bist du etwa in Gesellschaft? – –

Nein, nein, Else schüttelt den Kopf, ausnahmsweise oder wie immer allein, wie man's nimmt. Ich saß da hinten, den ganzen Nachmittag und habe mit mir selbst meditiert, bis, – Blümner war hier, aber nur kurz. Er ist so beschäftigt immer. Wollte aber vielleicht im Laufe des Abends noch einmal vorbeikommen. – – Willst du wieder da nach hinten gehen oder sollen wir uns hier mehr in die Mitte setzen? – Peter Baum deutet auf ein Tischchen, von dem aus nur der hintere Teil des Cafés nicht zu übersehen ist, – – oder warum denn nicht gleich direkt hierher ans Fenster? Da haben wir sie dann alle beisammen, da entgeht uns nichts und niemand und wir können uns über die Garderoben mokieren, ohne uns die Köpfe verrenken zu müssen. Else lacht: jetzt kenne ich dich schon so lange, aber – ich wußte gar nicht, daß dir das auch Spaß macht, – ich habe immer gedacht, das sei allein meine Spezialität, meine weibliche Neugier, meine Eifersucht auf die schönen Damen, die jeden Abend mit einem neuen Liebhaber hier aufkreuzen und jeden Abend einen neuen Brillanten angesteckt bekommen, ohne daß sie viel dazutun müssen, aber...

Er geht ihr voran, legt seinen Mantel über den Stuhl, der dem Durchgang am nächsten steht, setzt sich neben Else, die ganz ans Fenster gerückt ist und in die schwarze Scheibe starrt, ohne mit dem Blick weit in die Straße hinein zu kommen.

Mädchen, sagt er, schau mich doch mal an. Laß mal ab von da draußen, du, ich kenn dich doch, du hast doch was, das machst du mir nicht weis, du – – er faßt ihr unters Kinn, dreht ihr Gesicht zu sich her.

– Unser Buch aus England ist immer noch nicht da, und die Wupper – die ist doch so gut geworden, aber ich renne mir die Hacken ab, um sie auf die Bühne zu bringen. Du weißt ja, jeder, der sie liest, ist begeistert. Nur – sie ist so schwer zu spielen, es muß ganz genau gemacht werden, weißt du – und der Dialekt – – Er schüttelt den Kopf: glaub ich dir ja alles, Else, aber hör mal, hör mir mal gut zu: ich freu mich, daß ich dich hier sehe, wo ich jetzt so lang nicht in Berlin war, und daß ich deine Wupper mag, brauch ich dir doch nicht zu erzählen, wirklich, trotzdem: ich hab dich was gefragt, Mensch, Deern, – sei doch mal ehrlich, du hast doch todtraurige Augen und – die Wupper, sag mal, – er

35

räuspert sich – hast du, bist du jetzt soweit, daß du – ich meine, hast du… Heimweh? – –

Sie schlingt ihm plötzlich die Arme um den Hals und drückt ihre Stirn an sein Kinn: Ach Peter, du bist so furchtbar lieb. Immer bist du so lieb, du, ich muß dir einen Kuß geben dafür, was du alles immer verstehst, ohne ein Wort… Aber: ich kann dir doch jetzt nicht die ganze lange Geschichte erzählen, kann ich nicht, einfach nicht, weil ich dann sofort anfangen muß zu weinen, es ist alles so entsetzlich, ent-setz-lich, verstehst du? – Sie hat die Augen weit aufgerissen, ihr ganzes Gesicht ist eine einzige Frage und die Antwort darauf gleichzeitig: ent-setz-lich.

Also, – er drückt sie mit dem Arm an sich, – jetzt bestellen wir uns erst mal ein schönes Glas Wein, dicken, roten Burgunder, nich? Und dann, und dann ganz in Ruhe, fangen wir nochmal von vorne an, wenn du magst, – oder?

Doch doch, sie nickt heftig. Ich bin ja so froh, daß du wieder da bist. Weil sonst – ach, es ist alles wie immer, alles, du – du hast nichts versäumt.

– Naa? – Er winkt den Kellner an den Tisch heran, bestellt Wein. Das, sagt er dann, glaub ich dir ja nun ganz bestimmt nicht, daß nichts passiert ist, hier.

Else schüttelt den Kopf: so hab ich das nicht gemeint. Natürlich – es passiert immer und ständig etwas, das weißt du doch, im Gegenteil, jeden Tag gibt es eine neue Katastrophe, aber – sie schluckt, hebt die Schultern – das ist es ja. Das genau habe ich sagen wollen: es ist alles wie immer. Nur ich – manchmal denke ich, ich werde wahnsinnig. Ich halte das nicht durch, ich – wir haben keinen Pfennig Geld im Moment.

– Na, – er nimmt sein Glas hoch, das der Kellner gerade gebracht hat, hält es in Augenhöhe und verzieht dabei das Gesicht, – er muß lachen. – Lach nicht, sagt sie, es ist schlimmer als je zuvor. Wir haben seit zwei Monaten keine Miete mehr bezahlt. Und Paul braucht neue Schuhe und warmes Zeug für den Winter überhaupt und – sie sieht ihm zu, wie er ganz, ganz langsam einen Schluck Wein aus dem Glas saugt und ihn lange im Mund hält bevor er ihn hinunterschluckt. – – Else, sagt er dann, das mit dem Geld, – also, ehrlich, das wäre ja ein ganz neuer Zug an dir, wenn das Geld wirklich der Grund wäre dafür, daß du so unglücklich bist... und du bist doch unglücklich? – –

Sie hat die Ellbogen aufgestützt, das Kinn auf die linke Hand gelegt, mit der rechten dreht sie eine Haarsträhne zwischen den Fingern. Sie sitzt und schweigt, zieht sich das Haar vor die Augen, immer wieder. Dann schüttelt sie den Kopf: Nein. Ja, doch, ach – ich weiß es nicht. Irgendwie ist alles wie verhext. Wir streiten jeden Tag. Wenn wir überhaupt miteinander reden. Er ist so verbohrt. Und alles, was ich sage, ist falsch. Er hört mir überhaupt nicht zu. Und er muß doch was machen, er ist so – er weiß eigentlich selbst nicht, was er will, glaube ich.

Sie dreht ihr Haar mit den Fingern und starrt in ihr Glas. Dann ruckt sie mit dem Kopf herum, schaut den Freund an, wie er da neben ihr sitzt und sie aufmerksam beobachtet. Weißt du, was das schlimmste ist? Er will nichts mehr von seiner Musik wissen, nichts mehr. Er *

sagt, er will keine Musik mehr machen. Er könnte – ach, Peter, verstehst du das? Daß einer sein ganzes Können genau auf dem Gebiet, wo seine Gaben liegen, wo er wirklich begabter, besser ist als alle anderen, einfach – nein, nicht nur vernachlässigt, einfach, einfach fortwirft, abschütteln, vergessen will, – das ist doch, das ist doch Ignoranz. Findest du nicht auch? – –

– Naja. – Er kramt aus seinen Taschen eine Pfeife und einen Tabaksbeutel hervor, legt beides auf den Tisch vor sich hin und fängt an, langsam und ein wenig umständlich, Tabak in den Pfeifenkopf zu stopfen. Als er damit fertig ist, lehnt er sich zurück. – Weißt du, sagt er, Herwarth ist, also ich meine, Herwarth hat viele Begabungen. Er ist nicht einfach bloß Komponist oder Pianist oder wie immer du das nennen willst. Das ist zwar das Gebiet, auf dem er es bisher am weitesten gebracht hat, aber – ich fände es eigentlich schade, wenn er sich wirklich festlegen würde. – – Aber er könnte Geld verdienen, Peter. Ich – ach, weißt du, das ist ja das Schlimme, ich weiß ja, was er alles kann. Ich bin ja auch immer ganz fasziniert, was für ein Gespür er hat. Malerei oder Theater oder Sprache oder Bildhauerei, was auch immer er anpackt, auch wenn er's selbst nicht praktiziert, er ist unfehlbar in seinem Urteil, er weiß, worum es geht, er ist wirklich phänomenal. Aber er verausgabt sich. Er organisiert, er redet, er kämpft – immer für andere. Er selbst kommt überhaupt zu nichts mehr. Er steckt immer mittendrin. Peter, – er lernt die einzelnen Rollen bei den Theaterproben schneller als die Schauspieler! Und es ist ihm völlig gleichgültig, wenn wir beim Kaufmann inzwischen nichts mehr anschreiben können. Jetzt bei dem Prozeß mit Nissen – ach, er vertraut darauf, daß schon alles gutgehen wird, er ist viel zu beschäftigt, um sich um solche Kleinigkeiten zu kümmern. Er ist wie ein Primaner, himmelhochjauchzend, entflammt und entflammbar und kein bißchen auf der Erde. Und ich – plötzlich schlägt sie sich die Hände vors Gesicht, schluchzt: ich bin mit einem Mal die Ängstliche, Vorsichtige, ich bitte, mahne, versuche zu bremsen, ich – du, mir fällt nichts mehr ein, mir fällt selber nichts mehr ein, verstehst du, ich bin leer, ich bin die Dichterin Else Lasker-Schüler, die nur noch daran denkt, wie sich am besten Geld verdienen läßt, – Dichterin? Das war einmal. Ein Hausdrachen bin ich geworden...– –

– Kind, Mädchen, jetzt übertreibst du aber. Du – er rückt wieder ganz eng an sie heran – du und ein Hausdrachen. Komm, prost, vergiß es. – –

Sein Glas klirrt gegen das ihre. Hausdrachen, er schüttelt sich. Wir trinken noch einen, nich? Ich kann dich einladen, ausnahmsweise. Wir haben gut gewirtschaftet in den letzten Wochen. Sein Lachen ist warm. Und wie er jetzt hinter den Rauchschwaden seiner Pfeife verschwindet, verbreitet er gutmütig-beruhigende Gelassenheit. – Mußt das alles nicht so schwarz sehen, du. Vielleicht – er bläst Else den Rauch ins Gesicht – vielleicht ist das Problem einfach das, daß du dich zu sehr verantwortlich fühlst. Aber er ist doch erwachsen. Er weiß schon, was er tut.

Und du – du sollst auch tun, was du für richtig hältst. Du mußt das machen, ohne immer daran zu denken, daß du Herwarth und Päulchen ernähren mußt. Und überhaupt –: das kannst du mir nicht sagen, daß dir nichts mehr einfällt. Dir! Was, zum Beispiel, hast du denn heute den ganzen Tag getrieben? Du bist doch nicht hier gesessen und in Wehmut versunken?

– Ach wo. – Jetzt muß Else selbst auch lachen. Nur ein bißchen. Der Hausdrachen hat – ich zeigs dir. Sie wühlt in ihrer Tasche nach dem Notizbuch. Da: ich habe eine Vision unseres Ehealltags entworfen.

– Herr von Kuckuck? Hm. Laß mich mal lesen. Das – er lacht sein lautes, brummiges Lachen, köstlich, goldene Pantoffel und seidene Strümpfe mit Löchern. Na also, und – seine Augen fliegen über die Zeilen und Else beobachtet ihn aufmerksam – herrlich: schwimmen hinter mir über die flaue Matratze… Schatten Ihrer Frau, siehst du, ich wußte ja, daß du wieder mal maßlos übertrieben hast. Du und keine Phantasie mehr! – –

– Aber, Else schüttelt den Kopf, tatsächlich steht ja da nicht, wie es ist, sondern wie ich denke, daß es sein könnte, oder? – –

– Eben. Genau darauf kommt es doch an. Solange wir alle noch träumen können… – –

– Ja, sagt sie da und atmet tief durch und kuschelt sich an seinen Arm, ich weiß schon, du hast recht. Wie immer, ach – was täte ich wohl ohne dich, hier in dieser entsetzlichen, in dieser entsetzlich interessanten Stadt? – –

– Du hättest einen weniger, der dir sagt, daß deine Wupper wirklich ganz, ganz großartig ist, – nicht nur, weil sie sich schön liest, sondern weil sie stimmt, einfach stimmt. Brummt er und zieht weiter heftig an seiner Pfeife. Einfach stimmt.

Er nickt vor sich hin. Schau mal, stößt er sie mit dem Ellbogen an, wer da gerade hereinspaziert. Damit dürfte dann unser intimes Tête à tête für heute beendet sein. Er weist mit der Pfeife gegen die Tür, wo Herwarth Walden und Rudolf Blümner stehengeblieben sind und mit den Augen die Gäste absuchen. Else hebt die Hand und im gleichen Augenblick haben die beiden Männer sie erspäht und kommen auf sie zu.

Die Begrüßung ist laut und stürmisch. Else sitzt da, klein und sehr aufrecht und läßt ihre Augen von einem zum anderen wandern. Blümner, der jetzt lacht und dabei ganz viele kleine Falten um die Augen herum bekommt, steht groß und wie ein Felsen neben dem schmächtigen Herwarth Walden, der sich das Blondhaar über die hohe Stirn nach hinten streicht, während die hellen Augen hinter seiner Brille auf die ihm ganz eigentümliche Art aufstrahlen beim Wiedersehen mit dem auch ihm so lieben Freund. Und Peter Baums spitzer kurzer Bart wackelt beim Reden und Lachen auf und ab als vollführe er einen Freudentanz. Dann, sie haben sich lange und herzlich die Hände geschüttelt als hätten sie sich nicht nur ein paar Wochen, sondern Jahre nicht gesehen, setzen sie sich. Peter Baum wieder neben Else, Blümner und Walden ihnen gegenüber. Walden hat ein paar Zeitungen auf den Tisch geworfen vorher, die nimmt er nun an sich, rollt sie zusammen, stapelt sie gegen das Fenster. Nichts von Belang, sagt er mit einem Blick zu Else hin und lehnt sich zurück. Berlin hat nichts zu melden, was in die offizielle Presse gehört. Man sollte es nicht für möglich halten… Aber, er greift in die Manteltasche und zieht ein rotes Heft heraus, das ist gekommen, aus Wien. Mit der Nachmittagspost. Und gleichzeitig ein kurzer Brief auch von Kraus. Er schreibt, er überlegt, ob er nicht doch im Januar nach Berlin kommen soll, wie wir es ihm vorgeschlagen haben. Er meint, eigentlich müßte er sowieso einmal wieder pausieren für ein paar Wochen, die k.-und-k.-Luft aus seinen Lungen herausblasen, damit er wieder streitfähiger würde. Ich habe ihm sofort geantwortet und ihm versichert, daß er im Verein jederzeit auf ein dankbares Publikum rechnen kann. – Er reicht Else das Heft über den Tisch. Sie legt es vor sich hin und streichelt mit den Händen liebevoll über den roten Einband. Kraus in Berlin, sagt sie, doch, hoffentlich kommt er. Das wäre ein echter Lichtblick. Ich werde ihm selbst auch nochmal schreiben. – Als sie das Heft öffnet, fällt eine Postkarte daraus hervor und auf den Boden. Else bückt sich und hebt sie auf. Von Päulchen, ruft sie, das ist aber eine Überraschung! Was schreibt er denn? Ihre Augen fliegen über die Karte: am Donnerstag kommt er, Donnerstag, Herwarth, das ist ja, das ist ja übermorgen! Oh, wie ich mich freue. Übermorgen kommt mein Kind nach Hause! – Sie hält die Karte fest in der Hand, liest jedes Wort, das da in großen Kinderbuchstaben steht, sorgfältig noch einmal. – Er hat eine so schöne Schrift! Ganz gleichmäßig ist sie geworden, gar nicht mehr so kindlich wie früher. Und – sie dreht die Karte um, hält sie ein wenig von sich fort – ist das nicht niedlich? Schau mal, das Pferdchen hier, mit dem Wagen, wie das so stolz übers Blatt läuft, das ist ja ein richtiges kleines Kunstwerk. Findet ihr nicht auch? – Sie streckt die Hand mit der Zeichnung über den Tisch damit die Freunde sie begutachten können. – Ein richtig großer Junge ist er schon. Du freust dich doch auch, Herwarth, wenn er jetzt endlich wieder nach Hause kommt, oder? –

Sie sehen sich an und in dem Lächeln, das sie sich über den Tisch senden, sind tausend Worte eingeschlossen. Wenn Paul da ist, wird vieles wieder anders werden. Das Leben mit Paul, das ist die tägliche Erinnerung an den anderen Teil, der in ihnen schlummert. Das ist Erleben auf einer anderen Ebene, spielen und Spaß haben miteinander und sich gegenseitig Geborgenheit vermitteln, ein Zuhause haben bei sich, was sie leicht vergessen, alle beide. Und entdecken und wachsen und beschützen und erzählen, angenommen werden und gefordert, anders, ganz anders als es zwischen Erwachsenen stattfindet. Da kommt ihnen vieles wieder in den Sinn, was sonst verschluckt wird von allem Möglichen, scheinbar viel Drängenderem, Wichtigerem. – – Ob er noch immer auf dem Klavier weitermachen will? – Herwarth reckt das Kinn nach vorne. – Paul ist, in diesem Punkt fast beharrlicher als seine Mutter, ein steter und aufmerksamer Zuhörer seines Spiels. Früh schon hat er angefangen, sich selbst Melodien auf dem Klavier auszudenken, hat mit kindlichem Eifer vor sich hingeklimpert bis er, wißbegieriger geworden, sich von Walden Stunden erbeten hat, die sie beide, unregelmäßig zwar, wie so vieles in ihrem Leben, schließlich auch in Angriff genommen haben. Es war dabei, als würden sie beide lernen, jeder vom anderen, und das Band zwischen ihnen hat sich dadurch noch fester geknüpft. Zwischen Vater und Sohn könnte es nicht enger geschlungen sein.

– Sicher wird er das wollen. Erinnerst du dich nicht mehr, in dem Brief, den er uns gleich anfangs geschickt hat, hat er doch geschrieben, daß es ihm fehlt, das Zusammenspiel mit dir, daß er gar keine Lust hat, immer nur von diesen alten Notenblättern abzuspielen, die sie dort für ihn haben, und daß er lieber ganz aufhören würde zu spielen, wenn er nur solche Stücke lernen müßte. – Else stützt das Kinn in die linke Hand. Sie sieht sich zu Hause, mit dem Rücken am Fensterrahmen lehnend, die Augen geschlossen, und wie die Sonnenstrahlen, die sie von draußen einhüllen, kommen aus dem Inneren des Zimmers die Töne des Klavierspiels zu ihr herüber, umgeben sie mit einer seidenweichen Decke aus Träumen, vierhändig hervorgezaubert, mühelos scheinbar, einmal keck und spritzig zum Mitsingen auffordernd, dann wieder fast wehmütig ins pianissimo versinkend, ein ganz leises, zartes Gebilde, ein bißchen traurig nach Auflösung suchend und – wumm, ein Akkord, hingepfeffert, und noch einer und viele, ohne Ende, das reißt ihr den Kopf hoch und die Augen auf, und Pauls fröhliche Stimme mischt sich dazwischen: das haben wir selbstgemacht, Mama, der Vater und ich, jetzt gerade. Ist das nicht schön? Hat dir das gefallen? Ah – das hat Spaß gemacht. – Ja, sagt sie und muß wieder lächeln in der Erinnerung, Herwarth, ganz bestimmt. Ich bin sicher, daß er sich schon darauf freut. Sie streift sich das Haar aus der Stirn und legt Päulchens Karte wieder in das rote Heft zwischen die Seiten, bevor sie es zuklappt und von sich wegschiebt. – Ich kann jetzt gar nicht in Ruhe lesen. Ich werde mir das für heute abend im Bett aufbewahren. Und morgen – ach, wenn Paul übermorgen kommt, dann ist da ja noch fürchterlich viel zu tun, morgen…

Vorläufig wird noch einmal Wein nachgeschenkt. Sie stoßen an auf Peter Baums Heimkehr nach Berlin und darauf, daß sie nun wieder gemeinsame Pläne in Angriff nehmen können. Der Nissen-Prozeß wird mit keinem Wort erwähnt. Jetzt hier, zusammen, gibt es Wichtigeres zu bereden.

Limonade –

Kanonade –

Ha: Schokolade.

Ich weiß gar nicht mehr weiter. Doch:

Nomade.

Nomade, – was ist das Mama, gibt es das Wort?

Ja, Päulchen, das gibt es. Ein Nomade ist ein Mensch ohne Heimat, der herumzieht und nirgends lange bleibt. – Sie sitzen in dem großen Sessel am Fenster, eng aneinandergekuschelt im trüben Nachmittagslicht und spielen das Einwortspiel, das Else selbst als Kind so geliebt hat.

Erzähl mir mehr, Mama, von den Nomaden. Hast du schon mal einen gesehen?

Es gibt ganze Nomadenvölker, die wandern durch die Wüste, immer weiter durch Hitze und Sandstaub, von einer Oase zur anderen. Alles, was sie besitzen, haben sie auf Kamele geladen, Zelte und Kochgeschirr und Decken und Tücher und Kleider und Schmuck. Und wenn sie an einer Oase angekommen sind, feiern sie nächtelang Feste. Ihre schönen Frauen tanzen tiefverschleiert unter dem Millionensternenhimmel und ganz, ganz spät nachts, wenn alle schon auf ihren Teppichlagern eingeschlafen sind, hört man noch die traurigen Nachtlieder ihres goldfarbenen Wächters. Die Kamele sind ganz eng aneinandergerückt, weil es so kalt ist nachts, fürchterlich kalt, man kann sich das gar nicht vorstellen, denn tagsüber ist es ja immer zum Verbrennen heiß –

Woher weißt du das, Mama, das alles, von den Tänzerinnen und von dem Wächter und von den Kamelen und daß es dann nachts so kalt ist?

Das hat mir mein Väterchen erzählt, Paul, als ich viel kleiner war als du. Damals konnte ich gar nicht genug davon bekommen, alle diese wundersamen Geschichten, und besonders die von Joseph mit dem lammblutenden Rock und seinen Brüdern.

– Die kenne ich, Mama, ja, die ist schön. Bist du aber nie da gewesen? Ach, – sie nimmt ihn fest in den Arm und drückt ihn an sich und über seinen Kopf hinweg suchen ihre Augen zum Fenster hinaus durch den grauen Nachmittag – hundertabertausendmal bin ich durch Bagdad gelaufen und habe meine Paläste besucht. Im Traum, Paul, weißt du, nur – ihr Blick kommt zurück zu seinem aufmerksam fragenden Gesicht, da reibt sie ganz sacht ihre Wange an seinem Schwarzhaar – sie sind alle zerfallen, diese Paläste, fürchte ich. Es ist niemand da, der sich um sie kümmert, und manchmal denke ich, daß sogar die Hirten sich davongemacht haben und daß meine Schafe jetzt höhnisch in der Sonne verdorren. Aber dann – sagt sie schnell mitten hinein in seine erschreckten Augen – dann seh ich in einer anderen Nacht, daß das nur ein böser Traum war, und daß der große Scheich auf dem Dach seines Palastes steht und zu den Sternen betet, daß ich doch zurückkommen möge. Und die Sklaven rollen schon rote Teppiche aus und die Häuser sind geschmückt und die wunderschönen Töchter des Volkes haben sich mit Blumen bekränzt und –

Nimmst du mich mit, Mama, dorthin?

Aber natürlich, mein Kind. Dann bekommst du seidene Kleider, und um den Hals hängt dir der große Elefantenorden, und mit der ledernen Peitsche streichelst du das Eselchen ganz sanft zwischen den Ohren, dann läuft es genau dorthin, wohin du willst. Und alle Kinder werden sich vor dir verbeugen und dir Geschenke bringen. Dann sind wir reich. Dann bist du Bulus Mohammed Hassan und sprichst arabisch.

Und du bist die Königin von Bagdad und ich beschütze dich.

Ja, Päulchen. Und du beschützt mich.

Wann fahren wir denn?

Vielleicht, vielleicht – ich weiß nicht. Wann sollen wir denn fahren?

Morgen. –

Morgen? Da müssen wir aber erst einmal nachsehen gehen, ob unsere Elefanten gut genug gefüttert sind für diese weite Reise. –

Mit Elefanten willst du reisen, Mama? Können wir nicht Pferde nehmen, ganz wilde Pferde, die laufen schneller? –

Hm. Ja, warum nicht? Warum nicht Pferde? Nur: wo können wir die denn hernehmen?

Wir rauben sie, Mama. Wir machen einen Überfall auf einen Kutscher am Kurfürstendamm, dem spannen wir die Pferde aus, und dann schwingen wir uns hinauf und reiten davon. Wollen wir? –

Ja, Kind, aber, vielleicht ist es besser wenn wir warten bis es dunkel ist, was meinst du?

Er war aufgesprungen und mit wilder Gebärde über den Teppich getanzt. Jetzt steht er breitbeinig vor ihr mit unternehmungslustigen Augen: Ich weiß nicht, vielleicht, – ach, Mama, werden wir dann auch Nomaden sein?

Bestimmt, Kind, du und ich, wir werden immer Nomaden sein. Auch wenn wir nicht sofort in die Wüste reisen können, werden wir Nomaden sein. Immer.

Auch hier, mitten in Berlin?

Auch hier. Man muß es nur wollen. –

Dann, – er zupft an seinem Gürtel aus Muscheln, den er sich vorher zum Spiel umgebunden hat – dann müssen wir ja nicht unbedingt gleich heute abend den Kutscher überfallen, oder? Dann kann ich noch morgen mit Hedwig zum Tiergarten gehen, das hat sie mir versprochen, heute früh, weil wir doch gewettet haben, daß ich schneller laufen kann als sie, und ich gewinne drei Murmeln wenn ich sie besiege. Und überhaupt – die Dampfmaschine, Mama, du weißt doch, Vater wollte mit mir doch zu einem Ladengeschäft gehen wo es Dampfmaschinen gibt, er hat gesagt, morgen hat er Zeit und – Mama, wir können vielleicht nächste Woche fahren, ja? Dann können wir noch alles erledigen, was wir uns vorgenommen haben. Aber – er kaut plötzlich an seiner Unterlippe –: Weihnachten, Mama, – gibt es in Bagdad auch Weihnachten? –

Ich glaube, dort ist jeden Tag Weihnachten, Paul, nur ganz anders. Ganz – weißt du: laß uns doch einfach noch über Weihnachten hierbleiben. Sonst bekommen wir ja aus Berlin gar keine Geschenke, wenn wir nicht da sind. –

Sie streckt die Arme nach ihm aus und er kommt auf sie zu, läßt sich umfassen und drücken.

Komm, setz dich noch ein bißchen zu mir her.

Erzählst du mir dann noch mehr?

Von den Nomaden? –

Nein, er schüttelt den Kopf, lieber, lieber wie es war als du ein kleines Mädchen warst. Was du gespielt hast…

Ja, sagt sie und rückt ein bißchen zur Seite, damit er sich wieder neben sie setzen kann, weißt du, am allerliebsten habe ich ja in unserem Garten gespielt, mit Walter Kaufmann und Alfred und Paul Stern und mit Pülle. Die kamen immer zu mir, weil unser Garten doch so wunderwunderschön war. Ein lebendiger Spiellaaden war das, mit grünerlei Bäumen und blühendbehangenen Sträuchern, und mit vielen bunten Blumen, Primeln, Vergißmeinnicht, Stiefmütterchen, Astern, Georginen. Und mit ganz zottigem Gras. Da plumpsten im Herbst die Kastanien hinein, und wir Kinder hoben die grünen Igel auf und brachten sie auf den eisernen, runden Tisch in der Laube, wo wir dann Markt spielten. Und Knallerbsen gab es da, diese milchigen Dinger, und Pülle ließ ab und zu eine zur Erde fallen und knallte sie mit dem Absatz auf. Wir wollten das nicht, und meine Freunde trampelten dann vor Wut auf die späten Beete und purzelten kopfüber in die Dornen der Rosenbüsche. Ja, weißt du, im Herbst war unser Garten immer unser gemeinsames Spielzimmer. Und Nüsse haben wir gesammelt, und Walter Kaufmann mit seinen neuen großen Vorderzähnen knackte sie auf für mich und spuckte die Schalen einfach in den Strauch zurück. Das waren geheimnisvolle Nüsse, sagten wir, und eine einzige von ihnen schmeckte uns besser, als eine ganze Tüte auf dem Jahrmarkt gekauft. Und eines Tages sahen wir, Walter und ich, noch eine herzige, rote Kirsche an unserem sauren Kirschenbaum hängen, oben am Gipfel, ganz hoch im Geäst. Wir wollten sie herunterholen und planten gerade – aber plötzlich flog eine Kohlmeise an uns vorbei und schon saß sie auf dem entblätterten Ast, blähte sich, lachte rund ihr gefiedertes Bäuchlein auf und speiste uns die Kirsche vor der Nase weg. Da haben wir uns aber geärgert... –

Kann ich mir vorstellen. – Paul ruckt den Kopf nach oben, – so ein Garten, sagt er, wenn wir nur auch so einen Garten hätten, so einen verwunschenen. Aber, sag mal, – was hast du gespielt wenn du nicht im Garten warst oder wenn es geregnet hat? –

Theater habe ich gespielt und Verkleiden, und meine wunderliebe Mama war mein dankbares Publikum. Ich war ja die Jüngste, weißt du, meine beiden Schwestern waren schon groß und die Brüder auch –

Onkel Moritz? –

Ja, Onkel Moritz, und Paul auch. Mein Lieblingsbruder war das, und er ist so früh gestorben, und deshalb heißt du jetzt Paul, weil ich brauche doch immer jemanden, den ich am liebsten habe und der Paul heißt.

Und was noch? Was hast du noch gespielt?

Was habe ich noch gespielt? Mit meinen Knöpfen habe

ich gespielt, du weißt doch, die Knopfsammlung, – die △
magst du doch auch. –

Können wir mit den Knöpfen spielen, Mama, ja? Ich
hole sie. –

Er geht zum Bett und legt sich der Länge nach auf den
Boden, hebt mit dem einen Arm die dunkle Samtdecke
hoch und angelt mit dem anderen nach der Wundertruhe
im Puppenformat. Aus dunklem Holz ist die, mit elfen-
beinernen Intarsien, und durch all die Jahre ist sie mitge-
wandert, schwer beladen mit dem Reichtum an großen
und kleinen Knöpfen aus Elses Kinderzeit.

Komm, Mama, komm ans Fenster. Wir stellen sie hier
auf deinen Schreibtisch, da können wir sie alle alle ansehen. –

Else sitzt noch im Sessel, zurückgelehnt, und der
schwarzhaarige Knabe, der sich jetzt über den Tisch
beugt und mit behutsamen Fingern einen Knopf nach
dem anderen aus der Schatzkiste holt, gegen das Licht
hält und dann auf dem Tisch eine Reihe baut und noch
eine, verrinnt ihr vor dem inneren Auge zu ihrer eigenen
Gestalt. Da steht sie selbst zehnjährig, in Stiefeln und
Hosen, wie sie sie trug, um mit dem Papa spazierenzugehen, das kurzgeschnittene Haar fällt ihr in die Stirn und
dahinter wird wieder gerade ein Märchen geboren, ein
Märchen, in dem der sternenbesäte Jett-Knopf, der Star
ihrer Sammlung, als wundersamer einsamer Heiliger
durch die Menge aus Holzknöpfen doch noch zum Himmelreich findet.

Sie stehen aufgereiht wie Soldaten, schau – warum
kommst du nicht, Mama – – da gibt sie sich einen Ruck
und mit ein paar Schritten ist sie bei ihm, schaut ihm über
die Schulter: den dort, den rosaroten da, oder die lila
Knöpfe und die kleinen blauen, – sie sind alle alle von meiner Mama, die hat sie für mich bestellt in den Knopffabri-
ken, weil ich so furchtbar gern gespielt habe mit ihnen.

Und den – jetzt hat sie ihn erspäht in der Menge, ihre Finger tasten sich an ihn heran, halten ihn hoch – sieh dir mal den an: das war mein Lieblingsknopf. Ich habe ihn Joseph von Ägypten genannt, – ist er nicht wunderwunderherrlich?

Schenkst du mir den?

Ich schenke sie dir alle, sie gehören dir, du bist doch mein Kind...

Dann gehören sie uns zusammen, Mama, und wir pakken sie immer wieder, wenn wir mit ihnen gespielt haben, in die Schatztruhe und schieben sie unters Bett. Das muß niemand wissen, nicht wahr?

Das muß niemand wissen. Nur du und ich.

Dann haben wir schon wieder ein Geheimnis, wir beide. –

Hm. – Else hat nicht mehr zugehört. Joseph von Ägypten, der Sternenknopf, wird an die Spitze der Abteilung der himmelblauen Knöpfe gelegt, – sie sieht über die Formation, ohne sie eigentlich wahrzunehmen.

Magst du nicht spielen?

Ich glaube, nein. Im Moment nicht. Bist du böse?

Neinnein. Kann ich noch weiterspielen?

Aber ja, mein Kind, spiel ruhig weiter.

Ist es die Erinnerung an die Kindheit, die ihr die Hände jetzt so zittern macht? Und dieses rasende Herzklopfen plötzlich, das Herz, das ihr so hoch in den Hals schlägt, und in den Ohren saust es und ein Kälteschauer jagt ihr durch den ganzen Körper, daß sie sich schüttelt.

Else steht hinter Paul, mit den Händen hält sie sich krampfhaft an der Lehne ihres Stuhls fest, sie hat die Augen geschlossen und atmet kurz, flach und heftig, aber der Schwindel weicht nicht, in ihrem Kopf dreht sich alles um und um, jetzt schwankt sie und – nein, sie kann sich nicht mehr aufrecht halten, das Kind und die bunten Knopfreihen auf dem Tisch sausen ihr entgegen, alles auf sie zu, und Paul mit entsetzten Augen:

Mama!

Mama, was ist los? Was ist dir denn? Warum bist du denn umgefallen? –

Sie liegt gekrümmt, das schwarze Meer, in das sie eingetaucht ist, das über ihr zusammenschlägt, ebbt ganz, ganz allmählich ab, jetzt streicheln die Wellen nur noch behutsam ihre Stirn, wie Kinderhände: Mama, sag doch was! Mama, Mama, mach die Augen auf, bitte. Hast du dir wehgetan? Mama…

Die Wellen streicheln immer weiter, ganz sanft, – nein, das sind gar keine Wellen. Else schlägt die Augen auf: tatsächlich, das ist Paul, das sind seine kleinen Hände, die da wellengleich an ihre Stirn rühren. Er hockt neben ihr auf dem Teppich und über sein Gesicht rinnen dicke Tränentropfen. Mama, – bist du krank?

Sie sieht ihn an und sein Schmerz dringt ihr durch und durch, aber sie kann nicht sprechen, schüttelt nur matt den Kopf. – Aber – jetzt schluchzt er – du bist doch hingeschlagen, mit dem Stuhl, du – – die Hände streicheln weiter, immer über die Stirn, über ihr Haar, und Else schließt die Augen wieder, kann sie noch nicht offenhalten, taucht noch einmal ein ins kalte schwarze Meer, es ist so fürchterlich kalt, ein Zittern läuft ihr durch den ganzen Körper, so kalt, und dann bewegt sie die Lippen, bewegt sie tonlos erst, es dauert noch lange bange Sekunden bis eine ganz kleine Stimme wieder aus ihr hervorflüstern kann: es ist gleich vorbei, Kind, gleich. Jetzt sieht sie ihn klar vor sich, hält die Augen gewaltsam offen: Päulchen, mußt nicht so erschrecken, es geht schon wieder, ich, ich war nur so schwach plötzlich, ganz schwindlig war mir, aber jetzt – – sie stemmt sich mit den Händen hoch, setzt sich auf, – jetzt ist es wieder vorbei.

Das Kind hockt neben ihr mit blassem Gesicht. Sie versucht ein Lächeln, aber die Kälte weht sie noch immer so unheimlich von allen Seiten an, da preßt sie sich die Arme vor den Leib und stöhnt.

Mama, – es ist doch gar nicht kalt hier. Du bist krank. Du mußt ins Bett und dich zudecken. Komm –

Nein, nein, es wird ja gleich wieder besser. Ich muß nur eben meine Medizin nehmen, dann –

Soll ich sie dir holen? Wo ist sie denn?

Ich mach das gleich selber, Paul, wenn du mir aufhilfst, so, siehst du, jetzt geht es schon wieder. Du bist mein großer, starker Junge. Wenn ich dich nicht hätte!

Die Medizin, Mama, sag mir doch, wo du sie hingestellt hast, dann bringe ich sie dir.

Ich hab sie in der Küche, Paul. Aber ich gehe selbst, du findest sie nicht. Ich habe sie versteckt. Die ist nur für mich.

Er schaut ihr nach, wie sie sich durchs Zimmer tastet, an den Möbeln entlang, vom Sofa zum Tisch zum Bett bis zum Türrahmen, wie sie Mühe hat, die Klinke zu drücken und durch die Tür zu gehen, die Tür bleibt offen und er hört ihren Schritt im Flur, schlurfend über dem Boden, dann die Küchentür, jetzt – jetzt steht er verloren im Zimmer und starrt auf den Stuhl, den sie mit sich gerissen hat im Fall. Er greift nach ihm, stellt ihn wieder auf und neben den Schreibtisch, wo er gestanden hat vorher. Er setzt sich darauf und schaut vor sich hin, über den Tisch hinweg, wo die Knöpfe liegen wie er sie aufgereiht hat zum Spiel, die roten und die braunhölzernen und die blauen mit dem großen Sternenknopf an der Spitze. Er streckt die Hand aus und schiebt sie zusammen, alle durcheinander. Nein, spielen mag er jetzt nicht mehr mit ihnen.

Da stellt er sich wieder vor sie hin und fängt an, sie in die Truhe zu packen, bunt durcheinander, wie er sie gerade greifen kann.

Else in der Küche hat ein Glas Wasser getrunken, hastig,

es soll nicht wieder schwarz werden um sie her. Sie öffnet den Schrank, im oberen Fach schiebt sie, auf Zehenspitzen stehend, mühsam einen Stapel Teller beiseite, dahinter, die Finger tasten danach, findet sie den kleinen Karton. Sie stellt ihn aufs Fensterbrett, greift nach der Spritze. Die Hand zittert noch etwas, als sie sie aufzieht. Einen kurzen Moment hält sie sie gegen das Fenster, nach oben, drückt von unten her, bis an der Nadel ein Tropfen hervortritt, dann streift sie sich hastig den Ärmel zurück, setzt die Spritze an, wartet eine Sekunde bis ihr die Hand nicht mehr so zittert und drückt den Kolben fest und peinlich genau bis zum Anschlag, – ah, sie stützt sich am Fensterbrett ab und schließt die Augen. Als sie sie wieder öffnet, sind Kälte und Schmerzen verschwunden. Sie legt den Kopf in den Nakken und atmet tief durch, einmal, zweimal. Es ist vorbei. Auch die Dunkelheit wird sie jetzt nicht mehr erreichen. Alles in ihr ist wohlig und weich, und auch um sie herum, es ist – es ist doch gar nicht so schrecklich und düster und kalt, eher türkis und hellblau glitzernd, warum, warum nur hat sie das vorher nicht gesehen? Sie legt die Spritze in den Karton zurück und schiebt ihn wieder ins Schrankregal hinter den Tellerstapel. Träumen möchte sie jetzt und – aber da ist ja das Kind. Paul, ruft sie, Päulchen, bist du noch da? Und mit sicheren Schritten geht sie zurück über den Flur und ins große Zimmer, wo Paul eben damit beschäftigt ist, die Schatztruhe mit den Knöpfen wieder unters Bett zu schieben. Hast du deine Medizin genommen? fragt er sie, noch auf dem Bauch liegend.

Ja, Kind, ich habe sie genommen. Und jetzt – jetzt vergessen wir das, nicht wahr? Es ist jetzt alles wieder gut.

Er schaut sie von unten her an, vergewissert sich mit einem prüfenden Blick, daß sie ihm nichts vormacht. Nein, es stimmt schon. Das ist wieder seine Mama, wie sie sonst auch immer ist, mit den großen Augen, die ihn so fröhlich anlachen können. Er steht schnell auf und umarmt sie.

Mama, sagt er, weißt du was? Ich habe einen ganz fürchterlichen Hunger. Du nicht?

Oh Gott. Else drückt ihn an sich. Das habe ich ja ganz vergessen. Natürlich hast du Hunger, du armes Kind. Wir haben ja überhaupt nicht zu Mittag gegessen. Und jetzt ist es schon gleich wieder Abend. Was machen wir denn da?

Sie überlegt. Weißt du, sagt sie, wir haben nichts eingekauft. Und nur ein paar alte Kartoffeln sind da, die wir braten könnten. Am besten ist, wir gehen ins Café. Hast du Lust?

Er nickt.

Dann zieh dir eben deinen Mantel an und die Mütze. Und ich packe uns noch ein paar Stifte und ein bißchen Papier ein, das nehmen wir mit. Dann können wir uns Briefe schreiben im Café. Willst du?

Es dauert nicht lange, da laufen sie nebeneinander die Treppe hinunter zur Straße, und noch bevor die Haustür hinter ihnen ins Schloß fällt, haben sie sich an den Händen gefaßt und hüpfen abwechselnd einbeinig links und rechts unter den kahlen Winterbäumen zum Kurfürstendamm.

– Jetzt bin ich ein Clown, Mama, ein besoffener Clown, guck, ich kann gar nicht mehr richtig mit zwei Füßen gehen, gar nicht geradeaus. Hier, um den Baum herum, du mußt mich festhalten, du bist ja selber ein Clown, mit deinen weiten Flatterhosen...

– Also: einmal so herum und einmal so. Clowns sind wir, meinst du?

– Ja, fehlen nur noch die roten Nasen.

– Ach, die kommen schon. Deine ist schon ganz rot, von der Kälte.

– Ja? Aber deine nicht. Du bist ganz blaß.

– Das ist weiße Schminke. Clowns sind ja manchmal ganz weiß geschminkt. Und überhaupt, im Laternenlicht…

– Guck mal, da vorne, da geht einer. Den nehmen wir mit, wollen wir?

– Hm, ja. Wir lassen einfach die Hände nicht los. Vorsicht, jetzt!

– Huch, wir haben ihn. Gib mir die Hand, Mama, wir schließen ihn ein. Wen haben wir denn da gefangen?

– Vorsicht, – keine Angst, wir sind nur die Clowns vom Kurfürstendamm, es passiert Ihnen absolut nichts, solange Sie… na, das ist aber eine Überraschung: Päulchen, das nenn ich einen guten Fang. Kennst du den, den wir da gekapert haben? Nicht? Das ist doch unser Freund Erich Mühsam. Schau ihn dir gut an, – der kann auch manchmal lachen. Hallo. Jetzt mußt du mit uns kommen. –

Sie haben den Herrn im dunkeln Mantel und seinen Spazierstock mit ihren Armen umschlossen und hüpfen auf und nieder und um ihn herum. Er scheint gar nicht verwundert über diesen Ansturm, verbeugt sich immer, wenn sie ihn einmal umrundet haben, ein wenig steif, wobei er seinen Stock fest aufstützt, dreimal, viermal, bis er sich doch nicht mehr gegen ein Lächeln wehren kann: Meine Dame, mein Herr, ich kapituliere. Und ich komme freiwillig mit. Ich nehme an, wir hätten sowieso dasselbe Ziel gehabt, – stimmt's etwa nicht?

– Ja. – Else hält ein und auch Paul bleibt stehen: wir wollten dich ins Café des Westens entführen, eigentlich, als unsere neueste Eroberung – –?

Da legt er den linken Arm um Elses Schulter und den rechten um Paul, der sich gleich seinen Spazierstock greift und ihn wie einen Taktstock vor sich herschwingt, und sagt: Nur zu – solche Entführungsziele sind bei mir sehr beliebt. Vor allen Dingen wenn es draußen so kalt ist.

– Och, sagt Paul, das merkt man ja gar nicht, wenn man

hüpft. Hüpfen Sie doch mit uns weiter. Dann wird Ihnen bestimmt auch ganz schnell warm.

– Langsam, junger Freund, laß uns erst mal über die Straße gehen. Oder: lauf doch schon mal voraus. Du kannst es ja doch nicht mehr erwarten. Ich kann nämlich nicht mithüpfen, weißt du, meine Beine machen da nicht mehr so mit. Da müßt Ihr schon etwas Geduld haben mit mir.

Paul sieht die Mutter an, die nickt ihm zustimmend zu, da hebt er den Stock vor sich hoch in den Himmel, so weit er ihn hinaufstrecken kann und kommandiert: vorwärts – marsch und eins und zwei und eins und zwei. Und im blitzschnellen Stechschritt läßt er die beiden Erwachsenen hinter sich zurück.

– Er wird sich doch nicht verlaufen?

– Keine Sorge. Else lacht: den Weg kennt er gut.

Sie hakt sich bei ihm unter. Erich Mühsam, sagt sie und ihre Stimme schwankt immer noch zwischen Clownerei und Ernst, wir haben uns lange nicht gesehen, nicht wahr? Da mußtest du uns ja nun einmal wieder ins Netz gehen. Wo haben wir denn so lange gesteckt? Ich habe schon fast geglaubt, du bist Berlin und uns allen untreu geworden.

– Nicht die Spur. – Er schüttelt heftig den Kopf mit den wirren dunklen Locken und schaut durch die runden Brillengläser in einer Art komischem Ernst auf seine Begleiterin hinunter: Ich bin zwar inzwischen ganz nach München übergesiedelt, aber es treibt mich doch immer wieder zurück. Es sind zu viele und zu gute Erinnerungen, die ich immer wieder auffrischen muß. Und die Liebe, die Liebe – ach, na, dir muß ich das ja nicht erklären. Aber: in München ist alles noch näher und noch weniger frei.

– Keine neue Gemeinschaft?

Er schüttelt den Kopf: nicht daran zu denken. Politische Reaktion bis ins intimste Privatleben. Philister. Puritaner. Auch unter den Genossen.

– Komisch, sagt Else und macht zwei Trippelschritte, um im Gleichschritt mit ihm gehen zu können, – und ich war doch ganz fest überzeugt, daß Schwabing sich durch Freiheit in jeder Beziehung auszeichnet. Ist das nicht so?

– Ach weißt du…, er hält an, bleibt stehen, und jetzt stehen sie sich gegenüber und er hält ihren Ellbogen fest, während sie zu ihm aufsieht, als wolle sie ihm die Worte von den Lippen ablesen, als er nach kurzem Stocken wieder anhebt: die Bohème, die Künstler, das sind auch in München Kreise, in denen du dich wohlfühlen kannst. Hier wie dort Menschen, die die gesellschaftliche Nutzarbeit verweigern, vor denen der Bürger Hosenschlottern hat schon allein deshalb, weil er sich fremd fühlt und ausgestoßen. Da werden ein paar wenige besonders auffällige Exemplare gefeiert, damit man den Rest umso besser verhungern lassen kann. Und dann heißt es: ja, die Bohemiens mit ihrer brotlosen Kunst, seht sie euch doch nur an: Verbrecher, Landstreicher, Huren. Das sind, du kennst das ja selbst, Charakterisierungen, die aus Äußerlichkeiten hergeleitet werden, von äußeren Symptomen wie Kleidung und Haarschnitt, – puh. Kein Unterschied zur Berliner Gesellschaft. Nur schlimmer in dem Punkt, daß es in München auch innerhalb der eigenen Reihen brodelt. Du machst dir keinen Begriff, wie ich wieder ins Kreuzfeuer geraten bin wegen meiner Auffassungen über Liebe und Ehe… –

Else senkt den Kopf. Eine Weile bleibt sie still. Mit der Spitze des rechten Fußes zieht sie einen Kreis um den linken Fuß herum, von vorne nach hinten und wieder zurück.

– He, sagt er, was hast du?

– Ich, ich – nichts. Es ist immer und überall dasselbe, scheint mir. Und ich bin mir nicht klar darüber, wie das kommt, aber ich selber denke heute so und morgen anders. Die Liebe, ach, – und die Ehe, – ich habe keine Theorie. Und du solltest auch keine haben, Erich Mühsam. Es ist sowieso alles viel zu – mühsam. Sie lacht: Herwarth

* sagt, daß das nicht geht, eine Theorie zu haben und sie ausfüllen zu wollen. Daß man alles, wie auch die Kunst, erleben muß, und daß eine Theorie, die hinterher, also nachträglich, formuliert wird, überflüssig ist, und daß, – ach, ich weiß nicht. Ich verliebe mich zwar andauernd, aber ich bin schrecklich eifersüchtig. Und nichts paßt zusammen.

Er nickt, sagt aber nichts. Und Else schüttelt den Kopf und hakt sich wieder bei ihm ein, und sie gehen weiter, langsam, nachdenklich. Kurz vor der Eingangstür zum Café drückt sie seinen Arm noch einmal schnell und mit

* beiden Händen: weißt du noch, damals, mit Sankt Peter und der neuen Gemeinschaft…? Und wir haben geglaubt, das könnte immer immer so weitergehen?

Sie läßt seinen Arm los und geht vor ihm durch die Tür. Drinnen, vor dem Telefonhäuschen, von dem die Kaiserbüste majestätisch den Raum zu überblicken scheint, bleibt sie stehen, wartet, bis er wieder neben ihr ist.

– Und Paul? sagt sie, ah, da – schau, er ist hier wirklich wie zu Hause.

* Paul sitzt am großen Tisch bei Kete Parsenow und Rudolf Blümner, hat Mühsams Spazierstock quer über den Tisch gelegt und vor sich einen Teller mit Bratkartoffeln und Ei. – Kommt ihr endlich, sagt er bevor er sich eine Kartoffel in den Mund steckt, ich habe Anton schon gesagt, daß ihr noch Stunden braucht, und da hat er mir inzwischen schon mal zu essen gebracht. Ihr, ihr – ihr seid aber wirklich entsetzlich langweilig und hinter dem Mond.

Findest du? fragt Else und zieht sich einen Stuhl dicht neben ihn. Ja, schau, der Erich und ich, wir gehören ja auch schon recht zum alten Eisen. Und ihr auch, wahrscheinlich, lacht sie zu den Freunden am Tisch, die zur

Seite gerückt sind und ihr Gespräch unterbrochen haben, um sie und Mühsam zu begrüßen.

Stunden später, Else hat Paul, viel zu spät, wie immer, nach Hause und in ihr großes Bett gebracht, nachdem sie sich halb im Scherz, halb im Schmerz von den Freunden losgerissen hat, setzt sie sich noch einmal an ihren Tisch am Fenster. Die Kerze vor dem Wandspiegel flackert und vor sich, auf dem Tisch, hat sie den siebenarmigen Leuchter aufgestellt, den sie aus dem Elternhaus mit hinüber gerettet hat durch all die Jahre, da ist es hell jetzt in diesem Lichtkreis, der gerade bis zum Fensterbrett reicht, und sie legt sich ein Blatt zurecht und nimmt den Federhalter zur Hand. Einen Brief muß sie noch schreiben, jetzt, in Ruhe, Δ nach all den Aufregungen, vorher kann sie nicht einschlafen, es ist zu wichtig.

8.XII. 1909 schreibt sie in die obere rechte Ecke, schwungvoll und fein zugleich, dann legt sie die Feder beiseite und lehnt sich zurück. Die Hände vor sich auf der Tischkante sitzt sie und schaut in die Kerzen. Daß es manchmal so schwer ist anzufangen? Mit der linken Hand tastet sie hinter den Leuchter bis ihre Finger auf etwas Hartes treffen, sie hält inne, fühlt mit den Fingerspitzen, streichelt, tastet, streichelt, die andere Hand, die aus Stein, die * da liegt, kalt und doch weich. Sie schließt die Augen, um sich das Bild dessen, dem diese Hand aus Stein gehört, zu vergegenwärtigen, dieses junge Gesicht, schmal, mit einem Mund, der wie in spöttischem Lachen nach unten gezogen ist, die Lippen aufeinandergepreßt. Er ist einsam, durchzuckt es sie, ja, seine Liebe ist ja begraben, fern von ihm, er * hat sie wahrscheinlich nicht einmal leben können, Jahre ist das schon her jetzt, und er, er ist doch noch gar nicht alt, aber es wird nicht mehr lange dauern, da wird er bitter. Doch, sein Mund sieht heute schon so aus, als ob er nur noch bitter, nur noch ernsthaft und kein bißchen mehr selbstvergessen sein könnte, vierunddreißig ist er vielleicht oder fünfunddreißig, und schon längst einer der gefürchtetsten Schriftsteller seiner Stadt. Wenn er kommt, im Januar, – ob auch Berlin vor ihm zittert? Zu wünschen wäre es, – pah, er wird sich schon richtig einzuführen wissen.

Lieber Herzog von Wien, schreibt sie, dann weiß sie nicht mehr weiter. Hinter das Wien zeichnet sie einen Punkt, kein Ausrufungszeichen, – er soll die Pause spüren, die sie jetzt wieder machen muß, denn es ist ihr noch immer zu schwer, einfach drauflos zu schreiben. Über dieses kurzgeschnittene Haar, das ihm vorne in Fransen in die Stirn fällt, möchte sie einmal streicheln. Mit den Fingerspitzen fühlen, was sich da verbirgt in diesem Kopf. Die Augen lachen ja viel intensiver als der Mund, und diese Brille, die er sich auf die schwungvoll-gerade Nase klemmt, – sie kennt sie zu gut aus der Nähe, so ist auch Herwarths Brille, ach, Herwarth, die Brille, die Augen, dieser Sarkasmus – nein: keine unnötigen Ähnlichkeiten aufbauen. Es ist schon so schlimm genug… All diese Freunde.

Else beugt sich wieder über das noch so leere Blatt, sie taucht die Feder ein und schreibt: Ich habe Dr. Blümner wo anders untergebracht, er liegt nun im Fach auf einer Redaktion und harrt der Druckerschwärze. – Er soll nicht denken, daß es ihr nur darauf ankommt, ihre eigenen Gedanken bei ihm veröffentlicht zu sehen. Er ist sowieso so zuverlässig freundschaftlich und hilfsbereit zu ihnen allen in seinem Einsatz und seiner Parteinahme, das ist großartig und wahrscheinlich überhaupt niemals jemals wiedergutzumachen. Er versteht einfach, worum es geht. Sicher kann er auch Gedanken lesen.

Mir geht es schlecht, schreibt sie jetzt, – denn wozu solch einem Freund Theater vorspielen? – Ich weiß nicht mich zu finden, ich habe die Seite, meine Bibelseite verloren – ob ich nun Jussuf oder der Mann im Feuerofen bin, ja das kann ich nicht sagen. Und, ohne zu unterbrechen, fährt sie fort: Abends sitze ich meist im Café da ist Ruhe, da drehen sich gleichgestimmt mit der ruhigen Freude alle Herzen große und kleine, manchmal verlieben wir uns auch Auge in Auge um auszuruhen. Schade immer wenn der Tag kommt oder jemand auf seine ausgelöste Uhr sieht – schrecklich unkünstlerisch, die Zeit muß sich totlachen.

Sie dreht den Kopf halb zur Seite, schickt einen schnellen Blick nach hinten zum Bett. Er schläft, ist bis über den Kopf eingewickelt in die dicke Decke, nur ein ganz klein wenig schwarzes Haar liegt da auf dem Kissen, sie möchte hinlaufen und darüberstreicheln, aber sie bleibt sitzen wo sie ist. Ich lüge, denkt sie, da hinten liegt mein Sohn und schläft, und ich sitze hier und schreibe, daß es mir schlecht geht. Ich verleugne ihn, – nein, ich verleugne mich, es ist alles so banal im Grunde, und so leicht zu beheben, das Kind, was wäre ich ohne das Kind?

Jetzt ist sie doch aufgestanden, auf Zehenspitzen zum Bett gegangen, mit hängenden Armen steht sie da und schaut auf das Büschel schwarzes Haar zwischen Decke und Kissen.

Päulchen, flüstert sie, Liebling, kleiner Schatz. Und ganz ganz behutsam klettert sie auf das Bett, kniet vor diesem Kissenberg, und wie sie nicht wagt, sich zu rühren, sieht sie ihn wieder vor sich, wie er heute Abend, mit dem Stock in der Hand so stolz fortmarschiert ist, und hört seine Stimme: und eins und zwei und eins und zwei. Und da streckt sie ganz schnell die Hand aus und streicht nun doch über diesen Haarschopf und weiß nicht, ob sie nicht lieber jetzt die Decken beiseiteschieben und sich in diese Wärme mit hineinkuscheln soll. Aber sie hält sich zurück, reißt sich fast gewaltsam hoch und steht im selben Moment wieder neben dem Bett, dehnt sich, dreht sich, geht die paar Schritte auf den Spiegel zu und schaut nun durch ihn auf das schlafende Kind hinter sich. Da steht sie, minutenlang in der Lichtinsel, die die Kerze um sie herum verbreitet, bis sie, ohne den Kopf zu bewegen, sich wieder selbst ins Auge faßt: so ist es eben, immer dies Hin und Her, hier das, was sie verfolgen muß mit ihren Verbündeten, mit ihren Freunden, mit ihren Leidenschaften und Träumen, dort das, was sie nicht von sich weisen will, was sie stark macht und was ihr Stärke abfordert, wo sie gebraucht wird und geliebt wird, bedingungslos, und was ihr schlechtes Gewissen macht, heute und jetzt und immer schon. Zweigeteilt, sie, janusköpfig. Sie schaut sich ins Gesicht, blaß, mit so glänzenden Augen, dann dreht sie sich um und geht wieder zum Schreibtisch, setzt sich vorsichtig und schreibt:

Aber dankbar bin ich Ihnen, lieber Herzog von Wien, für alles Gute an uns, – doch, das ist es ja auch: sie muß es ihm doch schreiben, muß ihm sagen, wie sehr er ihr hilft, wie er ihnen allen hilft in diesen wirren Tagen des Streits, wenn er die Erklärungen veröffentlicht in seiner Zeitung, wenn er selbst das Wort ergreift in diesem Kampf gegen die öffentliche Meinung, die nur deshalb die öffentliche sein kann, weil da Geld und ein Titel und Macht dahinterstecken, während Herwarth und alle die Freunde sich die Finger blutig schreiben können, auch wenn sie noch so im Recht sind.

Und plötzlich muß sie daran denken, wie sie heute abend, als sie schon vor dem Café standen, weil sie Paul ja nach Hause bringen wollte, diesen Mann auf der anderen Straßenseite vorbeigehen gesehen hat, ganz ruhig, und wie es sie durchzuckt hat, daß das kein anderer sein konnte als der gehaßte, gefürchtete Nissen, der Herwarth, wenn der Prozeß nicht bald beendet sein würde, auf dem Gewissen haben würde, – ach, nicht nur Herwarth, sie auch, ihr ganzes Leben hatte sich doch verändert in diesen Monaten seither, und diese müßigen Streitereien, die ständig zwischen ihnen entstanden und die immer nur um das eine sich drehten: Nissen, Nissen, Nissen, und was Nissen aus der ganzen Geschichte machen würde. Und sie sieht sich da stehen neben Erich Mühsam, der sich gerade von ihnen verabschieden will, weil sein Weg ihn jetzt in die andere Richtung führt, und sie sieht sich in plötzlich aufflammender wilder Wut nach seinem Stock greifen, um über die Straße auf diesen Mann zu stürzen, und sie fühlt wieder, wie Mühsam sie festhält und sie nicht freigibt, wie er auf sie einspricht und sie ganz fest am Arm hält bis, ja, bis der da drüben im Dunkeln verschwunden, einfach untergetaucht ist, und wie sie dasteht, mit dem Stock in der Hand und Mühsams Griff fest an ihrem Arm spürt und wie er auf sie herunterschaut und halb lachend, halb ärgerlich sagt: in dieser Gesellschaft bekommst du dafür Gefängnis nicht unter einem halben Jahr, – also, überleg dir wenigstens, ob du dich wirklich für so lange Zeit aus dem Gefecht ziehen lassen willst.

Jetzt schreibt sie ganz schnell: ich hatte Mühsam seinen Stock abgenommen draußen und wollte Nissen verhauen, aber Mühsam sagte, das gebe 6 Monate und so müde bin ich nicht. Nein, sie schüttelt sich, sie hat vorerst wirklich noch andere Pläne: Am 14. spreche ich in der Finkenschaft hier, auch ein Gedicht darin Sie vorkommen – vielleicht – sie hat wieder sein Bild vor sich, dieses altklug-junge traurig-überhebliche Gesicht, vielleicht, schreibt sie, sag ich das auch nur um Ihnen etwas Schönes zu sagen. Lieber Herzog – sie zögert wieder, aber nur kurz, denn es ist gut so jetzt, was sie geschrieben hat, wird er verstehen, also taucht sie die Feder zum letzten Mal ein: ich grüße Sie, und da Sie die Sterne so lieben, schenke ich Ihnen diese. Tino von Bagdad. Und kreuz und quer und überall, bis ihr die Tinte versiegt, werden Sterne über den Brief verteilt.

Sie liest noch einmal von Anfang an, ja, genau so sollst du es haben Karl Kraus, Herzog von Wien, du mit dem spöttischen Mund, den ich küssen möchte und der mir nie, nie nah genug sein wird. Gleichgesinnter, Freund in der Ferne, Erhabener, durch die Macht deines Wortes Herrschender.

Sie schraubt das Tintenglas zu, bläst die Kerzen im Leuchter aus, eine nach der anderen. Jetzt hat sie nur noch das Licht im Spiegel, vor dem Spiegel. Sie öffnet das Fenster einen Spalt, atmet tief die kalte Winternachtluft ein. Der Luftzug streicht übers Papier, bläht es eine Sekunde lang hoch, läßt es sich wieder glattlegen. Else überlegt, ob es so liegenbleiben kann, dann faltet sie es doch zusammen, steckt es in ein Kuvert, sie schraubt noch einmal das Tintenfaß auf, taucht die Feder hinein, schreibt die Adresse. Und weil sie auch noch eine Briefmarke findet, trotz der Dunkelheit auf dem Tisch, klebt sie sie auf den Umschlag und läuft mit ihm schnell, ohne sich lang nach einem Mantel, nach einem Schal umzusehen, zur Tür hinaus und auf die Straße und weiter zum Café, wo sie den Brief dem Kellner Anton zustecken will, der ihn, zuverlässig wie er ist, weiterbefördern wird. Das Café und die Freunde und Herwarth – ach.

Januar

Kaltnasser Schneesturm verstärkt ihr den Druck des Körpers, als Else sich gegen die schwere Haustüre stemmt, peitscht hinter ihr in den Flur. Sie hastet die Treppe nach oben, atemlos steht sie, während unten die Tür ins Schloß fällt, vor der dunkelbraun gestrichenen Wohnungstür, an der es kein Namensschild gibt. Mit vor Kälte halberstarrter Hand zieht sie die Glocke, lauscht nach dem schüchternen Klang, dann lehnt sie sich mit geschlossenen Augen gegen den Türrahmen, die Hand, die noch am Glockenzug festhält, reißt diesen heftig nach unten, einmal, noch einmal. Die Glocke schrillt durchs Haus. Else laufen die Schneeregentropfen übers Gesicht wie Tränen, naß ist sie durch und durch und innen und außen fiebrig heiß und schauerlich kalt zugleich. Ein Schütteln läuft ihr durch die Knochen, der Arm sinkt an ihrer Seite herab, sie möchte sich ihm nachfallen lassen bis auf den Fußboden, zusammengekauert sitzen hier vor der Tür, hinter der immer noch nichts sich regt. Mit einer letzten Anstrengung greift sie noch einmal nach dem metallenen Strang, zieht ihn zu sich herab, und während sie den Kopf nach dem Glockenton hebt, würgt sich aus ihrer Kehle ein Schluchzen, mit dem sie nun endgültig in sich zusammensinkt auf die Schwelle, den Kopf in die Hände vergraben auf den Knien. Sie hört nicht, wie innen nun endlich ein leichter Schritt sich nähert, wie die Tür geöffnet wird, hockt einfach da wie ein Häufchen Elend mit abgewandtem Gesicht und weint.

– Else! – Da dreht sie den Kopf, und mit einer Wendung des ganzen Körpers streckt sie die Arme aus, läßt sich umfangen und vom Boden hochzerren, taumelnd steht sie, fest an den Freund gelehnt, es ist, als wäre das Haus ein schwankendes Schiff, und die Wellen, die es hin- und herschütteln, kämen von innen her, aus Else heraus, und es scheint gar nicht vorbeizugehen.

– Komm, sagt er und hält sie ganz fest und führt sie wie eine Blinde in die Wohnung hinein, zieht die Tür hinter sich zu und steht dann mit ihr im Arm im dämmrigen Flur zwischen den Zimmern: Mein Gott, Else, ich dachte, du seist noch in Prag.

Sie schüttelt den Kopf, reden kann sie noch nicht, und er hilft ihr aus ihren nassen Sachen, nimmt ihr die Mütze vom Kopf, wickelt ihr den Schal vom Hals, zieht ihr die Arme aus dem Mantel. Sie läßt es mit sich geschehen wie ein gehorsames Kind, steht da, noch etwas schwankend, und schaut auf die Fußspitzen, auf das fleckig-durchtränkte Leder der silbergrauen Stiefeletten. – Zieh die auch aus, sagt er, der ihrem Blick nachgefolgt ist, ich geb dir ein Paar dicke Socken. Du holst dir ja den Tod so. – Und als sie noch zögert, sich nicht rühren zu können scheint, bückt er sich und öffnet ihr die Schuhe, streift sie ihr ab und schiebt sie beiseite. – Komm, sagt er noch einmal, greift nach ihrer Hand und zieht sie ins Zimmer, hier drinnen ist es warm. Setz dich dahin in den Sessel zum Ofen, ich bring dir die Socken und eine Decke zum Einwickeln. Und ein Taschentuch auch. – Er geht noch einmal über den Flur in das andere Zimmer. Als er zurückkommt mit der Decke über dem Arm und einem Paar Wollsocken in der Hand, und Else immer noch dasteht, wo er sie hingestellt hat, und blicklos vor sich hinstarrt, schüttelt er den Kopf und brummt sie an: Nun mach dich mal vorwärts, dort hinüber, da, in den Sessel sollst du dich setzen, – wie kann ich dich denn zudecken, wenn du dastehst wie eine Salzsäule? – Und schiebt sie vor sich her, drückt sie hinunter in die Plüschpolster, legt ihr die Decke über von den Schultern

66

bis hinunter zu den Fußspitzen, bückt sich dann aber und zieht ihr erst noch die Wollsocken über die Füße. – So, sagt er und schaut sie von unten herauf an, jetzt mußt du nur noch aufhören zu weinen. – Aber da ihr Gesicht noch immer keine Reaktion zeigt, steht er auf und schlurft mit einem Kopfschütteln in die Küche, von wo er schnell wieder zurückkehrt, in jeder Hand ein Wasserglas randvoll mit einer durchsichtigen Flüssigkeit. – Das ist Goldwasser, sagt er, während er ihr eines der Gläser unter die Nase hält, riech mal, das wird dir helfen. Und er setzt es ihr an die Lippen, ganz vorsichtig, bis sie den duftenden Inhalt des Glases berühren, und Else schluckt, einmal, zweimal, und dann muß sie fürchterlich husten. Er hält das Glas in sicherem Abstand und, während er mit verschmitztem Blick beobachtet, wie sie sich schüttelt und beim Husten ganz rot wird im Gesicht, nimmt er aus dem anderen Glas einen tiefen Zug, schluckt und stößt genüßlich mit offenem Mund den Atem aus: ahh. So, jetzt nimm dein Glas mal selber und trink noch ein bißchen nach, einen ganz kleinen Schluck wenigstens, – das hilft, sag ich dir, gegen alles, gegen Kälte und gegen Weltschmerz und – hier. – Er reicht ihr das Glas in die ausgestreckte Hand, die sie unter der Decke hervorgezogen hat und nickt ihr aufmunternd zu. Und Else trinkt, nippt erst noch vorsichtig, dann schluckt sie mutiger den Inhalt des Glases bis über die Hälfte weg. – Puh, sagt sie und reißt Augen und Mund auf, das brennt ja wie Feuer, – und japst nach Luft und lacht.

– Na also. – Er zieht sich einen Stuhl zu ihr her, setzt sich ihr gegenüber: mußt ja nicht alles auf einmal trinken, wenn du nicht willst, – aber, wie gesagt: beste Medizin von ganz Berlin, kannst du mir glauben.

Sie hält das Glas auf der Sessellehne und schüttelt den Kopf: nicht gegen alles, Peter, nicht bei mir. – Und da hat sie schon wieder Tränen in den Augen und wird vom Schluchzen geschüttelt wie in einem Krampf.

– Mädchen, – er rückt an sie heran, legt ihr die Hand auf die Knie, wartet. Es dauert, bis es in ihr wieder abebbt, lange Minuten, wo er nur schweigt und ihre Knie streichelt und sie beobachtet. Als sie endlich zur Ruhe gekommen ist wieder und mit hängenden Schultern und vornübergebeugt sitzt, ohne ihn anzusehen, zieht er seine Hand von ihren Knien zurück, trinkt noch einen Schluck aus seinem Glas, räuspert sich und bittet sie dann: Nun sag mir doch endlich, warum du nicht mehr in Prag bist, – vielleicht verstehe ich dann alles andere ja ohne große Erklärung.

Die Art, wie sie ihn ansieht, so, als wäre er gar nicht da, als würde sie ihn zumindest nicht erkennen, macht ihm die Situation nun doch etwas unheimlich. So in Schmerz getaucht hat er sie lange nicht gesehen.

Sie wischt sich mit dem Handrücken über die Augen, schüttelt mit einer Kopfbewegung das Haar aus der Stirn und sagt mit tonloser Stimme: du wirst es nicht glauben, Peter, du wirst es nicht glauben, es ist so infam, so undenkbar infam, – ich, ich kann es immer noch nicht fassen.

Da hat ihr das Weinen wieder die Gewalt über die Stimme genommen, aber dieses Mal reißt sie sich zusammen, schnaubt die Nase in das von ihm bereitgelegte Taschentuch, nimmt einen Schluck aus dem Goldwasser-Glas, richtet sich kerzengerade auf und sagt dann, zittrig noch aber schon mit entschlossenem Unterton: du mußt mir versprechen, daß du es niemandem weitersagst, auch nicht deiner Frau. Ehrenwort, – das geht niemanden etwas an, Peter Baum, nur du darfst es wissen, weil du mein Freund bist und weil ich – ach – sie sinkt in sich zusammen – weil, ich bin doch ganz allein.

Sie lehnt sich zurück, mit den Augen tastet sie sich an den grauen Stuckornamenten der Zimmerdecke entlang, schweigt, sitzt mit aufeinandergepreßten Lippen.

Er beobachtet sie, wartet. Mit der rechten Hand streicht

er sich seinen spitzen Bart, gleichmäßige Bewegung von den Wangenknochen bis zur Bartspitze, immer von neuem. Die Straßengeräusche übertönen das Prasseln der Regenschneetropfen gegen das hohe Fenster nicht, es ist, als hätte das Wetter draußen einen Schutzwall um dieses Zimmer gebaut, in dem sie sitzen neben dem Kachelofen, alte Freunde, Vertraute von Jugend an. Es gibt Leute, die halten sie für ein Liebespaar. Daß es nicht so ist, – Peter Baum hält in der streichelnden Bewegung an seinem Bart inne, deckt sich für eine Sekunde die Hand über die Augen: seine Schuld ist es nicht. Als er den Kopf wieder hebt und zu Else hinüberschaut, treffen sich ihre Blicke.

– Ich hatte so ein schlechtes Gefühl da in Prag, murmelt sie, die ganze Zeit über schon. Es war richtig grotesk: ich hätte noch mehr Lesungen machen können, die Leute waren so freundlich und interessiert, – ich glaube, sie haben verstanden, was ich ihnen erzählte, wirklich, du, ich mußte die ganze Zeit daran denken, daß ich noch vor meiner Abfahrt vom Görlitzer Bahnhof aus an Kraus eine Karte geschrieben habe, ich sei auf dem Weg nach Theben, – ich wußte doch, daß ich ihn nicht mehr in Berlin treffen würde, wenn ich zurückkäme, aber ich war gar nicht traurig wegzufahren, weil ich, naja, – mir war, als führe ich in wärmere, hellere Gegenden. Und dann kam ich an, und alle waren so nett zu mir, aber schon nach dem ersten Abend dachte ich, ich könnte nicht länger bleiben. Hatte ständig das Gefühl, daß hier in meiner Abwesenheit irgend etwas ganz Fürchterliches passieren würde, konnte mich gar nicht mehr einlassen, und, – also, du siehst ja: ich bin zurückgefahren. Habe nicht telegraphiert vorher. Das war der Fehler.

Sie hält inne, zieht die Beine unter sich auf den Sessel, starrt dann auf ihre Knie.

Baum, in die Pause hinein will er nichts fragen, steht auf und geht zum Schrank neben dem Fenster, öffnet ihn, holt

Pfeife und Tabaksbeutel hervor. Mit drei Fingern greift er in den hinein, hält den Tabak gegens Licht, als wolle er ihn auf Echtheit hin prüfen. Dann dreht er sich zurück ins Zimmer, und, während er beginnt, seine Pfeife zu stopfen, kommt er wieder zu Else und setzt sich umständlich auf seinen Stuhl. Er weiß ja, was sie erzählen wird. Er drückt mit dem Daumen den Tabak im Pfeifenkopf fest, nimmt die Pfeife zum Mund, saugt am Mundstück. Dann steht er nocheinmal auf, sucht auf dem Tisch, der in der Mitte des Zimmers steht, nach Streichhölzern. Er zündet die Pfeife an, bevor er sich wieder setzt.

Als Else jetzt weiterspricht, ist ihre Stimme fest wie immer. – Gestern abend, sagt sie, ich bin ziemlich spät erst angekommen, bin ich gleich ins Café gegangen vom Bahnhof aus. Ich dachte, ich würde Herwarth da wohl am ehesten treffen. Er war aber nicht da, und niemand wußte, wo er war, Kurtchen auch nicht und Anton nicht und niemand. Ich habe gewartet. – Sie hebt ihr Glas in Augenhöhe, streckt es dann von sich gegen den Freund: hast du noch mehr davon?

Er nickt, nimmt das Glas und steht auf.

– Nein, sagt sie, bleib da. Es hat Zeit.

Er steht vor ihr, unschlüssig.

– Ich möchte auch noch einen Schluck, sagt er dann und geht auf die Tür zu, – ich kann ja die Flasche holen.

In der Küche wischt er sich mit dem Handrücken über die Stirn. Daß es so schwer ist. Daß er ihr nicht helfen kann. Daß er nichts wünscht, als ihr diesen Schmerz lindern zu können. Er nimmt die Flasche vom Fensterbrett, wo er sie hingestellt hat vorhin, zieht den Korken ab, setzt sie an den Mund. Wahrscheinlich geht es ihm gerade nicht besser als ihr.

Peter, sagt sie, als er wieder da ist und die Gläser für sie beide vollgeschenkt hat, – es war der furchtbarste Abend, an den ich mich erinnern kann. Ich saß da und wartete, und weil ich immer zittriger wurde, habe ich ein Glas Rotwein nach dem anderen getrunken. Alle am Tisch waren so entsetzlich gut gelaunt, und ich habe ihre Witze gehört und sie nicht verstanden und mitgelacht. Irgendwann hat Kurtchen mir eine Droschke bestellt, und ich weiß nicht einmal mehr, wie ich in die Wohnung gekommen bin. Nur, als ich da war und alles so dunkel und Herwarth immer noch nicht zu Hause, – ich muß mich völlig vergessen haben. Heute morgen bin ich aufgewacht, da lag ich auf dem Boden in seinem Zimmer vor dem Flügel, und als ich in die Küche gehen wollte, um Wasser zu trinken, war der ganze Flur voller Scherben, unser ganzes Geschirr, verstehst du, alle meine geliebten Goldrandtassen: kaputt. Und als ich im Schrank nach meiner Spritze suchte, – ich konnte sie nicht finden. Er hat sie mir weggenommen und – sie schlägt die Hände vors Gesicht, weil sie jetzt doch wieder vom Weinen geschüttelt wird – er ist fort, Peter, Herwarth ist fort.

Daß es so schwer ist.

Baum nimmt die Pfeife aus dem Mund, legt sie neben seinen Stuhl, steht auf, geht zu ihr. Mit den Armen drückt er sie an sich. Wein nur, sagt er, verdeck nochmal, wein! Ich kann ja verstehen, daß dir danach ist.

Aber in seinem Kopf arbeitet es andersherum. Er kennt Else, kennt ihre Gefühle und ebenso die Szenen, die sie braucht. Er muß jetzt vorsichtig sein mit ihr.

– Peter, schluchzt sie, das ist das Ende. Ich fühl mich so betrogen. Das ist eine solche Gemeinheit. Alle haben gesagt, sie wüßten nicht, wo er ist…

Und, fragt er, – weißt du es denn?

Da nimmt sie den Kopf hoch, von einer Sekunde auf die andere hört sie auf zu weinen: ja, sagt sie, stell dir vor, ich weiß es. Ich habe ihn nämlich heute morgen gesehen, als er zu seinem Friseur ging, wo er sich immer rasieren läßt. Ich habe gewartet auf ihn, neben dem Blumengeschäft, aber so, daß er mich nicht sehen konnte. Und er war nicht allein. Er ist die Straße herunterspaziert gekommen wie ein verliebter Pennäler, engumschlungen mit – ach, – – sie sinkt wieder in sich zusammen, ihre Stimme wird vom Weinen verschluckt: es ist ja auch nicht wichtig, ich will diesen Namen gar nicht aussprechen müssen, das war eine Freundin von mir, weißt du, eine Freundin – – es ist, es ist – so – un-glaub-lich…

Der Schmerz hat sie wieder überwältigt, sie windet sich in Tränenqualen, und während Baum sie umfangen hält und sie liebevoll an sich drückt, stammelt sie: Und das Schlimmste, weißt du, ist, daß er mir nie ein Wort davon gesagt hat. Kein Sterbenswort. Nichts. Und ich fahre weg für ein paar Tage, und er hat nichts Eiligeres zu tun als…

Plötzlich rafft sie sich hoch, und Peter Baum erschrickt über diesen unheimlichen Glanz, den ihre tränennassen Augen bekommen haben und über das, was er sie jetzt sagen hört mit einer ganz fremden Stimme, deren Härte er bisher nicht gekannt hat: ich bringe sie um. Ich bringe sie um, alle beide.

Mit der Hand streichelt er ihr übers Haar, drückt seinen Kopf gegen ihren. Daß es so schwer ist!

Und als sie schweigt, sagt er leise und wiegt sie dabei wie ein Kind, das gefallen ist und sich das Knie blutig geschlagen hat: mach das nicht. Es würde dir leidtun. Mach es nicht, bevor du nicht mit ihm gesprochen hast.

Sie hört ihm gar nicht zu.

– Ich bringe sie um, murmelt sie ein übers andere Mal. Ich bringe sie um.

Da schweigt er, hält sie nur fest, wiegt sie in seinen Armen.

Es ist still um sie her. Der Sturm draußen hat nachgelassen. Kein Laut von außen, keiner innen. Bis sie sich aus seiner Umarmung befreit, mit beiden Händen an den Kopf faßt und wimmert: mein Kopf, mein Kopf. Wie mit lauter Nadeln… Sie sitzt vornübergekrümmt, hält ihren Kopf mit beiden Händen fest: ich werde wahnsinnig.

Er steht auf, faßt sie am Arm.

Leg dich ins Schlafzimmer, sagt er, ich lauf eben um die Ecke zum Doktor. Der kennt dich doch, oder?

Sie nickt.

Kein Problem. Komm.

Er hilft ihr hoch, stützt sie auf dem Weg in das andere Zimmer, deckt sie zu, als sie auf dem Bett liegt. – Ich bin gleich wieder da.

Als Else die Tür hinter ihm zuschlagen hört, setzt sie sich auf. Mit flackernden Augen sieht sie um sich, wartet. Dann sinkt sie stöhnend zurück. Alles in ihr ist zum Zerbersten angespannt. Sie wühlt den Kopf ins Kissen. Wenn es da nur nicht so fürchterlich stechen würde! Wenn sie diesen Schmerz nur einfach vergessen könnte.

Sie wirft sich herum, kneift die Augen zu. Das helle Winterlicht, das zum Fenster hereinfällt, schmerzt auch. Alles schmerzt. Sie zieht sich die Wolldecke über den Kopf. Nein, das geht auch nicht, da erstickt sie ja. Wo er nur bleibt? Ob er den Doktor nicht angetroffen hat und ihn jetzt irgendwo suchen muß? Wenn er zurückkommt ohne das Linderung versprechende Päckchen? Wenn er nur zurückkommen würde…!

Sie kennt diese Angst, die da in ihr hochgekrochen kommt, kennt sie gut, seit vielen Jahren. Sie lebt ja mit ihr, so lange sie denken kann. Es gibt nur ein Mittel, das hilft. Und das, – was Herwarth bloß mit den Spritzen gemacht hat? Ob er – – nein, nicht daran denken. Es ist schon so alles schlimm genug. Aber zuzutrauen wäre es ihm, jetzt, wo er sowieso entschlossen ist, sie zu verlassen, daß es ihm völlig gleichgültig ist, was aus ihr wird. Daß sie nicht leben kann ohne die Spritze, weiß er genausogut, wie daß sie nicht leben kann ohne ihn. Daß sie nur ohne die Spritze leben kann, wenn sie nicht ohne ihn leben muß... Aber das ist ihm ja wohl jetzt alles egal. Er wird sie verlassen und sie – – soll sie vor die Hunde gehen? – Jetzt sitzt sie wieder aufrecht im Bett, das Stechen im Kopf ist vergessen für einen Moment, auch die zitternden Hände: das würde euch so passen, murmelt sie hinter geschlossenen Zähnen, ha! Denkt bloß nicht, daß ihr mich so leicht loswerdet. Da irrt ihr euch ganz gewaltig. So einfach geht das nicht. Nicht mit mir.

Sie läßt sich wieder hintübersinken, bedeckt die Augen mit beiden Händen. Noch lebe ich. Ha – freut euch bloß nicht zu früh! Sie wälzt sich auf die Seite, zieht die Decke bis ans Ohr. Und als Peter Baum, der zurückgekommen ist, die Tür öffnet, schläft sie.

Er macht die Tür leise wieder zu, steht im Flur und überlegt. Er sollte wohl besser schnell noch einmal nach unten gehen zum Kaufmann, Brot holen und Milch, vielleicht auch Kaffee und, ja, eine neue Flasche Goldwasser könnte nicht schaden, – der kleine Rest, der geblieben ist, reicht nicht mehr weit. Oder ob er nicht lieber überhaupt etwas mitbringen soll für ein richtiges, warmes Essen? Es ist ja nicht abzusehen, wie lange sie schläft, und ob sie dann Lust haben wird, mit ihm ins Café zu gehen? Vielleicht ist es besser, sich auf einen Tag zu Hause einzustellen, ganz in Ruhe. Er wird den Herd in der Küche anheizen und auch das Feuer im Kachelofen im Zimmer nicht ausgehen lassen, daß es ganz warm ist überall. Daß man vergißt, wie draußen Schnee und Regen durch die Straßen peitschen. Ja, so wird er es machen, das ist wohl das beste, jetzt, solange Else schläft, zum Kaufmann und alles heranholen, was sie brauchen werden, und dann, wenn sie aufwacht, hat er vielleicht das Essen schon fertig und sie können sich ins Zimmer setzen und – – Er zieht seine Geldbörse aus der Manteltasche, öffnet sie und hält sie sich vor die Augen. Daß es immer so dunkel ist in diesen Fluren! Er tritt in die Türe zur Küche, schaut sich den Inhalt der Geldbörse an. Pfennige! Es wird nicht reichen. Aber er hat die Rechnungen beim Kaufmann aus den letzten Tagen bezahlt, im Notfall kann er anschreiben lassen. Hinter der Küchentüre findet er die Einkaufstasche. Die nimmt er, und als sein Blick aus dem Fenster fällt mitten hinein in den Schneeregenschauer, der die Hinterhofkonturen fast verschluckt, schlägt er sich den Mantelkragen hoch, duckt sich mit hochgezogenen Schultern ganz hinein in dieses dunkelbraune Tuchmonstrum, kneift die Augen zusammen und verläßt mit gebeugtem Kopf noch einmal die Wohnung.

Als Else aufwacht, weiß sie erst gar nicht, wo sie ist. Kalt ist ihr. Mit den Händen tastet sie neben sich. Das fühlt sich so fremd an, kalt und leer und fremd. Sie hebt den Kopf, bemüht sich, die Augen offen zu halten, sich umzusehen. Das ist doch nicht ihr Bett, nicht ihr Zimmer! Der Kopf sinkt ihr wieder ins Kissen, alles um sie her dröhnt. Nein, das sind Nadeln, die auf sie einstechen, tausende. Und warum ist es so dunkel? Man kann ja kaum etwas erkennen. Sie schließt die Augen von neuem, wartet, daß der Schmerz weniger wird. Nein, schreit sie plötzlich, nein, nein! – Mit den Händen hält sie den Kopf umklammert, sitzt da in diesem fremden Bett und es tut alles so weh. – Else, hört sie eine Stimme von irgendwoher, ganz nah klingt die, Else. Sie dreht den Kopf, alles wankt um sie herum, aber da steht ja Peter Baum, steht neben ihr und streckt seine Arme aus, drückt sie an sich. – Else, Mädchen. – Sie läßt sich festhalten von ihm, jetzt weiß sie auch wieder, wo sie ist, das ist sein Zimmer, sein Bett, und er hat sie zugedeckt und ist weggegangen, bevor sie eingeschlafen ist, und jetzt ist sie wieder wach und er auch wieder da, und hinter ihm durch die Tür kommt so ein merkwürdiger

Geruch, so ein Geruch, der so gar nicht in dieses Zimmer, in diese Wohnung paßt: Peter, sagt sie, was machst du? Was riecht denn hier so seltsam? – Seltsam? Das ist… ich koche. – Du kochst? Du kochst? Das muß ich sehen. – Sie hat sich schon freigemacht aus seinem Arm, steht neben dem Bett, – aber nein, es ist zum Wahnsinnigwerden, dieser Kopfschmerz. Mit einem Aufstöhnen klappt sie wieder in sich zusammen, kauert auf dem Bettrand. – Bleib sitzen, sagt er, warte einen Augenblick. Ich habe dir doch dein Morphium besorgt vorher, konnte es dir bloß nicht geben, weil du ja eingeschlafen warst inzwischen.

Ist es sehr schlimm? fragt er, als er wieder hereinkommt, das Päckchen mit der Spritze und der Ampulle in der Hand, und sich neben sie auf die Bettkante hockt. – Hier, soll ich, oder willst du lieber selbst? – Else hat das Päckchen schon in der Hand, ohne ein Wort zu sagen, reißt sie die Papierhülle ab, ihre Hände, die erst noch zittern, werden ganz ruhig als sie mit der Spritze hantiert, mechanisch-routinierte Bewegungen. Er beobachtet sie, wie sie die Spritze senkrecht nach oben hält, den Kolben drückt von unten her bis da Widerstand spürbar ist. Er sieht, wie sie einhält als an der Nadel ein kleiner Tropfen hervortritt, wie sie den Ärmel am linken Arm hochschiebt und traumwandlerisch-sicher die Stelle findet, wo sie die Nadel ansetzt, wie sie ohne zu zögern die Nadel ins Fleisch drückt und mit dem rechten Daumen den Kolben nachschiebt, wie sie die Hand mit der Spritze sinken läßt und den Kopf beugt, mit dem Kinn auf der Brust dasitzt und zwei-, drei-, viermal tief durchatmet. Da ist ihm so beklommen in der Brust, und er sitzt da und wagt kaum zu atmen, bis sie den Kopf hebt und ihn mit einem zittrigen Lächeln ansieht und mit weit offenen dunklen Augen. – Das war… in letzter Minute, sagt sie und drückt seinen Arm, du hast mich gerettet. Und in ihrem Blick ist nun wieder

der Kinderschalk, und da kann auch er wieder tief Luft holen. – Aber kalt ist mir immer noch, puh, schaurig kalt, schüttelt sie sich und springt auf die Füße mit einem Schwung, der ihn überrascht. Komm, sagt sie, jetzt will ich sehen, was du da machst in der Küche. – Sie greift nach seiner Hand und zieht ihn hoch und zusammen gehen sie über den Flur.

– Das riecht ja, sagt sie und reckt die Nase in die Höhe, als wenn du ein ganzes Schwein braten würdest. –

– Hm, macht er und nimmt den Deckel von einem der Töpfe, schau selbst: das ist Kohl, und das sind Würste, die habe ich angebraten vorher, und die liegen jetzt da drin und warten, daß wir sie essen. Und da, in dem hinteren Topf, kochen Kartoffeln. Die sind aber bald fertig.

Else steht vor dem Herd und schaut in die Töpfe, und wie sie den Freund da so eifrig erklären hört, ist sie ganz gerührt und bekommt nasse Augen.

– Das hast du alles gemacht, ganz alleine? fragt sie und schluckt. Das ist ja, – Peter Baum, du bist phänomenal! Was du alles kannst…

Warum hat sie jetzt dieses Kratzen im Hals, das sich nicht wegschlucken läßt? Sie legt ihm die Hand auf den Arm und er schaut auf sie hinunter, wie sie da neben ihm steht und immer zwischen den Töpfen auf dem Herd und ihm hin- und herschaut.

– Ich kann's gar nicht glauben, murmelt sie. Das ist ja wie – wie – wie zu Hause bei Muttern.

– Hm, macht er wieder und schiebt sie von sich weg: nun geh mal rein ins Zimmer und setz dich an den Ofen, daß dir wieder warm wird, und ich bleib eben noch hier und passe auf die Kartoffeln auf. Und wenn die weich sind, sag ich dir Bescheid, und dann nimmst du drüben die Teller aus dem Schrank und stellst sie auf den Tisch, und ich bringe alles hinüber und dann werden wir ja sehen, ob's auch schmeckt wie bei Muttern.

Else steht im Türrahmen und will noch etwas sagen, aber dann schluckt sie es hinunter und geht wie ein folgsames Kind in das große Zimmer der Wohnung, wo sie gesessen haben vorher, als sie ihm ihr Herz ausgeschüttet hat. Sie sperrt die Schranktüre auf und holt die Teller hervor, die mit den blauen Blütenranken darauf, und stellt sie auf den großen Tisch in der Zimmermitte, und aus der Schublade holt sie Messer und Gabeln und legt alles zurecht und rückt und schiebt, aber es will ihr nicht gefallen. Seufzend stellt sie alles wieder ineinander, nimmt die geblümte Decke vom Tisch ab und legt eine weiße, die sie im Schrank gefunden hat, auf. Auf Zehenspitzen kann sie auch den Kerzenleuchter, der oben auf dem Schrank steht, erreichen. Der muß genau in die Tischmitte, und hinter ihn kommt der große Topf mit der Zimmerlinde, die auf dem Fensterbrett ihren Platz hat. Das sieht nun aus wie ein kleiner Altar mitten in üppigem grünen Gebüsch. So mag es angehen. Teller und Silberbesteck davor sind nun viel festlicher gestimmt und die blauen Blütenranken im Porzellan heben sich prachtvoll aus dem glänzenden Weiß des Tisches. Else steht sinnend davor, – jetzt fehlen nur noch die Gläser. Aus zartem Kristall müßten sie sein, aber die gibt es nicht hier, nicht im Schrank, nicht in der Küche. Einfache Wassergläser, – nun gut, und daneben doch wenigstens zwei von diesen zierlichen Kaffeetassen, über die rote Blumen gestreut sind wie auf einer Frühlingswiese. Else hat oft schon Kaffee aus ihnen getrunken hier, an diesem Tisch, und knüpft gute Erinnerungen an sie. Was fehlt noch? Kleine Löffelchen und die Zuckerdose und eine große Kelle für die Schüssel mit Würstchen und Kohl. Jetzt die Kerzen angezündet, – oh, wie die funkeln vor den samtigen Lindenblättern, als gälte es, ein Fest zu begehen. Andächtig steht sie und bewundert ihr Werk und fühlt sich selbst ganz weich jetzt und eingesponnen in die Ruhe des auf das Mahl wartenden Tisches. Mit Kinderaugen beobachtet sie den Freund, wie er die dampfenden Schüsseln auf das weiße Tuch setzt, und es stört sie gar nicht, daß Kohlgeruch von ihnen ausströmt und derb-freundliche Würste obenauf liegen und nicht zarter Spargel und flambierte Filets Gaumenfreuden versprechen. – Du bist ein Künstler, Peter, sagt sie ehrfurchtsvoll, – sogar kochen kannst du. – Der wehrt ab: Künstler, nicht die Spur. Aber du: Wie du das wieder hingezaubert hast, hier, mitten in dieser heruntergekommenen Wirtschaft, – wirklich gezaubert. – Er streicht sich über seinen Bart, wie er das immer tut, wenn er nicht weiter weiß, dann dreht er sich um und holt aus der unteren Schrankschublade zwei blütenweiße Servietten, die er zu Dreiecken faltet und neben die Teller legt. – So, sagt er, die gehören dann auch noch dazu. – Und dann rückt er ihr einen Stuhl zurecht, und sie setzen sich vor ihre Teller, und Else läßt sich von ihm auftun, Kartoffeln und Kohl und Würste.

– Ich hoffe, es schmeckt dir, murmelt er, auch wenn ich dir bloß solche proletarische Kost bieten kann, die gar nicht in diesen festlichen Rahmen paßt, den du da geschaffen hast. – Else nickt heftig, und, während sie mit der Gabel eine Kartoffel zerteilt, fängt sie an zu erzählen: zu Hause, weißt du, das schönste Essen war immer das zum Versöhnungstag. Ein herrlicher Tisch war das, mit weißem Damast, und so friedlich und blumengeschmückt. Aber es war alles zusammen, was uns so festlich stimmte, der Tag und der wunderhübsche Tisch und das hervorragende Essen. Vater und Mutter war der Versöhnungstag das Wiegenfest der Judenheit. Die Kerzen wurden schon im Dämmern des Vorabends angezündet, und wir saßen rund um den Tisch, nicht wie eine Familie gerade, aber wie eine kleine Welt für sich, Länder, einig an dem Tage Gottes. Ich war die Jüngste und durfte immer neben meiner angebeteten Mama sitzen. Ich fühlte mich wie das ewige Leben neben ihr. Ich kann gar nicht daran zurückdenken, ohne daß meine Augen sich halb-blind schließen.

Sie läßt die Gabel sinken und lehnt sich zurück, träumt in die vom Kerzenschein grüngolden schimmernden Blätter der Zimmerlinde: Zuerst bekam ich stets mein geheiztes Tellerchen gefüllt, dann mein Vater, der liebte Markklöße; er hat heimlich die Zahl kontrolliert, die mit dem schaufelnden Suppenlöffel in die verschiedenen Teller erbarmungslos verschwanden, – da war er selber immer wieder wie ein großes Kind. Er hätte es nicht bemerkt, wenn die Markklöße aus Mehlpappe geknetet worden wären.

Sie lacht glucksend, dann greift sie wieder nach der Gabel und fängt an zu essen, kleine Happen, die sie genüßlich kaut. – Es schmeckt herrlich, du, sagt sie zwischen zwei Bissen, – genausogut wie damals, als es Filet gab nach der Suppe, garniert mit Gemüsen, und Mirabellenkompott, das wir zwei Kinder, mein Vater und ich, so leidenschaftlich gerne mochten. Und der Plumpudding erst, der wurde flammenumzüngelt von der Bedienerin durch die Tür gebracht: Plumpudding mit Feuer und Weinsauce! Meine Mutter liebte diese illuminierte Speise zum Nachtisch, und ich war unsagbar stolz auf dieses vornehme, gefährliche Gericht. Aber das gehört eben alles einer Zeit an, die nur noch in der Erinnerung wahr ist.

Baum nickt. Daß wir sie haben, diese Erinnerungen, sagt er bedächtig und schiebt seinen Teller von sich weg, ist wohl ausschlaggebend für das, was wir heute aus diesem ganzen Gewirr von Unsicherheiten und Ängsten machen können. Wahrscheinlich hast du recht: es ist letztlich gleichgültig, ob da Kartoffeln und Kohl auf dem Teller liegen oder Trüffel. Der Tisch, wie du ihn geschmückt und aufgebaut hast, sagt mehr über dich als das, was du ißt. Das ist so, auch wenn's banal klingt.

Er steht umständlich auf, faßt sich an die Stirn: ich hab

ganz vergessen, den Wein mitzubringen. Und Kaffeewasser muß ich auch aufsetzen.

Als er zurückkommt, hat Else aufgehört zu essen. Sie hat ihren halbleeren Teller zusammen mit dem anderen Geschirr ans äußerste Tischende geschoben, nur noch die Gläser und Kaffeetassen stehen jetzt da.

– Nanu, fragt er verwundert, bist du schon fertig?

Statt einer Antwort hält sie ihm ihr Glas entgegen.

– Worüber ich die ganze Zeit nachdenke, sagt sie, als er ihr Rotwein eingießt, das heißt, was mir aufgefallen ist vorhin, als du sagtest, daß du angefangen hättest, für uns beide Essen zu kochen, ist, daß sich da in mir sofort wieder dieses Gefühl von klein sein und schutzbedürftig und unendlich froh sein, sich aufgehoben zu fühlen und beschützt und behütet, breitgemacht hat, daß ich hätte weinen mögen. Es war, als wäre ich dreißig Jahre zurückgestürzt in einer Sekunde, und ich war krank und hatte Fieber und Mama saß an meinem Bett und legte mir ihre wunderkühle Hand auf die Stirn und fütterte mich mit Kuchen und Pfefferminztee. Und gleichzeitig sah ich mich, wie ich mich schlecht fühle manchmal heute, und wie ich dann allein bin und ganz auf mich gestellt, weil Herwarth immer so viel zu tun hat und mir ganz hilflos gegenübersteht und ja nicht einmal weiß, wie er Tee kochen soll… – Und daß er das nicht kann und daß er es aber auch nicht lernen kann, obwohl wir uns doch lieben – ist das nicht – –?

Sie läßt den Satz unbeendet, trinkt schnell einen Schluck Wein, um das Zittern in der Stimme damit hinunterzuspülen. Die Kerzenflammen schimmern rotgolden durch den Wein hindurch und brechen ihren Lichtschein auch an den bunten Glassteinen von Elses vielen Fingerringen.

Baum sieht das und greift nach ihrer Hand, dreht sie so, daß die Ringe auffunkeln im Widerschein der Kerzen. Zart streicht er mit dem Daumen darüber, legt Elses Hand dann auf den Tisch und hält sie fest.

Ich verstehe, was du meinst, sagt er, das ist die Glasku- gel, die gesprungen ist und die du in der Hand hältst im- mer noch, und du kannst nicht vergessen, daß sie einmal ganz war und wundersames Licht barg, und auch wenn du jetzt in ihr neue Welten siehst, und auch wenn du weißt, daß du dieses Licht aus der alten Welt gar nicht mehr ertra- gen könntest, macht dich der Verlust traurig. Die Erinne- rung daran kannst du nicht vergraben. Und weil von der neuen Welt auch immer wieder Splitter abbröckeln und du deinen Platz in ihr gar nicht so fest besetzt hältst, wie du es gern möchtest, scheint dir die Zauberkugel und das, was sie von der alten Welt in sich trägt, wie die eigentliche, unerreichbare Heimat.

Sie schweigen. Dann zieht Else ihre Hand aus der seinen fort, greift wieder nach dem Glas, hebt es in Mundhöhe. – Heimat, sagt sie, bevor sie es an die Lippen setzt, ist etwas Einmaliges. Es gibt keinen Ersatz für Heimat. Alles, was später kommt, ist unwichtig im Vergleich zu dem Platz, zu dem du gehörtest als Kind. Alle neuen Plätze können ge- geneinander ausgetauscht werden.

– Wie meinst du das?

– Mutter und Vater werden nie von anderen Menschen zu ersetzen sein. Trotzdem: wer von uns hätte nicht schon einige Menschen zu gleicher Zeit geliebt? Und die Zeit der Liebesfinsternis im Herzen… Ich begreife immer noch nicht, daß man nicht an der Folge stirbt. – Er nickt. Wie sie dasitzt, beide Hände um das Glas gelegt. Als halte sie die Glaskugel. Als fänden ihre Augen in dem funkelnden Wein prophetische Wahrheiten.

Sie dreht ihm den Kopf zu, schaut ihm ins Gesicht.

– Es muß etwas damit zu tun haben, murmelt sie, daß Liebe etwas anderes ist als Heimat. Du glaubst zwar, Hei- mat zu finden, aber der Heimat gegenüber wirst du nie gleichgültig, und in der Liebe geschieht das so oft. Augen, die mir Heimat schienen, verschließen sich plötzlich auf ewig. Das ist wie – ja, du kennst das sicher, ein bleierner Morgen der Gleichgültigkeit, der rücksichtslos über deinem Leben aufgeht. In deinem Herzen ist es kühl und dunkel, wenn die Liebe vorbei ist. Aber die wirkliche Heimat bleibt immer in deinem Herzen, und wenn du keine Mutter mehr hast, in deren Liebe sich Himmel und Erde verklären, wünschst du dir sehnlichst einen guten Freund, eine gute Freundin. –

Jetzt ist sie es, die nach seiner Hand sucht: einen Freund, so wie du einer bist, ein Stück Heimat. Das ist etwas ganz anderes, verstehst du, irgendwie, irgendwie viel vertrauter, viel weniger Kampf, viel unverbrüchlicher.

Er weiß nichts zu antworten. Die Tränen, die er wieder in ihren Augen sieht, schnüren ihm den Atem ab. Er muß an sich halten, um sie jetzt nicht in die Arme zu nehmen, ihr Gesicht zu küssen, ihr die Unsinnigkeit solcher Unterscheidungen klarzumachen.

– Der Kaffee, sagt er rauh, das Wasser kocht sicher längst.

Er steht auf, geht zur Tür, nachdenklich-langsam.

– Ich muß darüber nachdenken, murmelt er und hält die Hand zögernd auf der Klinke fest, bevor er die Tür öffnet und hinausgeht.

Else ist aufgesprungen und zum Fenster gelaufen. Unter den Stößen von Büchern und beschriebenem Papier, die auf dem Fensterbrett liegen, sucht sie ein leeres Blatt und einen Bleistift. Damit setzt sie sich wieder an den Tisch und wirft, ohne weiteres Nachdenken, ein paar Zeilen aufs Papier. Daß ihr das plötzlich so klar ist! Sie schreibt und nickt, liest, streicht ein Wort, ersetzt es durch ein anderes, so, ja, genau so, das ist es. Sie läßt den Bleistift auf den Tisch fallen und geht mit schnellen Schritten, das Blatt in der Hand haltend, in die Küche.

– Hör zu, sagt sie, ich habe es aufgeschrieben. Einmal die Version für den Freund, für dich, und einmal die für

den Geliebten, für –, sie schluckt, heftet die Augen auf die
Zeilen, atmet tief durch:

△   Ich möcht mich unterhalten
      Mit dir von abends bis früh.
      Komm! alles ist wieder beim alten;
      Ich langweil' mich nämlich wie nie.
      Ich liebe das Meer, das nasse,
      In seinem Paradebett,
      Und bist du nicht bei Kasse,
      Ich pumpe dir das Billett.

Sie lacht: sag bloß nicht, daß das gequält klingt. So ist es
doch, oder? Mit uns beiden.
   Und das andere:

      Ich möchte ewig schweigen
      Einen Tod und ein Leben lang,
      Wie in den Saiten der Geigen
      Noch ungespielter Gesang.
      Ich liebe die blauen Blumen
      Im hohen Zittergras
      Und deine blaue Seele
      Unter blauem Glas.

Verstehst du? Das ist der Unterschied: mit dir bin ich ein-
gequasselt, wir sind uns viel zu nah, um schweigend ineinander zu verschmelzen, und gleichzeitig müssen wir uns
auch hörbarer mitteilen, als das zwischen Liebenden der
Fall ist. Eines ist nicht wie das andere, und nie kommt
beides zusammen.

Ganz atemlos hält sie inne. Baum, mit der dampfenden
Kaffeekanne in der Hand, steht vor ihr mit gesenktem
Kopf, starrt ein Loch in den Fußboden.

– Komm, sagt sie und nimmt ihn am Arm, bevor du sie fallen läßt. Laß uns Kaffee trinken. Du glaubst gar nicht, wie gut ich mich fühle jetzt, wo ich das endlich mal zu Papier gebracht habe. Und du bist schuld! Du bist wirklich der beste aller allerbesten Freunde. Ich möchte noch viel mit dir reden.

Sie sieht nicht, wie er den Kopf bedenklich hin- und herwiegt. Und er geht, mit den Augen auf die randvolle Kaffeekanne konzentriert, vor ihr her. Sie kommt ihm an der Tür zuvor, macht sie für ihn auf und verbeugt sich mit großartiger Gebärde: Bittesehr, Monsieur, der Teppich ist ausgerollt.

Später, als es draußen längst dunkel geworden ist, sitzen sie wieder beim Kachelofen. Baum hat ein kleines Tischchen herangerückt, darauf steht eine bauchig-geschwungene Lampe, die ruhiges Licht um sich verbreitet. Else, in den Sessel gekuschelt, mit angezogenen Beinen, hat ein Buch auf dem Schoß, das sie vorhin nach langem Suchen aus dem Regal genommen hat. Sie hat, nachdem sie kreuz und quer darin geblättert hat, ein Kapitel gefunden, bei dem sie jetzt lesend verweilt. Baum sitzt über den Tisch gebeugt und schreibt. In der linken Hand hält er eine dicke Zigarre, an der er ab und an heftig zieht. Pfeife und Tabaksbeutel liegen auf einem Tellerchen vor ihm. Es ist leise im Raum und behaglich. Auch draußen scheint alles beruhigt. Regen und Schnee prasseln nicht mehr gegen die Scheiben.

Daß es doch immer so sein könnte! Else hat ihr Buch sinken lassen und schaut auf den Freund. Ruhe, Konzentration, Arbeit, wie gut ihr das tut. Aber ihre Gedanken huschen aus diesem friedlichen Kreis: wo er jetzt ist? Was er tut? Ob er sich amüsiert, weil sie nicht da ist, oder ob man es ihm erzählt hat, daß sie schon zurück ist aus Prag, daß sie im Café war gestern abend, – ob er sie sucht, reuevoll vielleicht oder voll schlechten Gewissens? Sie seufzt. Baum hebt den Kopf, sieht sie aufmerksam an. – Kann ich heute nacht hier schlafen? fragt sie. – Natürlich, brummt er, meine Frau ist diese Woche in Kolberg, – bleib solange du willst. – Er bläst eine Rauchwolke gegen sie, schüttelt den Kopf: dumme Frage. – Ich werde mich in deinen Teppich einrollen, sagt sie. – Das wirst du nicht tun, er. Du schläfst drüben, und ich baue mir hier ein Bett. Es sei denn, daß es dir drüben zu kalt ist. – – Wenn dir das nichts ausmacht... – Er schreibt noch zwei Worte, dann legt er den Federhalter beiseite, lehnt sich zurück, pafft seine Zigarre: Hast du dir schon überlegt, wie das weitergehen soll? Ich meine: später. Jetzt, die nächsten Tage ist das ja kein Problem. Aber: du meinst das doch nicht ernst, daß du dich von ihm trennen willst, oder?

Die Frage hängt im Raum. Minutenlang. Dann zuckt Else die Achseln: wenn ich das wüßte.

Sie lehnt den Kopf an die Sessellehne, schließt die Augen. Sie sieht sich vor einem großen Spiegel stehen in himmelblauen weiten Hosen, wie sie sich dreht und wendet, auf- und abgeht, und Herwarth, hinter ihr im Sessel, einen Stapel Zeitungen auf den Knien, hat schon die fünfzehnte Zigarette geraucht, mit einem halben Blick hinter den dicken Brillengläsern zu ihr herüber, wie er sagt: schön siehst du aus, meine himmelblaue Königin. Und dann, wie er die Uhr zieht, aufspringt: komm, wir müssen uns beeilen. Der Standesbeamte hat vielleicht noch mehr zu tun. – In London war das, in einem Hotel bei Kensington Gardens. Jahre ist das her. – Und auch das, zurück in Berlin, verheiratet jetzt, wie sie am Tiergarten an dem Haus vorbeigehen, in dem sie vor Jahren ihr Atelier gehabt hatte, mit Paul, der auf seinen kleinen Beinchen an ihnen vorbeiläuft, weil sie stehengeblieben sind, um zu den Fenstern hinaufzusehen, und wie Herwarth mit ein paar schnellen Schritten hinter Paul herläuft, ihn mit beiden Händen hochhebt bis über den Kopf und sagt: hier, Päulchen, schau, an diesem Haus wird einmal eine Gedenktafel angebracht werden für deine Mutter: hier hat die Dichterin Else Lasker-Schüler entdeckt, daß sie fliegen kann. – Oder: wie er neben ihr hergeht an dem Abend, an dem sie im Verein für Kunst zum ersten Mal ihre Gedichte vorlesen will vor Freunden und Fremden, wie er sie ansieht von der Seite und sie nach seiner Hand fassen muß, weil ihr das Herz so stark klopft, wie er stehenbleibt mitten auf der Straße und mit dem Arm in den Himmel deutet: da oben, Else, alle Diamanten, die du da hängen siehst, heute abend gehören sie dir: schling sie dir um den Hals, und den großen, dort, steck ich dir ins Haar, du weißt schon… Du weißt schon: wie oft hat er ihr das gesagt und sie hat genickt. Du weißt schon.

– Ich will mich nicht von ihm trennen, flüstert sie, – wie könnte ich, nach all dem und nach all diesen Jahren? – Und ganz schnell, in einem plötzlichen Entschluß, schwingt sie die Beine vom Sessel: ich will nach Hause gehen, Peter, sofort.

Er schaut zu ihr hoch, wie sie dasteht, entschlossen: entweder, sagt sie, ich bin in einer Stunde wieder da, – dann hat es eine Katastrophe gegeben und du mußt mich vor der Polizei beschützen, oder aber ich bin sofort wieder da, dann war niemand zu Hause, oder – wenn ich nicht wiederkomme, Peter, dann kannst du beruhigt ins Café gehen und dich umhören, was sich die Welt so erzählt. Aber auf jeden Fall treffen wir uns da morgen mittag, und dann erzähle ich dir, was passiert ist. Willst du?

Er kann nur nicken. Halten, das weiß er, läßt sie sich sowieso nicht.

– Ich bring dich nach Hause, sagt er, drückt die Zigarre aus und steht auf. Und auf dem Rückweg gehe ich im Café vorbei. Da findest du mich, falls du mich brauchst, – oder willst du lieber meinen zweiten Schlüssel mitnehmen? –

Sie schüttelt den Kopf.

Dann stehen sie voreinander, unschlüssig, aber er legt ihr den Arm um die Schulter, und so gehen sie beide durchs Zimmer, zur Garderobe im Flur, wo Else sich bückt nach ihren Schuhen, wo sie sich gegenseitig in ihre Mäntel helfen und sich die Mützen auf dem Kopf zurechtrücken. – Komm, sagt sie, und kann gar nicht erwarten, daß er von außen den Schlüssel im Schloß umgedreht und ihn abgezogen und in die Manteltasche gesteckt hat.

Februar

Das ist wie Knöpfe abzählen: es geht – es geht nicht – es geht – es geht nicht. Aber Else hat zu viele verschiedene Blusen und Jacken, – jeden Tag kommt sie zu einem anderen Ergebnis. Jeden Tag versucht sie es von neuem.

Vor einer Woche, als sie zurück nach Hause kam und Herwarth mitten im Zimmer stand, konnte sie ihm nur wortlos in den Arm sinken. Und alles, was sie sich vorgenommen hatte, ihm zu sagen, war weggeschwommen in seinen Küssen. Wieviele Stunden sie so gestanden hatten, ineinander versunken, weiß sie nicht. In der Nacht war sie aufgewacht, hatte sich aufgesetzt und ihn ansehen müssen. Mit den Fingern der rechten Hand ist sie den Linien seines Gesichts gefolgt bis er die Augen aufgeschlagen hat. Da hat sie sich über ihn gebeugt, um hineinzuschmelzen in seine Umarmung, und, während sie sich von neuem in seinem Arm zurechtkuschelte, hat sie gesagt: wenn du das noch einmal machst, bringe ich dich um. Und er hat sie festgehalten und seinen Mund an ihr Ohr gelegt um zu flüstern: wenn du das noch einmal sagst, lasse ich mich scheiden. – So sind sie eingeschlafen, und die Welt war in Ordnung bis zum nächsten Morgen.

Tagsüber ist das Mißtrauen grenzenlos. Keiner kann den anderen ansehen ohne Vorwurf. Kleinliche Streitereien und große Szenen lösen sich ab, und immer werden sie nur beendet, wenn einer seinen Mantel nimmt und das Weite sucht. Seit zwei Tagen ist Else nicht nach Hause zurückgekehrt. Sie hat Zuflucht gefunden bei Kete, die auf Tournee ist in Süddeutschland, und die ihr, als sie vor ihrer Abreise Else im Café sitzen sah mit verweinten Augen, ihren Wohnungsschlüssel in die Hand gedrückt hat, ohne ein Wort. Else hat lang auf den Schlüssel geschaut, dann ist sie aufgestanden, hat, den Schlüssel in der Hand, die Freundin umarmt, und ist fortgegangen. Seit zwei Tagen sitzt sie jetzt in dieser Wohnung und grübelt. Und kommt nicht vorwärts. Es ist wirklich wie Knöpfe abzählen.

Gestern hat sie eine Karte an Paul geschrieben, der in einem Landschulheim in der Nähe Berlins ist: Uns geht es allen gut. Dir doch sicher auch. Gruß und Kuß, Mama. Die liegt jetzt vor ihr. Sie sollte sie zum Postamt bringen. Ihr Geld reicht gerade noch für Briefmarken. Aber dann? Muß sie zurück? Sie hat nichts dabei, nichts. Sie muß arbeiten, Geld verdienen. Ein neues Buch machen, einen Aufsatz veröffentlichen. Hier, das weiß sie, gelingt ihr das nicht. Und überhaupt, – sie braucht schnell Geld. Sofort. Wen kann sie darum bitten? Wen fragen, ohne alles erzählen zu müssen? Die Berliner Freunde – unmöglich. Die, denen sie sich anvertrauen würde, haben selber nichts. Die Schwester? – Lieber nicht. Schwester und Schwager, so lieb sie sind, dürfen nur der allerallerletzte Notanker sein. Sie hat ja selbst einmal beschlossen, die Brücken zu brechen. Dazu steht sie. An wen sonst kann sie sich wenden? Wen gibt es, der überhaupt besser dasteht als sie? Und der ehrlich und stark genug ist, nein zu sagen, wenn er nicht helfen kann?

Ach, – wie oft hat sie in den letzten zwei Tagen um diese Antwort gegrübelt! Der Kopf ist ihr schon ganz leer.

Sie ist doch alle durchgegangen, alle Freunde, alle Adressen. Es nützt nichts.

Sie steht auf von dem Sofa, auf dem sie gelegen hat, steckt die Karte an Paul in ihre Tasche, greift nach ihrem Schal. Während sie ihn festbindet, sieht sie sich im Spiegel im Widerschein des matten Vormittagslichts: blaß. Unbewußt macht sie zwei Schritte auf ihr Bild zu, starrt sich an wie eine Fremde: kaum noch sehen können meine Augen,

– wie müde Wellen gleiten sie hin; – sie lockert den Schal um den Hals wieder, geht näher auf den Spiegel zu, hält den Atem an: das ist sie, wirklich, so sieht sie aus jetzt, so grau und sehnsuchtsvoll und: meine Sehnsucht taumelt wie eine sterbende Libelle, so zuckende Mundwinkel, so, als wäre alles, alles vorbei jetzt und sie wäre ans Ende der Welt gekommen, hoffnungslos und krank, wie viele andere vor ihr, wie Peter Hille damals vor Jahren, oder, – Peter: halt, daß sie nicht an ihn gedacht hat bisher, wobei das doch ganz sicher der einzige überhaupt wäre, der nachempfinden könnte, Peter: Peter Altenberg!

Blitzschnell wirbelt sie herum: das ist *die* Idee, Peter Altenberg wird ihr helfen.

Sie reißt sich den Schal ab, rückt sich einen Stuhl an den Tisch, auf dem seit zwei Tagen das Blatt für den Brief bereitliegt, den sie nicht schreiben konnte bis jetzt. Sie wird an Peter Altenberg schreiben. Er hat das selbst erlebt, er wird wissen, wie ihr zumute ist, er wird nichts fragen.

Sie taucht die Feder ein und schreibt: 2. Febr. 1910, und darunter, links davon: o, du lieber Peter A. Das A macht sie ganz groß, wie ein Häuschen, das nur aus Dach besteht, mit einem rauchenden Kamin und Fenster und Tür als Gesicht mitten drinnen: du steckst so recht in deinem Namen drin, du könntest gar nicht anders mehr heißen, wie P. A. – auch diese Buchstaben wieder schnörkelig, dick, verspielt. – Aber, fährt sie fort, ich habe dir noch etwas Wichtiges zu sagen, Du darfst es niemandem wiedersagen, auch Karl Kraus nicht, wenn er auch, (wie er von Dir spricht und Dich verherrlicht) nach zu urteilen, Dein allerbester Freund ist. Denk mal an Peter Altenberg, ich bin Else Lasker-Schüler und gehe schon acht Tage von Tür zu Tür betteln, aber die miserablen Bestien geben mir nichts. Plebejer sind es, wenn es noch Urbestien wären, aber so!

Sie hält inne, kaut am Federhalter, – und jetzt?? Peter

Altenberg, der Wiener Dichter, der überall, außer bei Karl Kraus, als verschrobener, spinniger Außenseiter gilt, der, der die Welt verzauberte wenn man es ihm erlaubte, nein, der sicher ganz wirklich zaubern kann, ganz bestimmt, wenn er einen guten Tag hat, – ihn um Hilfe zu bitten ist wie den Himmel beschwören. Sie schreibt:

Und da ich hörte von einigen Wienern, daß Dirs auch mal so schlecht ergangen ist wie mir und Du auch jetzt gerade keine – nein: von keinen, von keinem goldenen Teller zu Abend ißt, so habe ich eben die Courage, es Dir zu sagen. Lieber Peter Altenberg, leihe mir 100 Mk also 50 und 50 Mk. Ich weiß nicht, wieviel Kronen das ausmachen, aber in Wien können es ja die Leute ausrechnen.

Ja. Hundert Mark, einhundert Mark, – das ist viel. Aber wenn einer die für sie auftreiben will, dann sicher Peter Altenberg. Daß sie an ihn nicht schon früher gedacht hat!! Er wird das einschätzen können. Hundert Mark. Wieviel Freiheit an so eine Summe gebunden ist, heute und morgen und nächste Woche, wahrscheinlich sogar Monate lang. Alle fälligen Rechnungen könnten damit bezahlt werden und viele, viele neue. Und die Miete über Wochen, Ach – – Natürlich muß sie trotzdem noch Geld verdienen so schnell wie möglich, denn zurückzahlen will sie es ihm schon. Er kann es ihr doch nicht schenken, wo er eigentlich kaum besser dran ist als sie selbst. Wenn sie nur bald wieder Vorträge halten könnte und Vorlesungen ihrer Gedichte; aber gerade jetzt ist da gar nichts in Aussicht. Ein festes Engagement sollte man haben, und nicht immer darauf angewiesen sein, daß irgendwer in irgendeiner Stadt sich an einen erinnert. Dabei schien das in der letzten Zeit schon ganz gut eingespielt, sie war in Dresden, hat zweimal hier in Berlin einen Abend gehabt, und jetzt in Prag, – alles innerhalb von acht Wochen. Verdient hat sie natürlich nicht viel dabei, gerade genug, um alte Schulden abzuzahlen, und die neuen haben sich inzwischen wieder aufgetürmt. Nein, – leben kann man davon nicht auf Dauer. Man müßte einen Vertrag haben, wenigstens für ein paar Wochen. Der Stoff würde ihr nicht ausgehen. Sie könnte ohne Schwierigkeiten die herrlichsten Märchenabende veranstalten. Davon träumt sie doch schon lange.

Sie schiebt den Brief weg, greift nach einem neuen Blatt und beginnt zu zeichnen: ein Podest als Bühne, ein geraffter Vorhang zu beiden Seiten, in der Mitte ein kleiner Tisch, auf dem stehen rechts und links Kerzen. Ja, alles soll dunkel sein, geheimnisvoll, nur der Tisch wird vom Kerzenschein erleuchtet, gerade so viel, daß sie dabei lesen kann. Sie wird als Tino von Bagdad auftreten und ihre Erzählungen sprechen, nein singen, – am besten auf Arabisch, weil das so schön klingt. Innahu gad marah alleija alkahane fi sijab, murmelt sie, jedes Wort ist eine Zauberformel, man muß es nur richtig betonen. Das Publikum wird entzückt sein. Cha macha laaaooo! Zwischendurch wird sie auf ihrer Flöte spielen und mit einer kleinen Handglocke läuten und mit geheimnisvoller dunkler Stimme erzählen und dem Klang der Worte nachsummen. Das wird etwas ganz Neues, so etwas war noch nie da. Sie strichelt das Blatt voll mit zauberhaften Zeichen, die gehören dazu. Schade, daß das Publikum die nicht sehen wird. Aber sie wird sich verkleiden, ganz orientalisch, mit einem langen Gewand und einem blauen Samtmantel und spitzen Schnabelschuhen und vielen Glitzersternen auf Gesicht und Hals, die strahlen dann auf durch den Kerzenschein. Und – ja, alles soll auf Arabisch sein. Sie muß jemanden finden, der ihre Erzählungen übersetzt, in richtiges Arabisch, obwohl: Arabisch versteht sowieso niemand, vielleicht kann sie es selbst machen. Auf die Stimme kommt es ja an in erster Linie und auf die Art des Vortrags. Sie wird das Publikum schon mitreißen.

Sie schaut vor sich hin und hat schon alles im Kopf, wie es aussehen und ablaufen wird. Damit bekommt sie sicher ein festes Engagement: ein Abend mit Tino von Bagdad. Sie muß sich sofort an die Übersetzungen machen. Am besten wäre es natürlich, wenn sie in einem zweiten Teil dann alles auf Deutsch bringen würde, – obwohl das nicht klingt. Aber als Zugeständnis an die Zuhörer, damit die überhaupt wissen, wovon sie erzählt. Oder vermischen, einmal Arabisch und dann wieder Deutsch, und dann wieder Arabisch. Und am besten wäre es, wenn sie noch einige ihrer Figuren aus den Erzählungen auf die Bühne brächte, wenigstens einen kleinen Neger. Der könnte am Vorhang sitzen und immer sehr effektvoll mit einem Glöckchen zwischen den Stücken läuten. Und er müßte einen Fez tragen und ein rotes Samtjäckchen und ganz rabenschwarz sein im Gesicht.

* Ha, – sie wird eine Variéténummer zusammenstellen, das ist besser, nicht nur einfach vorlesen. Märchenhaft wird der Abend allemal werden. Und die Vorstellung braucht ja nicht lange zu dauern, eine Viertelstunde vielleicht, und dann wird der Vorhang von dem kleinen Neger zugezogen werden und der ganze Saal wird in nächtliches Schwarz getaucht sein und die Pause wird unendlich lange sein, alles dunkel, bis die Leute anfangen, sich zu fürchten, und dann kann die nächste Nummer folgen.

Sie wird immer begeisterter von dieser Idee, kann gar nicht mehr sitzenbleiben. Königlich schreitet sie im Zimmer umher und murmelt: Cha macha laaaooo, – so wird es gehen. Innahu gad marah alleija...

Vor dem Tisch hält sie ein: da war doch noch etwas? Sie stützt sich auf die Tischplatte, überlegt. Ach so, – der Brief. Der ist ja noch nicht fertig. – Ob sie ihn überhaupt losschicken soll? Vielleicht braucht sie das Geld von Altenberg ja gar nicht mehr? Ach, sicher ist sicher: wer weiß, wie lange es dauert, bis sie wirklich ein Engagement bekommt. Und sie kann ja auch nicht immer noch mehr Schulden machen.

Schnell setzt sie sich wieder hin, schreibt: Lieber Peter Altenberg, siehst Du, ich habe nie Geld angenommen, aber ich möchte so gerne einmal etwas annehmen und das könnte ich nur von einem so königlichen Dichter wie Du »der« bist. Man ist so vierjährig, wenn man etwas annimmt, es ist genau so, als ob ich wieder ganz klein wäre und vor einem Schaufenster stände und ein großer Mann käme im carrierten, weiten Rock mit einem Knüppelstock und würde mir ein Schaukelpferd für 100 Mk. kaufen. Darauf reite ich durch die Welt in alle meine Luftschlösser, die ich zu Fuß in schäbigen Schuhen nicht mehr erreichen kann...

Jetzt ist sie wieder ganz in ihrem Element. Woher das nur kommt, daß sie so leidenschaftlich gern Briefe schreibt? Das ist jedesmal wie direktes Gespräch: sie hat die Adressaten dann so nah, als säßen sie ihr gegenüber. Und als schaute sie ihnen mitten ins Herz. Manchmal reicht es, einen Menschen ein einziges Mal gesehen zu haben, wenn sie dann einen Brief schreibt, weiß sie alles. Peter Altenberg zum Beispiel: nie hast du jemanden kennengelernt, der so recht mit dir spielen könnte...

Jetzt ist der Brief schon fürchterlich lang geworden, vier Seiten. Sie muß Schluß machen. Sie unterschreibt: Deine Tino, Else Lasker-Schüler. Dann überlegt sie: welche Anschrift soll sie ihm nennen? Wenn er ihr doch das Geld schicken soll. Hm. Es darf nicht verlorengehen, – sie rechnet: eine Woche, zwei Wochen, dann wird sie sicher nicht mehr hier sein in Ketes Wohnung. Nein, das Beste ist doch, er schickt das Geld an ihre richtige Adresse. Sie wird wieder dorthin zurückgehen, sie muß ja auch arbeiten, und Herwarth, – sie werden sich arrangieren müssen. Sie will ihn ja nicht verlassen. Also setzt sie ihren Absender noch dazu: Halensee-Berlin, Katharinenstr. 5 (Garten-hochpt.). Dann dreht sie das Blatt um, kritzelt auf den unteren Rand in ganz kleinen Buchstaben: Du mußt mir das Geld frankiert senden, ich habe gar nichts mehr, ich bin von Herwarth Walden fort, – doch, nickt sie, irgend-wie stimmt das ja auch, warum soll er es nicht wissen, das macht die Sache außerdem dringlicher, aber es klingt so dramatisch: ich bin von Herwarth Walden fort, so ohne weitere Erklärung kann man sich da ja alles Mögliche zu-sammenreimen, also setzt sie dahinter: ich liebe einen Jon-gleur vom Cirkus Busch namentlich seinen Schimmel, der hat eine silberne Haut.

Jetzt ist es gut. Jetzt nichts wie zum Postamt, und dann – dann will sie nach Hause und Herwarth von dem neuen Plan erzählen.

Bevor sie die Tür aufschließt, atmet sie ein paarmal tief durch. Sie hat solches Herzklopfen. Da hört sie, daß drin-nen Klavier gespielt wird. Ein gutes Zeichen ist das: wenn Herwarth Klavier spielt, ist kaum zu erwarten, daß er schlechte Laune hat. Auf Zehenspitzen geht sie durch den Flur in ihr Zimmer, läßt Tasche und Mantel fallen, zieht sich die Schuhe aus und schlüpft in die Brokatpantoffeln. Während sie vor dem Spiegel ihr Haar ordnet, läuft ihr ein Frösteln über den Rücken; kalt ist es hier. Er hat sich die Tage über also nicht in diesem Zimmer aufgehalten. Sie schaut sich um, – es sieht alles genau so aus, wie sie es verlassen hat. Ob das beruhigend ist oder traurig? Wie sie so steht und jeden Gegenstand mit dem Blick abtastet, wird ihr ganz flau im Magen. Freude fühlt sich anders an. So leer ist sie sich lange nicht vorgekommen. Wahrschein-lich hängt das mit der Kälte zusammen, die von dem unge-heizten Ofen auszuströmen scheint. Gerade will sie sich umdrehen und zu Herwarth hinübergehen, als das Kla-vierspiel abbricht; jetzt hält sie inne wie ein ertapptes

Kind, steht angewurzelt, starrt auf die offene Tür und kann nur noch ganz flach atmen. Sekunden dehnen sich zu Minuten, es passiert nichts, kein Laut kommt mehr aus dem anderen Zimmer. Das Ticken der Uhr, die sie an einer Kette um den Hals trägt, dröhnt ihr drohend ins Ohr und wird nur vom Rauschen ihres Herzbluts übertönt. Lots Frau fällt ihr ein, – genau so muß sie sich gefühlt haben in ihrer Erstarrung. Aber ob sie sich dieser Leere bewußt war, die Angst heißt? Else will dieses Nichts hinunterschlucken, aber es sammelt sich ihr kein Speichel im Mund. Sie preßt die trockenen Lippen aufeinander. Es ist qualvoll. Da – war das nicht –? Seine Stimme? Oder hat sie sich getäuscht? Der Kopf rauscht ihr so, und dieses gleichmäßige Ticken der Uhr, – nein, kein Zweifel: das ist Herwarths Stimme, sanft, zart, fragend: Else? Mit einem Mal ist der Bann gebrochen, Else kann sich bewegen, einen Fuß vor den anderen setzen, schnellen Schritts auf seine Tür zugehen. Die wird im gleichen Augenblick von innen aufgerissen, und da steht er ihr gegenüber, hemdsärmelig, mit offenem Kragenknopf, Weste und Hosen zerknittert, ungekämmt, unrasiert, – mit einem einzigen Blick hat Else ihn umfaßt und alles registriert, mehr Zeit bleibt ihr nicht, weil er sie schon zu sich hergezogen, die Arme um sie geschlossen hat. Tränen der Erleichterung weint sie auf seine Schulter, und wie sie sich an ihn klammert und festgehalten wird von ihm, ist alle ausgestandene Angst sinnlos geworden.

Es ist wie Knöpfe abzählen. Heute trägt sie eine Bluse mit ungerader Zahl.

Weißt du, sagt sie, später, und fährt mit dem Zeigefinger an einer Blumenranke des Teppichs entlang, auf dem Bauch liegend neben ihm, der sie umfaßt hält, es darf so nicht weitergehen mit uns. Es kann so nicht weitergehen. Wir halten das beide nicht aus.

Er drückt ihr sein Gesicht in die Schulter, hebt den Arm von ihrer Hüfte in die Luft und läßt sich seitlich zurückfallen, starrt gegen die Decke.

– Ich meine, fährt sie fort, es ist diese Unsicherheit, diese ständige Geldnot auch, die uns kaputtmacht. Da bleibt doch gar kein Platz mehr, uns zu lieben, wenn wir immer nicht wissen, was am nächsten Tag sein wird.

Sie stockt, dreht den Kopf, schaut ihm ins Gesicht.

Er gibt ihr den Blick zurück, sagt aber nichts.

– Was denkst du?, fragt sie.

– Was denkst du?, er.

– Daß wir etwas unternehmen müssen.

– Einverstanden. Sehr einverstanden. – Er starrt wieder an die Decke: mach einen Vorschlag.

Sie widmet sich von neuem dem Teppich, zieht mit dem Finger über die Linien seines Musters: ich hätte schon eine Idee.

– Und die wäre?

– Eine Art Theater. Oder Varieté. Soll ich's dir erklären?

– Bitte doch darum. – Das klingt unerwartet scharf. Else hebt erschreckt den Kopf. Hat sie sich verhört?

– Herwarth, sagt sie leise, beschwörend: es ist eine gute Idee. Und es wird hundertprozentig ein Erfolg.

Er rührt sich nicht, schweigt.

Da setzt sie sich auf, beugt sich über ihn, beginnt, wie ein Kind an den Knöpfen seiner Weste zu drehen.

– Nun sag doch endlich, – oder ist es so – – peinlich?

– Peinlich? Keine Spur. Es ist nur noch nicht ganz fertig. Weil: eben ist mir noch eingefallen, daß das alles erweitert werden muß, da muß ja auch deine Musik mit hinein und –

– Meine Musik? – Jetzt holt er doch seinen Blick von der Zimmerdecke zurück, richtet die Augen hinter der Brille auf sie.

– Ja, deine Musik. Paß auf: Stell dir vor, es soll eine Art Märchenabend werden, ein arabischer Märchenabend mit Tino von Bagdad. Eine dunkle Bühne, ganz dunkel bis auf ein paar Kerzen, die auf einem kleinen Tischchen aufgestellt sind, und vorne, am Vorhang, sitzt ein richtiger kleiner Neger, der hält eine Glocke, und auf dem Kopf trägt er einen Fez, und ich habe ein orientalisches Kostüm an, weit und lang, mit weiten, weiten Ärmeln, und Glitzersterne auf der Haut, und ich spreche arabisch meine Erzählungen, und du spielst Musik dazu, und nach jeder Erzählung läutet der Neger die Glocke, und auf der Bühne: irgend etwas muß da noch sein, Tonkrüge vielleicht, Wasserkrüge, – du weißt schon, ganz viele, das vermittelt Atmosphäre, und deine Musik ist klagend und eintönig, bis sie davongaloppiert, und – vielleicht spielt Kete ja mit, die weiße Frau, – sie sollte ein goldenes Gewand tragen, ganz glitzergolden, und jemand muß sie bedrohen, während deine Musik ganz dramatisch wird, und Kete kann vor Schreck kein Wort sagen, der Säbel kommt immer näher auf sie zu – und alles ist eingehüllt in meine arabische Stimme bis – bis die Musik abbricht und die Kerzen verlöschen, und dann sitzen alle Leute angstvoll in Nachtschwärze und es geschieht nichts mehr, obwohl sie so sehr darauf warten, nichts, unendlich lange nichts, und erst wenn alle sich fürchten, geht das Licht an, und sie sehen, daß der Vorhang längst zu ist, und dann setzt das restliche Abendprogramm ein, als sei nichts geschehen. – Sie hält ein, schaut ihm gespannt ins Gesicht, wartet auf eine Reaktion.

Nichts. Nur Schweigen. Bis sie es nicht mehr ertragen kann: – Was, was hältst du denn davon? Glaubst du nicht auch, daß wir damit unerhört viel Geld verdienen können? Wir können ein festes Engagement bekommen über Wochen, und dann reisen wir mit unserer Nummer durch alle Städte, durch ganz Europa. Und nach der Tournee sind wir reich genug, um mindestens zwei Jahre lang keine Schulden mehr machen zu müssen. Und wir können tun, was wir wollen in dieser Zeit. Herwarth, – – ihre Stimme schnurrt um ihn herum, ihre Hände haben aufgehört, an seinen Westenknöpfen zu drehen, sie streicheln jetzt sein Haar und seine Stirn: sag doch bloß: ist das nicht eine großartige Idee?

Er dreht ihr den Kopf zu, holt sie mit dem linken Arm zu sich herunter, küßt ihr schwarzes Haar. Seine Lippen sind weich, seidenweich: Hast du dir das alles eben gerade ausgedacht? Sie schüttelt den Kopf, läßt sich herabsinken auf seine Brust, da kuschelt sie sich ein: Nein, sagt sie, ein Teil davon ist mir schon heute morgen eingefallen. Aber das Beste, weißt du, das Beste finde ich dabei, daß das etwas ist, was für jeden von uns beiden paßt: du spielst Klavier, und du kannst immer etwas Neues erfinden, jeden Abend, und ich spreche Arabisch. Jeder spielt sich selbst. Und Kete wird hervorragend sein in ihrem goldenen Kleid, die allerschönste schweigende Frau, die je eine Bühne betrat, und –

– Gegenvorschlag, sagt er, ich mache jetzt einmal einen Gegenvorschlag.

Sie liegt still, schließt die Augen, wartet.

Da fährt er fort: ich habe mir nämlich auch etwas ausgedacht. Etwas, das ein wenig langfristiger sein wird, vielleicht auch etwas mehr Mühe macht. Vielleicht auch etwas weniger lukrativ klingt. Vielleicht aber etwas mehr mit uns zu tun hat, etwas mehr auch mit all den Leuten, die wir kennen.

Sie hat sich losgewunden, sitzt wieder aufrecht neben ihm, sieht auf ihn herab, mit vorgeschobener Unterlippe. Was meinst du denn, scheint sie zu fragen: langfristiger, weniger lukrativ, dafür hat es mehr mit uns zu tun und mit den Leuten, die wir kennen…?

Er stützt sich auf die Ellbogen: es ist nämlich, sagt er

langsam, diesen Plan trage ich ja schon lange mit mir herum, und als Kraus da war und erzählt hat von Wien und von der Fackel, ist es mir klargeworden, daß es genau das ist, was wir hier auch machen sollten: eine Berliner Fackel nämlich, eine Zeitschrift, gleichgültig wie sie heißt, für alles das, was wir alle zusammen seit Jahren durchsetzen wollen auf kulturellem Gebiet und wofür uns bisher die Tore verschlossen geblieben sind, Malerei, Literatur, Theater, Musik – wir haben ja keine eigenen Publikationsorgane, und ich hab es satt, mir immer wieder den Kopf einzurennen bei diesen bürgerlich-etablierten Blättern. Die Erfahrungen, die ich bisher gemacht habe, reichen. Wir werden alles veröffentlichen können, was uns gut und wichtig erscheint, niemand wird Zensur üben, wir werden endlich einmal zusammenfassen und zusammenstellen können, was es tatsächlich gibt, nicht nur hier, in Berlin, sondern auch in anderen Städten, da bewegt sich doch was, da sind doch Entwicklungen, wir haben es doch gar nicht nötig, unser Licht unter den Scheffel zu stellen, uns mitleidig belächeln oder, wie meistens, uns totschweigen zu lassen. Weißt du, mit welcher Auflage Kraus arbeitet in Wien? Weißt du, daß er mit ein paar hundert Exemplaren angefangen hat und daß er innerhalb von zehn Tagen sage und schreibe dreißigtausend verkauft hat? Man hat ihm die Fackel aus den Händen gerissen, und so geht das seit über zehn Jahren. Das zeigt doch, daß da ein Bedürfnis ist nach Kunst, nach Information, nach einer ganz anderen Art von Kultur, als alle diese offiziösen Organe sie propagieren. Glaubst du denn, daß das in Berlin so viel anders ist? Es ist doch wirklich allerhöchste Zeit, daß wir endlich begreifen... Wie er dasitzt, hochaufgerichtet inzwischen, als trügen ihn seine Worte, – Else sieht ihn an und schwankt zwischen Bewunderung und Enttäuschung: das sind so andere Wege, die seine Gedanken gehen. Das ist so ernst, was er hier entwirft, fast unheimlich, so voller Verantwortung, so leidenschaftlich auch. Aber das ist eine Leidenschaft, die aus ganz anderen Wurzeln kommt und in ganz andere Richtungen drängt als die ihre. Wie er so neben ihr sitzt, hier, mitten in seinem Zimmer, auf dem Teppich, wo sie eben noch in zärtlicher Umarmung gelegen haben, ist er ein ganz anderer, ein ganz fremder Mann, den sieht sie jetzt zum ersten Mal, den kennt sie noch nicht, der könnte, ja, der könnte sie fast begeistern. Wenn es nicht Herwarth wäre.

Herwarth, der mit ihr spielt und zärtlich ist, wie er in ihre Gedichte eingeht, wie sie ihn findet, immer wieder. Der ihr zu Füßen liegt und der doch selbst so einmalig schöpferisch und unfehlbar in all seiner Originalität, seiner Kreativität sich einbringt. Der sie an der Hand hält, sie stützt, sie beschützt, sie bestärkt hat, immer, seit sie sich begegnet sind, der immer schon Wissende, trotz seiner Jugend zielbewußt an sich Arbeitende, der sich in sie hineinverlieren kann und doch gleichzeitig ihr roter Faden ist, nach dem sie sich ausrichtet, der sie mit sanftesten Händen umspielt und selbst nicht weiß, wo er hin will, wenn er sie leitet… Else sitzt da, und die Bilder in ihrem Kopf verschwimmen ineinander. Nein, vielleicht täuscht sie sich: etwas von dieser Entschlossenheit hat sie doch kennengelernt, wenn es ihm darum ging, eine einmal als richtig erkannte Spur zu verfolgen, – hätte er sonst Strindberg veröffentlicht und Schickele und damit seine Entlassung provoziert? Hätte er sich nicht sonst dem Redaktionsdiktat gebeugt, als es um die Reklamenotizen ging? Hätte er jemals auf diesen von Anfang an aussichtslosen Prozeß gegen Nissen bestanden? – Sie seufzt: ist sie es, die ihn verkannt hat all die Jahre? Das kann doch nicht sein. Da muß doch irgendwo ein Fehler, eine Lücke sein.

Sie schrickt zusammen, als sie seine Hand an ihrem Ellbogen spürt. – Sag doch was, hört sie seine Stimme, bittend.

Sie dreht sich zu ihm um, er hat die Beine unter sich gezogen, hockt auf den Fersen, jetzt legt er ihr die Hände auf die Schultern, sein Gesicht ist ganz nah, seine Augen hinter den Brillengläsern sind weit offen, sein Mund bittet um Nähe: mit dem Zeigefinger der rechten Hand berührt sie seine Lippen, die obere, die untere. Dann nimmt sie die Hand zurück, greift nach der seinen, die auf ihrer Schulter liegt.

– Und, fragt sie, wo bist du? Wo, bei all dem, bist denn du?…

Wie er sie abschüttelt, wie er sich von ihr abschüttelt, wie er aufsteht, die Hände in die Hosentaschen steckt, mit großen Schritten auf und ab geht, schließlich am Fenster stehenbleibt, sie sieht nur die Kontur seines Körpers, die schmalen Schultern und die durch die Hände in den Hosentaschen ausgebeulten Hüften, er dreht sich nicht um, starrt nach draußen, unendlich lang.

– Wer, sagt er endlich und betont jedes Wort, daß es stehen könnte für sich selbst, glaubst du denn, daß ich eigentlich bin?

Sie zuckt zusammen wie unter Peitschenknall. So ist das also. Aber sie will nicht kämpfen. Jetzt nicht, heute nicht mehr. Sie wartet. Und als die Pause zu lange dauert, als er sich immer noch nicht gelöst hat vom Blick aus dem Fenster, steht sie auf, geht zu ihm, bleibt hinter ihm stehen, legt ihm ganz sachte von hinten die Hände auf die Schultern, und wie er weiter so stehenbleibt, wie er nicht nachgibt, sich nicht umdreht, flüstert sie: wenn ich das wüßte, du, – ich weiß es nicht. Weiß es wirklich nicht. Ich weiß nur, daß ich dich anders kenne, ganz anders. Und daß ich nicht immer in diese Ecke gedrängt werden will. Du – ihre Hände greifen fester an seinen Schultern – ich bin das nicht: wenn ich dich anders sehe, dann hat das nichts damit zu tun, daß ich dich umerziehen will. Ich will das nicht, wirklich, – ich, ich bin nicht deine Mutter…

Er dreht sich nicht um. Steht weiter so da, die Hände vergraben in den Hosentaschen, als wäre er allein. Und erst als ihre Hände von seinen Schultern fallen, sagt er, aber er dreht sich immer noch nicht um dabei, starrt weiterhin aus dem Fenster ins Leere: Du mußt endlich einsehen, daß ich einen andern Weg habe als du.

– Das, sagt sie, während sie sich nun abwendet und auf die Türe zugeht, weißt du ganz genau, stimmt nicht. Dein Kopf sagt etwas ganz anderes als dein Gefühl. – Sie will gerade die Tür öffnen, um in ihr Zimmer zu gehen, als er vom Fenster her fragt: wie meinst du das? – Sie bleibt stehen, die Hand auf der Klinke, und flüstert: ich kann es nicht anders sagen. Alles was ich weiß, ist, daß du etwas ganz anderes sagst als du tust. Erklären kann ich das auch nicht. Ich fühle es nur. Und es tut mir weh. Und dir sicherlich auch. Dann drückt sie endgültig die Klinke herunter und geht durch die Tür, zieht sie von außen sorgfältig hinter sich zu, läuft in ihr Zimmer und wirft sich aufs Bett: es gibt nichts zu erklären. Kein Wort mehr würde mehr Klarheit schaffen.

Es ist kalt um sie her, wie sie so daliegt und gegen die Decke starrt, aber Else merkt es nicht. Da war etwas in Herwarths Stimme, was in ihr nachklingt, und sie versucht jetzt, diesen Ton im Echo der eigenen Herztöne wiederzufinden. Sie seufzt: zehn Jahre, – wie nichts. Plötzlich Zwischentöne, die in solcher Vertrautheit niemals Platz gehabt haben, Abstufungen ohne Brücken. Wenn sie es in Farben ausdrücken wollte: Türkisblau, das übergangslos in grellfremdes Zinnoberrot mündet. Den Augen tut das weh. Sie schließt sie, hält die zitternden Lider aufeinandergepreßt, deckt sie mit einer Hand ab. Der Schmerz soll nicht bis ins Innere des Kopfes vordringen. Aber da hämmert dieser eine Satz: Du mußt endlich einsehen, daß ich einen anderen Weg habe als du. Zinnoberrote Drohung, – er kann das nicht gemeint haben. Aber Herwarth sagt nie, was er nicht meint. Sie hat das noch nie erlebt, daß er auch nur ein Wort zurücknehmen, einen Akzent anders setzen mußte nachträglich. Herwarth lügt nicht, er weiß sich genau auszudrücken, er verletzt nicht unwissentlich. Trotzdem: er hat sich geirrt. Er muß sich geirrt haben. Warum sonst hätte er ihr diese Frage nachgeschickt, als sie gerade das Zimmer verlassen wollte? Wie meinst du das? Weiß er wirklich nicht, daß da eine Unstimmigkeit ist zwischen seinen Worten und seinem Gefühl? Kann er die nicht sehen? Will er sie nicht sehen? Herwarth!

Sie hat es gerufen, leise zwar, aber der Klang ihrer Stimme hat sie erschreckt. Sie beißt sich auf die Lippen, hält sich die Hand vor den Mund. Sie will nicht nach ihm rufen jetzt. Aber wie sie die Augen noch geschlossen hält, ist das schreckliche grelle Rot mit einemmal verschwunden, Türkis hat sich ausgedehnt zu hellblauen Rändern hin, wiegt vor ihr wie Wellen. Wie gut das tut. Sie liegt reglos, bleibt auch so, als sie hört, wie die Türe leise geöffnet wird.

– Else, sagt er, dicht vor ihr stehend.

Sie rührt sich nicht. Seine Hand schmeichelt auf ihrem Arm.

– Else, – jetzt muß sein Gesicht ganz nah sein – du.

Sie wartet. Als seine Lippen die ihren berühren, streichelt sie seinen Kopf mit beiden Händen, gibt ihm den Kuß zurück. Die Augen hält sie immer noch geschlossen.

– Du, sagt er, sich aufsetzend, schau mich doch mal an. Da wiegt sie den Kopf hin und her, ein ums andere Mal, nein, sagt sie, nein nein: ich will meine Augen nicht mehr öffnen – wenn sie sich nicht mit deiner Süße füllen.

Sie lacht glucksend und, weil sie weiß, was jetzt kommt, schaut sie ihm hinter halbgeschlossenen Lidern ins Gesicht.

– Hör auf. Sein Gesicht verzieht sich in scheinbarer Strenge: ich will ernsthaft mit dir reden. Falls du dich herablassen könntest, mir anders als in Versen, die längst alle Welt in Händen hält, zu antworten.

– Du bekommst neue, Liebster, wenn du Wert darauf legst.

– Immer. Aber nicht jetzt. – Ist er plötzlich ernst?

– Jetzt oder nie, sagt sie schmollend und setzt sich auf, legt den Kopf an seine Schulter, weil, – wir müssen wirklich ernsthaft miteinander reden. Du hast vollkommen recht. –

In der Pause, die nun entsteht, beobachtet sie ihn, wie er vor sich auf den Fußboden starrt. Schließlich legt er den Arm um sie, hält sie fest.

– Ich wollte dir nicht wehtun vorhin, hörst du, sagt er leise, es war bloß: manchmal hast du eine Art zu überhören, was ich dir sagen will, die mich ratlos macht. Ich weiß dann gar nicht, ob ich mich wirklich so unklar ausgedrückt habe, oder ob du nur einfach mit deinen Gedanken ganz woanders warst, – oder ob du dir gar nicht die Mühe machst, verstehen zu wollen, worum es mir geht.

Er schweigt, räuspert sich, als wolle er von neuem ansetzen, wartet dann. Sie, das Gesicht an seiner Schulter, nickt: Ich habe dir doch von großen Sternen erzählt, aber du hast zur Erde gesehen, – Herwarth, es kam mir wirklich so vor. Siehst du, ich denke manchmal, ich habe schon alles irgendwanneinmal aufgeschrieben. War es nicht so: ich habe dir von meinem Plan erzählt –

– Und dann habe ich dir von meinem Plan erzählt.

– Aber du hast mir mit keinem Wort gesagt, was du von meinem Plan hältst.

– Weil ich es nicht einschätzen kann. Ich kann es mir nicht vorstellen. Und ich weiß auch gar nicht, ob ich es mir vorstellen will.

Sie nickt traurig: Aber ich soll mir vorstellen können,

wie das sein wird, eine Fackel für Berlin ins Leben zu rufen. Du, – weißt du was: ich kann mir das vorstellen. Ich finde den Gedanken sogar großartig und wichtig und interessant und faszinierend und – ein bißchen größenwahnsinnig auch. Aber: du willst das Ganze leiten, du wirst dafür verantwortlich sein, du wirst hinter den Artikeln herlaufen und von morgens bis nachts nichts anderes mehr machen als diese Zeitung. Ich kenne dich doch. Und selbst wenn ich mitmache, wenn ich selbst schreibe und Artikel tippe und Kontakte herstelle und meinetwegen auch noch die Zeitungen austrage und verkaufe: leben werden wir davon nicht können. Anfangs nicht und später auch nicht.

Er schaut sie von der Seite her an, dreht dann mit der Hand ihr Gesicht zu sich her, sieht sie voll an: wer sagt das denn? Wer sagt denn, daß es nötig sein wird, auch nur ein einziges Mal hinter einem Artikel herzulaufen? Es gibt doch jetzt, wo diese Zeitung erst nur als Idee existiert, schon genügend hervorragende Leute, die ihre Mitarbeit spontan zugesagt haben, die endlich unzensiert veröffentlichen wollen. Wir haben doch die letzten Tage von nichts anderem gesprochen, jetzt, als du nicht da warst. Da ist ein ungeheures Potential an guten Ideen, das kannst du mir glauben. – Mag sein. – Else rückt von ihm ab, steht auf, geht durchs Zimmer, bleibt dann wieder vor ihm stehen: Trotzdem, – mich erschreckt das. Ich sehe dich schon hinter Bergen von Papier begraben, zwischen denen ich mich nicht mehr durchwühlen kann bis zu dir.

Er greift nach ihren Händen, hält sie fest: Aber wir werden doch zusammen arbeiten, du und ich. Jeden Tag.

Sie kaut auf ihrer Unterlippe, überlegt: vielleicht ist es das, was mir nicht gefällt daran. So eine Zeitung ist schließlich etwas, was man nicht einfach für ein paar Wochen in die Ecke stellen und vergessen kann. Es wird darauf hinauslaufen, daß wir praktisch nur noch die Zeitung machen können. Da wird kein Raum mehr sein für anderes. Du siehst es ja an Kraus.

– Kraus ist alleine. Er war immer mehr oder weniger allein.

Sie schluckt. Wie auch immer, sagt sie dann leise, es ist eine wahnsinnige Verantwortung, die du da übernehmen willst. Sie wird dich erdrücken. Und mit deiner Musik ist es vorbei dann. Du wirst überhaupt keine Zeit mehr haben, noch Musik zu machen.

Er zieht sie zu sich herunter, bis sie wieder neben ihm sitzt. Baby, sagt er, ich kenne dich ja gar nicht wieder. So voller Sorge, – als wenn es darum ginge, den Kanzler zu stürzen und die Regierung zu übernehmen. Und dabei wollen wir doch schreiben, veröffentlichen, ein bißchen kräftiger ins Kulturleben eingreifen als bisher, den Bürgern zeigen, woher der Wind weht. Und natürlich werden wir auch Geld verdienen dabei. Nicht gleich, weil wir ja mit Schulden anfangen müssen, aber – wir haben jetzt so lange mit Schulden gelebt, da schaffen wir das auch noch ein paar Monate länger. Du, – das ist doch eine gute Sache, Mißerfolg ist überhaupt nicht möglich bei dem, was wir alle können und im Kopf haben.

– Du bist so überzeugt...

Er lacht: Natürlich bin ich überzeugt. Von dir, von mir, von Blümner, von Friedländer, von Kraus natürlich, von Peter Baum, von Loos, von Kurtchen, – mein Gott, das sind doch alles Namen, die als einzelne schon die Welt erschrecken können. Und dann die Maler erst. Wir können jede Nummer von einem anderen Genie illustrieren lassen.

Er legt ihr die Hände auf die Schultern, schaut sie an: jetzt sag doch endlich, daß du auch überzeugt bist. Du, wenn du schon nicht – wenn wir schon selbst nicht daran glauben, wie sollen wir denn dann andere von uns überzeugen wollen?

Sie schüttelt den Kopf: das ist es nicht, Herwarth, das weißt du doch. An dem, was wir alle wollen und können, zweifle ich doch gar nicht…

– Aber?

– Aber ich würde lieber nur einfach mitarbeiten, verstehst du. Einen Essay beisteuern oder ein Gedicht, das ist etwas anderes, als alles am Leben zu erhalten, verantwortlich zu sein dafür, daß die Sachen redigiert werden und rechtzeitig in der Druckerei sind, daß die Druckerei bezahlt wird, daß die Zeitungen verkauft werden, daß das nächste Heft steht, daß Leserbriefe beantwortet und Abonnements abgerechnet werden, daß –

Da hält er ihr die Hand vor den Mund: wenn du jetzt nicht sofort aufhörst damit und sagst, daß wir, weil wir diese Zeitung für wichtig und notwendig halten, all diese Probleme ohne die kleinsten Schwierigkeiten meistern werden, muß ich mich doch von dir scheiden lassen.

– Aber, sagt sie, halb lachend, halb empört, darauf will ich doch hinaus, – daß wir uns ganz sicher werden scheiden lassen müssen, wenn wir all diese Probleme nicht in Griff kriegen sollten. Mehr nicht und weniger nicht, Herwarth Walden. Und ich habe keine Lust, mich von dir scheiden lassen zu müssen. Nicht wegen einer Zeitung. Und auch sonst nicht. Lieber arbeite ich mich tot.

Er drückt sie fest an sich: es wird nicht nötig sein. Oder aber wir gehen beide kaputt dabei.

Seine Stimme ist jetzt ernst: wir schaffen es, ganz sicher. – Sie sitzt mit hängenden Schultern und ist plötzlich ungeheuer müde. Er, straff und hellwach, zieht seine Uhr, springt auf: ich müßte längst fort sein. Ich komme schon wieder zu spät. Ich habe eine Verabredung im Café mit einem dir nicht unbekannten österreichischen Maler. Er ⊿ macht wirklich großartige Portraits. Ich bin genauso begeistert wie du. Er will mitmachen bei der Zeitung. Komm doch mit.

Sie schüttelt den Kopf: nicht gleich. Ich muß mich ein wenig hinlegen erst. Außerdem ist mir kalt.

Sie hat es nicht wahrgenommen die ganze Zeit über. Jetzt, da die Anspannung nachläßt, dringt die Kälte durch die Haut. Sie schüttelt sich, steht auf, will auf den Ofen zugehen. Er hält sie fest: Wenn du versprichst, daß du nachkommst später, darfst du dich auf das Sofa in meinem Zimmer legen und ich decke dich zu. Magst du? Sie nickt und geht mit ihm, läßt sich in eine Wolldecke wickeln und lächelt ihm zu, wie er ihr, bevor er die Tür von außen zuzieht, noch einmal winkt. Während sie ihn im Flur seine Sachen zusammensuchen hört, streifen Sätze ihres Gesprächs wieder an ihr vorbei. Eigentlich ist sie viel zu müde, um über alles von neuem nachzudenken, aber plötzlich sitzt sie doch aufrecht mit kerzengeradem Rücken und hocherhobenem Kopf. Herwarth, ruft sie, Herwarth, bist du noch da?

Er steckt den Kopf durch einen Türspalt, den Hut hat er schon auf. Hast du es dir anders überlegt? fragt er. Sie springt auf, läuft auf ihn zu, bleibt aber halben Wegs stehen: was hast du vorhin gesagt, fragt sie jetzt: den Bürgern zeigen, woher der Wind weht?

Er nickt überrascht: Ja, – warum? Ist es nicht so?

Doch, lacht sie, natürlich. Nur: das wird ein Sturm sein müssen, glaubst du nicht auch?

– Hm. Ja. – Er weiß nicht, worauf sie hinaus will, kann auch nicht deuten, warum ihre Augen so strahlen, ist eigentlich mit seinen Gedanken auch schon fort, im Café, wo er selbst längst sein sollte, sein wollte.

– Herwarth! – Ihre Stimme reißt ihn zurück: das ist es doch, oder? Ein Sturm. Wir müssen einen Sturm entfachen, jede Woche neu, mit unserer Zeitung. Wir sollten sie * so nennen, programmatisch: Sturm. DER STURM. Was hältst du davon? – Wie sie dasteht mitten im Raum und zu ihm herüberlacht, den rechten Arm halb erhoben vors Gesicht und mit Daumen und Mittelfinger lautlos schnalzt, – eine Siegergebärde, selbstbewußt, fröhlich, – und er, besiegt wie so oft, kann eigentlich nur noch die Arme nach ihr ausstrecken, auf sie zugehen, sie fest, fest halten. – Ohne dich, flüstert er ihr ins Ohr, würde das sicher ein sehr unechter Sturm. Aber mit dir verspricht er das glänzendste Programm, das je auf ein Publikum gekommen ist. Die Idee ist fabelhaft. Ich muß sie sofort weitergeben an alle, ob sie's hören wollen oder nicht.

Er ist so schnell draußen jetzt, daß Else es erst bemerkt, als die Wohnungstür ins Schloß fällt. Da nickt sie vor sich hin, dreht sich auf den Fersen um und kehrt zurück aufs Sofa, unter die Wolldecke, die sie bis über die Schultern hochzieht, und im nächsten Moment schläft sie schon.

Als sie aufwacht, zwei Stunden später, ist es dunkel. Von der Straße her fällt ein karger Lichtstreifen durchs Fenster quer über den Teppich. Else beobachtet, wie er sich verwischt, wenn die kahlen Äste des Baums vor dem Fenster sich bewegen. Sie liegt auf der Seite, zusammengerollt, hat die Wolldecke fest um sich gewickelt, unter der es mollig warm und gemütlich ist, und versucht, die einzelnen Gegenstände im Zimmer jenseits des Lichtscheins auszumachen. Sie erkennt Tischbeine und den davor stehenden Stuhl, ahnt auch den Klavierhocker, obwohl der sich vom dunklen Holz des Flügels gar nicht abhebt, – die Wände steigen schwarz auf ins Nichts, Begrenzungen sind nicht auszumachen. – Wenn jetzt ein Stern hereinfiele, denkt sie, hier, mitten auf den Teppich, ein fünfzackiger, silbern blinkender Stern, der würde Licht verbreiten, flimmerndes, aufstrahlendes, und wenn jemand in der Tür stünde, würde er mich sehen, auf dem Sofa, und vielleicht würden in meinem Haar lauter kleine Sternchen blinken aus den Lichtreflexen des großen Sterns. Vielleicht wären meine Augen wie dunkle Sterne und nur ich selbst ein Schattengewächs darunter…? Und wenn dieser jemand

zu mir kommen würde, würde er die Strahlen durchschneiden mit seiner Gestalt, die sich zwischen den Stern und mich schieben würde, und die Reflexe in meinen Augen, in meinem Haar wären unterbrochen. Ich würde nichts widerspiegeln als Schatten, wäre selbst vom Licht abgeschnitten, und wenn ich die Hände ausstrecken würde, wüßte ich nicht, ob ich damit die Gestalt wegschieben wollte aus dem Lichtschein oder ob ich nach ihr greifen wollte. Es würde auf den Besucher ankommen, es zu deuten, und ich würde mich fügen, – nein, wahrscheinlich würde ich enttäuscht sein: was auch immer er tun würde, ob das eine oder das andere, ob er wegtreten würde aus dem Licht oder ob er sich zu mir beugen würde, – ich wäre immer enttäuscht. Enttäuscht, daß nur eine der beiden Möglichkeiten umgesetzt würde. Ich will immer alles, und alles zugleich. Und nie begegnet mir jemand, der genau wie ich alles zugleich wünscht und umsetzen will. Vielleicht, wenn Herwarth – ja, höchstens Herwarth: Herwarth und Peter Hille. Eigentlich ist Herwarth in manchen Dingen ganz ähnlich wie Peter Hille war. Ein
△ Jünger, ohne es zu wissen. Huh – – sie schreckt auf, stützt den Kopf in die Hand, da haben die Äste vorm Fenster sich wieder bewegt und die Blumenranken des Teppichs haben begonnen, sich ineinander zu verschlingen, tanzen in zarter Umarmung aber mit dämonischem Grinsen. Das ist ja zum Fürchten. Sie schüttelt die Decke von sich, steht auf, reckt sich, gähnt. Als Kind hat sie sich gefürchtet zu solchen Gelegenheiten, nicht vor der Dunkelheit, aber vor dem, was sich da an Gnomen und hexerischen Gestalten oft in ihrem Zimmer bewegt hat. Nicht immer hat sie den Mut gehabt, mit ihnen zu spielen. Vorsichtig macht sie einen kleinen Schritt nach vorn, bleibt neben dem Lichtstreifen stehen, der ist jetzt wieder ruhig und mit geraden Kanten gar nicht gespenstisch, da wippt sie auf die Zehen, läuft in der Pose einer Spitzentänzerin mit ausgebreiteten

Armen an seinem Schattenriß entlang bis dorthin, wo er sich in der Zimmermitte im Dunkeln verliert, und mit einem tiefen Knicks schwingt sie sich hinüber in die dunkle Hälfte des Raums, läßt die Arme sinken und tastet sich auf leicht aufgesetzten Füßen durch bis zur Tür. In ihrem Zimmer braucht sie nur wenige Handgriffe, dann brennt die Lampe über dem Tisch und die Kerze vor dem Spiegel. Die Kälte kriecht ihr schnell wieder unter die Kleider, aber sie will ja gar nicht bleiben, sie muß ja ins Café. Den Sturm feiern mit allen, die an ihm mitarbeiten wollen. Sie öffnet ihren Schrank, holt eine weite, dunkelblaue Bluse aus ihm hervor und zieht sich mit schnellen Bewegungen um. Dunkelblau ist auch das Tuch, das sie sich wie einen Turban um den Kopf schlingt. In dem Kästchen auf der Konsole vorm Spiegel findet sie lange Ohrringe aus rotem Glas, die sie sich ansteckt, und über der Stirn befestigt sie eine halbmondförmige Brosche aus mattsilber schimmernden Straßdukaten. Jetzt noch einen Hauch von dem lila Puder über die Wangenknochen und mit dem schwarzen Fettstift einen dicken Strich in die Augenhöhlen, eine Fingerspitze voll Rot auf die Lippen verteilt und einen winzigen goldenen Tropfen von Ketes Theaterschminke zwischen die Augenbrauen getupft, – schön sieht sie aus, wie aus einem Märchen aus tausendundeiner Nacht aufgetaucht, das ist sie: Else Lasker-Schüler. Sie lächelt ihrem Spiegelbild zu: nicht verraten, flüstert sie, heute abend: der Sturm wird gefeiert, und ich will die Königin sein, damit sie alle schwelgen können in ihren guten Vorsätzen und ihrem Traum von den großen Siegen über Bürgerlichkeit und kaiserliche Kulturpolitik, – wir machen das schon. – Und haucht mit geschürzten Lippen ein shalom in den Spiegel, bevor sie die Kerze löscht mit demselben Atemzug, sich umdreht und Mantel und Schal greift und mit großen Schritten zur Zimmertür schreitet, wie eine Königin wirklich, deren Kammermädchen gerade Ausgang haben und die sich trotzdem zu helfen weiß.

Der Auftritt ist wie erwartet und doch nicht ganz so, daß Else über den Empfang glücklich ist. Die Freunde, die dicht gedrängt am Tisch sitzen, begrüßen sie lautstark und mit hocherhobenen Gläsern, Else bekommt selbst eines in die Hand gedrückt und muß mit anstoßen, aber während sie noch im Stehen einen großen Schluck Rotwein trinkt und dann mit lächelndem Mund das Glas zurück auf den Tisch stellt, spürt sie deutlich, wie ihr geschminktes Gesicht tatsächlich zur Maske wird, wie eine kalte Hand ihr ans Herz greift und ihr Lächeln gefrieren läßt. Gesenkten Blicks setzt sie sich auf den Stuhl, den Peter Baum zwischen den seinen und den von Dr. Friedländer geschoben hat, nein, sie kann die Augen nicht heben, nicht sofort jedenfalls, sie hat nicht damit gerechnet, daß alles so weitergehen würde wie bisher, wie immer: ihr gegenüber sitzt Herwarth, eingerahmt von zwei jungen, ihr unbekannten Frauen, tizianrot die eine, blondgelockt die andere, die haben unschuldige Kinderaugen alle beide und volle Lippen und rote Wangen wie Mädchen vom Lande, und Else fühlt sich alt und verbraucht und, trotz des Beifalls, den die Freunde ihr zollen, überflüssig und fehl am Platz. Es ist Enttäuschung, die sich in ihr ausbreitet, die läßt sich nicht mit Rotwein hinunterschlucken. Ihr ist, als wenn das Gerüst, das sie heute nachmittag gemeinsam mit Herwarth gezimmert hat, mit dem ersten Schritt, den sie jetzt ins Café gesetzt hat, in sich zusammengebrochen sei, und die Ahnung in ihr, daß doch jede Anstrengung vergebens sein wird, daß jede Bemühung ihrerseits, Herwarths Sache auch zu der ihren zu machen, nicht mehr dazu beiträgt, den Riß, der sich zwischen ihnen eingegraben hat, auf Dauer zusammenzukitten, macht sie stumm. Sie hört nicht, was da rechts und links von ihr gesprochen wird, nickt mechanisch das eine oder andere Mal, und als Peter Baum nach ihrer Hand greift und sie mit brüderlicher Geste auf den Tisch legt und festhält, läßt sie es geschehen und kann ihm doch nur einen kurzen Blick zuwerfen, damit ihr nicht die verständnisvolle Spiegelung in seinem Gesicht die Tränen in die Augen treibt. Während in ihr noch Enttäuschung und Mutlosigkeit ihr Spiel treiben, dringt Herwarths Stimme an ihr Ohr, so leise und liebevoll, daß ihr ein Erschrecken zwischen die Schulterblätter rieselt und sie den Kopf heben und zu ihm hinübersehen muß. – Else, sagt er, kannst du einen Moment zuhören? Ich möchte dich bekanntmachen. Darf ich dir diese beiden jungen Damen vorstellen? Wir haben uns heute nachmittag kennengelernt, während ich hier mit Kokoschka plauderte, und weil sie so entsetzlich neugierig waren und so überaus erpicht darauf, die berühmte Dichterin Else Lasker-Schüler einmal von Angesicht zu Angesicht vor sich zu haben, habe ich sie eingeladen zu bleiben und sich hier unserem Kreis anzuschließen. Hier rechts von mir – er neigt den Kopf zu dem blondgelockten Landkind – siehst du Fräulein Linde Schonemann, Tänzerin, die nächste Woche in Leipzig ihr erstes Engagement antreten wird, und auf meiner anderen Seite sitzt ihre Schwester Paula, die sie begleitet, als Anstandsdame sozusagen. Und beide wollen jetzt auf der Durchreise herausfinden, was es mit dem Berliner Kulturkampf auf sich hat. –

Else nickt: Dazu sind Sie in guten Händen bei meinem Mann, sagt sie, aber es klingt kein bißchen freundlich. Wie sollte es auch, – wo sie doch den Blick, mit dem Herwarth die tizianrote Schönheit an seiner Seite immer noch umfangen hält, wie einen Säbelhieb quer durch ihr Inneres ziehen fühlt? – Sie haben wunderschönes Haar, fährt sie dann aber doch fort mit echter Überzeugung, – das dürfen Sie niemals offen tragen hier in Berlin, sonst fallen die Wölfe über Sie her, um sie zu zerreißen, und die Krähen hacken Ihnen die Augen aus, und überhaupt würde man Sie als Hexe verbrennen, bevor Sie wüßten, wie Ihnen geschieht. – Sie wartet, wie sich in den Gesichtern der beiden Schwestern Schreck und Ungläubigkeit einen Kampf zu liefern beginnen, dann fährt sie fort mit weich-dunkler Stimme: ich könnte Ihnen viele Geschichten erzählen, nicht nur von symbolischen, sondern auch von tatsächlichen Hexenverbrennungen. Berlin ist ein Dschungel an Grausamkeiten. Es gibt keine Männer, die einem Diamanten schenken. Fast keine jedenfalls. Und auf Mord sind wir hier alle eingestellt. Das stimmt doch, Peter, oder? – Sie dreht den Kopf zu ihm, der immer noch ihre Hand auf dem Tisch festhält und jetzt bedächtig zu den beiden jungen Damen hinübernickt. Sein spitzer Bart macht die Bewegung des Kinns zu einer dämonischen Geste. – Alle, sagt er, und besonders wenn Eifersucht im Spiel ist. Und irgendwer hat immer Grund zur Eifersucht unter Künstlern, nicht wahr? – Er wirft die Frage zurück zu Else, die ihn ansieht mit weiten ernsten Augen, daß niemand, der sie nicht gut kennt, unterscheiden könnte zwischen Spiel und wirklicher Überzeugung. – Ich habe eine Pistole, sagt sie, die ist klein und silbern und extra für Menschen, die ich hasse. Und ich bin inzwischen gut im Treffen: ich stürze ins Zimmer, und es dauert keine fünf Sekunden, bis das Magazin leer ist und ich die Türe wieder hinter mir zugezogen habe. Die Pistole habe ich in meine Tasche gesteckt, und wenn ich aus dem Haus gehe, bin ich so ruhig, daß niemand auf die Idee kommt, daß oben eine durchlöcherte Leiche darauf wartet, gefunden zu werden. Und weil ich immer aus jedermann einsichtigen Gründen töte, haben die Richter bisher stets ein Auge zugedrückt. –

Sie greift nach ihrem Glas, lehnt sich zurück und schaut über den Rand ihres Glases mit samten sanften Augen auf Herwarth, wie er dasitzt und mit den Fingern auf den Tisch trommelt, ohne nach rechts und links zu sehen. Die beiden Damen zu seinen Seiten starren ehrfurchtsvoll zu ihr herüber, sprachlos-unschlüssig und nicht sicher, ob sie sich ein Lächeln abringen dürfen. Da ergreift Else noch einmal das Wort und sagt in beruhigendem Ton: Sie brauchen nicht zu erschrecken. Freilich, für jemanden, der unsere Berliner Verhältnisse nicht von innen kennt, klingt das alles sehr theatralisch. Aber das ist es nicht. Sehen Sie, ich töte nur, wenn man mich betrügt. Ich hasse es eben, hintergangen zu werden. Das ist doch ganz natürlich, oder? Wie siehst du das, Herwarth? – Der hört auf, auf den Tisch zu trommeln, hebt den Kopf und schickt ihr einen gewollt gelangweilten Blick. Dann wendet er sich an Linde, die Tänzerin, und sagt: Eifersucht ist eine Leidenschaft, die mit Eifer sucht, was Leiden schafft, – Sie kennen den Spruch, nehme ich an? Mehr habe ich dazu nicht zu sagen. – Aber als er sehen muß, daß es ihm nicht gelingen wird, mit dieser Bemerkung die Unbefangenheit seiner Nachbarinnen wieder herzustellen und ein neutraleres Gespräch in Gang zu bringen, wendet er sich an den neben Else sitzenden Friedländer, der amüsiert zugehört hat und sich gerade eine neue Zigarette ansteckt: Glauben Sie wirklich, daß wir es in vier Wochen schaffen werden?

– Daß wir was in vier Wochen schaffen werden? – Else fragt es, obwohl ihr augenblicklich klar ist, daß nur vom STURM die Rede sein kann.

– Die erste Nummer, bestätigt Friedländer. Doch, warum sollten wir das nicht schaffen? Außerdem: es ist Ihr Projekt, und Sie haben schon ganz andere Sachen innerhalb von vier Wochen auf die Beine gestellt. Ich sehe da keine Schwierigkeiten, vorausgesetzt daß eine Druckerei gefunden wird, die erst einmal auf Kredit arbeitet.

– Aber das ist doch gerade das Problem. Wer gibt uns schon Kredit? – Else schüttelt den Kopf: Vier Wochen, das ist viel zu kurzfristig, Herwarth. In der Zeit kann keiner von uns auch nur annähernd so viel Geld verdienen, daß wir damit arbeiten können, – bei den Schulden, die wir alle haben. Und wenn wir dann unsere ganze Kraft in die Zeitung stecken, bleibt sowieso keine Zeit mehr übrig, um irgendwo sonst noch nebenher Geld zu verdienen. Das ist ganz unmöglich, Herwarth, vier Wochen nur noch. Reicht es denn nicht, wenn wir irgendwann im Sommer damit anfangen, im Juni oder Juli, – es ist doch gar nicht so eilig? –

Sie merkt schon während sie spricht, daß ihre Worte an ihm abperlen wie die Regentropfen auf ihren Lackstiefeln.

– Entweder schnell oder nie, sagt er, die Zeit ist reif jetzt. Und erfahrungsgemäß wird es uns im Juni oder Juli kein bißchen besser gehen finanziell als momentan.

– Aber wenn ich doch erst einmal die Varieténummer angefangen habe, Herwarth, wenn wir nur ein paar Wochen damit auftreten, dann sind wir doch saniert. – Sie schaut ihn bittend an, aber er ist nicht bereit, sich einfangen zu lassen.

– Ich habe dir doch schon heute nachmittag gesagt, was ich mir davon verspreche. – Er nimmt sein Glas und trinkt es mit einem einzigen großen Schluck leer.

– Welche Varieténummer? mischt Friedländer sich ein. Else wendet sich ihm zu: Wissen Sie, das möchte ich Ihnen in Ruhe erzählen, nicht jetzt. Herwarth hat so gar kein Ohr dafür. Sind Sie morgen vormittag hier? Dann komme ich und weihe Sie in meinen Plan ein. Weil jetzt, ich glaube, jetzt möchte ich nach Hause gehen. Bringst du mich nach Hause, Herwarth? –

Der sitzt da, sieht durch sie hindurch und sagt, ohne zu überlegen: nein, ich glaube, ich bleibe noch, falls es dich nicht stört.

– Es stört mich aber. Doch, wirklich, ich will jetzt nicht alleine nach Hause, ohne dich. Bitte, Herwarth, laß uns zusammen gehen. Es ist mir wirklich wichtig jetzt. –

Er seufzt, zieht seine Uhr: Also gut, sagt er dann, es ist

ja auch schon spät. Gehen wir also. – Er reicht den beiden Damen, die immer noch schweigsam neben ihm sitzen, die Hand und rät ihnen, eine Droschke zu nehmen für den Rückweg zum Hotel. – Und morgen vormittag, sagt er, es bleibt dabei, daß ich Sie abhole gegen elf Uhr, und dann – wir werden es einfach vom Wetter abhängig machen, was wir unternehmen, nicht wahr? –

Else sieht das Strahlen in den Augen der beiden, deshalb kann sie zum Gruß nur ganz kurz nicken, Friedländer und Baum gibt sie die Hand, – bis morgen, sagt sie, gegen Mittag dann, und ich bin ungeheuer gespannt, ob Ihnen der Plan gefällt, und dir auch Peter, – du kennst ihn ja auch noch nicht. Ich bin todsicher, das wird eine erfolgreiche Unternehmung, auch wenn Herwarth keine Spur von Sympathie dafür entwickeln kann... – und dann läuft sie zur Tür, wo er schon auf sie wartet, und hängt sich bei ihm ein, wendet noch einmal quer durch den Raum grüßend den Kopf und läßt sich von Herwarth nach draußen ziehen, als wäre nicht sie diejenige gewesen, die unbedingt nach Hause wollte, sondern er.

Sie gehen schweigsam, knirschenden Schnee unter den Füßen und sonst keine Geräusche um sie her. Nach langen Minuten endlich sagt Herwarth: sag mir wenigstens, daß du jetzt zufrieden bist.

– Wieso? Womit soll ich denn zufrieden sein? – Else weiß von nichts.

Herwarth seufzt, sagt aber nichts dazu. Sie gehen schweigend weiter, Else hat seinen Arm losgelassen und die Hände, genau wie er, in die Manteltaschen vergraben. Als sie die Straße überqueren, greift sie wieder nach seinem Arm, versucht, ihn zum Laufen zu animieren. – Komm, rennen wir um die Wette. Wer zuerst daheim ist. – Er schüttelt sie ab: laß mich. – Was hast du denn? – Nichts. –

Zu Hause dann, sie haben die Mäntel aufgehängt und Pantoffeln angezogen, sagt er, während er eine Zigarette aus dem Päckchen klopft: Machst du mir noch einen Kaffee, bitte? Ich muß noch arbeiten. – Sie, im Flur stehend: ich dachte, wir wollten schlafen gehen, du, – und mit einer Wendung auf ihn zu, als wolle sie ihm die Arme um den Hals legen: das war das doch, warum ich wollte, daß du mitkommst.

Der Kampf in seinem Gesicht, dann ein unwirsches Kopfschütteln: dann mache ich mir den Kaffee eben selber. – Aber... das kannst du doch gar nicht. – Und, sich gegen die Küchentüre lehnend, leise: wenigstens als Kaffeeköchin brauchst du mich noch. –

Da schreit er: hör auf, hör endlich auf damit. Du weißt ja gar nicht, was du sagst. – Die Tür zu seinem Zimmer knallt zu, und Else steht im Rahmen der Küchentüre und starrt ihm hinterher. Wenn doch nicht alles so schwer wäre. Sie greift nach dem Wasserkessel und setzt ihn auf die Herdplatte. Das Feuer im Herd brennt schnell. Else steht am Fenster und haucht Gucklöcher in die Eisblumen. Ein Guckloch, um in die Zukunft zu sehen. Sie reißt sich hoch, läuft in ihr Zimmer und kommt dann mit einem Block und einem Bleistift zurück. Sie sitzt am Küchentisch, und in ihrem Kopf hämmert immer nur der eine Satz: du hast mich nicht mehr lieb. Noch vor wenigen Monaten hätte sie diesen Satz höchstens gedacht, voller Zweifel, aber nie so bestimmt, daß sie ihn hätte aufschreiben können. Jetzt steht er da, dieser Gedanke, unverhüllt, und sie denkt ihn weiter: ist es nicht so, daß du kaum mehr weißt, wie das einmal war zwischen uns? Wie wir auch anders sein konnten, glücklich und jung und unzertrennlich und mit tausend Plänen? Heute stehst du vor mir wie ein Fremder, siehst mich an, als hättest du mich nie anders gesehen: du erinnerst dich gar nicht mehr an mich. Und ich, fassungslos, möchte mich in deine Arme werfen und spüre nur Abwehr und weiß gar nicht, wo ich hin soll mit meiner Liebe. Und fühle mich von Tag zu Tag älter und verbrauchter, – und dann kommst du an und bist auch nicht mehr derselbe und streckst die Hand aus nach einem jungen Mädchen, das dich anhimmelt und mit dem du vergessen kannst, – nein, mit dem du deine eigene Jugend noch einmal erleben kannst. Deine Jugend, die du mit mir verbracht hast, mit mir, der Alten, Verrückten, die sich abgenutzt hat in diesem Leben. Sie legt den Kopf in den Nacken, träumt in die Eisblumenfenster hinein: Und wie du kamst –! Blau vor Paradies; Mein Herz, schreibt sie, will ich schminken, wie die Freudenmädchen die welke Rose ihrer Lende röten: ja, so hat sie sich gefühlt heute abend im Café, als hätte sie ein geschminktes Herz, als hätte sie sich herausgeputzt wie ein Freudenmädchen – da war sie wie weggeblasen, die Freude an der Verkleidung, an Puder und Schminke im Gesicht, mit diesen beiden jungen Mädchen gegenüber, eine frischer und rosiger als die andere, und mit Herwarth in ihrer Mitte, diesem freundlichen, zuvorkommenden Herwarth, der mit geistreichen Sätzen um sich warf und den sie selbst so liebt, daß sie ihn nicht teilen will mit irgendwelchen hergelaufenen Möchtegerntänzerinnen, – pah, wenn er wenigstens Geschmack hätte! Gegen eine Affaire mit Niveau würde sie sich doch nicht sträuben. Das kennt sie doch selbst, daß man sich verlieben kann, ständig neu, in Flammen stehen und ganz aufgewühlt sein von einem intelligenten, faszinierenden Menschen. Aber im Gegensatz zu Herwarth weiß sie, daß das die wirkliche Liebe nicht berührt, dieses Gefühl, zu jemandem zu gehören. Nein, sie hat bei all ihren Verliebtheiten doch nie daran gerüttelt, daß es Herwarth ist, mit dem sie zusammenlebt, daß er ihr wichtiger und wertvoller ist als die anderen Männer, die ihr Herz für einen Flügelschlag lang in Unordnung bringen können, sie hat ihn nie vergessen über all dem anderen, hat ihn nicht ignoriert oder behandelt wie ein lästiges altes Möbelstück, das wohl oder übel an seinem Platz steht, obwohl es eigentlich nicht mehr so richtig zur sonstigen Einrichtung paßt.

Sie schreckt auf: das Kaffeewasser, es kocht ja längst!

Mit schnellen Handgriffen brüht sie Kaffee auf, stellt zwei Tassen und die Kanne auf ein Tablett und bringt es hinüber in Herwarths Zimmer.

Dort brennt nur die kleine Lampe auf dem Schreibtisch, und Herwarth selbst liegt ausgestreckt auf dem Sofa und ist eingeschlafen. Else stellt das Tablett auf den kleinen Tisch, der vor dem Sofa steht, gießt Kaffee in eine Tasse, kniet sich dicht neben seinem Kopf auf den Teppich und hält ihm die Tasse mit dem dampfenden Kaffee unter die Nase. – He, sagt sie, der Kaffee ist fertig. – Er schlägt die Augen auf, blinzelt: Hast du ihn doch gemacht? – Er nimmt ihr die Tasse aus der Hand, richtet sich zum Sitzen auf. – Du bist lieb, sagt er, manchmal. – Und, während er merkt, daß der Kaffee noch zu heiß ist und die Tasse wieder auf den Tisch zurückstellt: Manchmal hasse ich dich. Besonders wenn – – Wenn? – – Besonders wenn ich immer nach deiner Pfeife tanzen muß und wenn du Szenen machst, weil ich anders will als du. – Mache ich das? Elses Frage klingt echt verwundert. Den Blick, mit dem er sie ansieht, weiß sie nicht zu deuten. Sie nimmt die Kanne, um sich selbst auch Kaffee einzugießen. – Du, – er streckt die Hand aus, berührt ihre Schulter, greift dann aber wieder nach seiner Tasse: wir sollten ein Abkommen treffen. Irgendeine Art Regelung, die es uns möglich macht, miteinander auszukommen, ohne einander einzuengen. –

Else, auf den Fersen hockend, hält die Tasse mit beiden Händen und konzentriert sich mit den Augen auf den dampfenden schwarzen Kaffee. Sie weiß, was er jetzt sagen wird. Sie will es nicht hören. In ihrem Kopf hämmert es wieder: du hast mich nicht mehr lieb... Langsam stellt sie die Tasse zurück, steht auf. – Nicht jetzt, bitte, flüstert sie, laß uns morgen darüber reden, ja? Ich bin zu müde jetzt für ein solches Gespräch. Morgen, in Ruhe, beim Frühstück, bevor du deine beiden Damen in ihrem Hotel aufsuchst, um Fremdenführer zu spielen. Aber nicht mehr heute nacht. – Sie beugt sich zu ihm, haucht ihm einen Kuß auf die Stirn: ich muß jetzt wirklich schlafen, – und geht mit müden Schritten in ihr Zimmer.

Schreibblock und Bleistift holt sie sich noch aus der Küche, wo sie sie liegengelassen hat vorher, dann fängt sie an, sich mit langsamen Bewegungen auszuziehen. Als sie den Schmuck zurück in sein Kästchen legt, mustert sie ihr Spiegelbild mit fremdem Blick: nein, so übertrieben aufgeputzt, wie sie sich gefühlt hat, war sie doch gar nicht gewesen. Das ist doch nichts Verwerfliches, sich mit Kleidung und Schminkfarben zu verwandeln, dieses Spiel, mit den Möglichkeiten zu spielen. Das kann doch nur kleine Geister stören! Was ist da nur in sie gefahren vorhin, daß sie selbst nicht mehr an die Echtheit ihres Spiels glauben mochte? Sie weiß sich keine Antwort darauf, sieht sich im Spiegel dastehen in dem weißen Seidenhemd, dessen Träger ihr über die Schultern gerutscht sind, ja, mager ist sie geworden in diesen letzten Jahren; mit den von Männern begehrten weiblichen Formen kann sie nicht aufwarten... Ob es das ist, was Herwarth nach anderen Frauen schauen läßt? Sie schüttelt den Kopf, – das kann nicht sein. Er war es doch, der sie bestärkt hat, als sie noch schwankte, ob sie sich von ihrem langen, aufgesteckten Haar trennen sollte oder nicht, er hat sie doch immer so gemocht, extravagant und anders als die übrigen Frauen, – wenn sie nur wüßte, was ihn jetzt solch mädchenhafte Madonnenbilder begehren läßt! Traurig zieht sie die Schultern hoch. Du hast mich nicht mehr lieb... Sie klettert ins Bett unter die

Decke, rückt nach hinten an die Wand, sitzt mit hochgezogenen Knien, liest wieder, was sie vorhin geschrieben hat. Auf einem neuen Blatt beginnt sie noch einmal: Ich bin traurig: Deine Küsse dunkeln auf meinem Mund. Du hast mich nicht mehr lieb. – Und wie du kamst! Blau vor Paradies; mein Herz gaukelte um deinen süßen Brunnen. Nun muß ich es schminken, wie die Freudenmädchen die welke Rose ihrer Lende röten. Alt ist der Mond geworden. Die Nacht wird nicht mehr wach. – Du erinnerst dich kaum an mich. Wo soll ich mit meinem Herzen hin?

Der Kopf sinkt ihr auf die Knie, zusammengekauert sitzt sie im halbdunklen Winkel, wie um dem Schmerz, der in ihr zuckt, zu verwehren, nach außen zu dringen. Irgendwann löst die Müdigkeit sie aus der eigenen Verklammerung, Schlaf macht ihre Atemzüge gleichmäßig und ruhig. Sie merkt nicht, wie Herwarth die Lichter löscht und sich an ihre Seite legt. Erst morgens, mit dem Geräusch des Streichholzes, mit dem er sich seine erste Zigarette ansteckt, schreckt sie hoch, sitzt mit wildem Haar und unruhigen Augen im fahlen Licht und schaut auf ihn herunter, wie er neben ihr liegt, lang ausgestreckt, und Rauchringe gegen die Zimmerdecke bläst.

– Ich habe an Kraus geschrieben, gestern abend. –

Seine Stimme kommt von weither. – Meinen Besuch angemeldet. – Sie hat die Hände neben sich aufgestützt, die Träger ihres Hemdes sind wieder von den Schultern gerutscht, mit schräggeneigtem Kopf lauscht sie dem Klang seiner Worte nach. Es dauert, bis ihr Inhalt sie erreicht. Da fährt sie hoch: du willst nach Wien?

– Ja.

– Wann?

– Nächste Woche, denke ich.

– Aber bis dahin...

– Was: bis dahin?

– Bis dahin, dachte ich, können wir anfangen mit der Varieténummer. Es muß doch schnell gehen.

Er schüttelt den Kopf, angelt mit dem einen Arm neben sich auf dem Boden nach seiner Brille, setzt sie umständlich auf.

– Du wirst ohne mich spielen müssen. –

– Aber das geht nicht. Das weißt du doch ganz genau. Ohne deine Musik – – Sie unterbricht sich, schluckt: ich will das nicht ohne dich machen. Es geht doch auch um deine Zukunft. Zusammen können wir viel mehr Leute anziehen damit, und dann, – Herwarth, wir können bestimmt mindestens zwei Jahre lang von einer einzigen Tournee leben. –

Er dreht sich ihr zu, streckt einen Arm nach ihr aus und sieht sie mit einem schweigenden Lächeln an, das alles und nichts bedeuten kann.

– Was denkst du? fragt sie.

– Ich denke, daß ich gestern nachmittag der Meinung war, wir hätten uns darauf geeinigt, daß wir eine Wochenzeitung, die DER STURM heißen soll, herausgeben werden. Und daß ich, bevor die erste Nummer erscheint, noch einmal zu Kraus fahre, um mich mit ihm über Möglichkeiten und Probleme, die er bei seiner Arbeit an der Fackel kennengelernt hat, zu besprechen, ist doch eigentlich nur eine logische Folgerung, oder?

Sie nickt seufzend: du bist davon also durch nichts abzubringen?

– Nicht, bevor ich es ausprobiert habe.

– Du wirst dich kaputtmachen.

– Wir werden sehen.

Plötzlich richtet er sich auf, umschlingt sie mit beiden Armen und drückt sein Gesicht an ihre Schulter. Sie hält ihn fest, beginnt ihn hin- und herzuwiegen, wie sie das sonst oft bei Paul macht. Warum fühlt sie sich jetzt wieder so stark? Wie können die Zweifel und Anfechtungen der letzten Tage so spurlos untertauchen? Sie streichelt ihm die blonden Strähnen aus der Stirn, nimmt sein Gesicht zwischen die Hände, küßt ihn lange und zart.

– Es ist schon etwas Seltsames mit uns beiden, flüstert er, als sie sich wieder von ihm gelöst hat, – wenn das Leben an sich nur einfacher wäre... Aber so? – Er rückt ab von ihr, sitzt jetzt auf der Bettkante und, als er gerade aufstehen will, fragt sie: Was hast du eigentlich damit gemeint gestern, mit dieser Regelung, von der du gesprochen hast? – Er dreht den Kopf zu ihr zurück, und jetzt ist wieder dieser ironische Zug um seinen Mund, als er sagt: das weißt du doch, oder?

Sie schüttelt den Kopf.

– Ich will wieder mehr Herwarth Walden und weniger der Mann von Else Lasker-Schüler sein. –

– Du meinst, ich soll dir nicht in deine diversen Affairen hineinreden? – Ihre Stimme ist ganz leise, aber klar und ohne versteckte Tränen, und auch ohne Groll.

– Das auch. Ich brauche Bewegungsfreiheit, genau wie du. Nicht nur für Affairen, auch für das, was beruflich zu tun sein wird. –

– Wenn ich mir nur sicher sein könnte, daß uns das beiden wirklich weiterhilft. –

Da steht er auf und beginnt, seine verstreuten Kleidungsstücke zusammenzusuchen. Und während er sich Hemd und Hose überzieht, sagt er, ihr den Rücken zudrehend: Das Bedürfnis nach Sicherheit ist ein sehr bürgerliches, findest du nicht auch? Mit Sicherheit im Rücken wird keiner von uns beiden so leben können, wie er es eigentlich will. –

Else beobachtet ihn genau, wie er sich bückt, um sich die Socken hochzuziehen. Jede dieser Bewegungen kennt sie auswendig. Wenn nur diese Vertrautheit nicht wäre, – vielleicht wäre dann alles viel einfacher? Aber wenn er Sätze sagt wie den eben, dann kann sie gar nichts dagegen anbringen. Er hat ja recht. Sie atmet tief durch, dann wirft sie die Decke mit einem Schwung von sich und steht auf.

– Ich weiß, sagt sie, – nur: manchmal bin ich nicht ganz so konsequent wie du. Und jetzt, wo wir uns in den sieben mageren Jahren zu befinden scheinen, fällt es mir zwischendurch eben wirklich schwer, mich nicht nach einem Heim, in dem der Tisch gedeckt und das Bett frisch überzogen ist, zu sehnen. Das, – das verstehst du doch auch, oder?

Er zieht nervös an seiner neuangezündeten Zigarette: Schon, – aber Jammern bringt uns auch nicht weiter. Und irgendwie glaube ich eben fest daran, daß wir es schaffen. –

Er wartet im Sessel, bis sie fertig angezogen ist, dann verlassen sie gemeinsam die Wohnung, um im Café zu frühstücken.

Tage voller Unruhe und ungeduldiger Betriebsamkeit folgen, Else hat viel zu tun, den Varietéplan zu konkretisieren. Gemeinsam mit Kete, der Freundin, entwirft sie ein Stück, das ›Der Fakir‹ heißen soll, der ist, lange bevor sich wirklich Auftrittsmöglichkeiten abzeichnen, in aller Munde. Else ist überzeugt davon, daß sich ihr unter Herwarths Einfluß alle Türen öffnen werden dafür. Während sie um seine Zusage kämpft, ihm immer und immer wieder die Aussichtslosigkeit ihrer finanziellen Lage vor Augen hält und vor dem durch das Zeitungsprojekt mit Sicherheit auf sie zukommenden völligen Ruin warnt, flüchtet sie sich wie ein kicherndes Schulmädchen in Liebesgedichte, die sie stolz Herwarth zeigt, ihm aber nicht widmet. So soll es doch auch sein, – nicht wahr? Schwärmereien bleiben nur solange wirklich harmlos, als sie offen zugegeben und nicht dem Ruch von Heimlichtuerei und Betrug ausgesetzt werden. Herwarth soll sich ein Beispiel an ihr nehmen! Gedichte, die sie an die ›Schaubühne‹ gesandt hat, fordert sie empört zurück, als dort ein hämischer Kommentar erscheint, der sich mit Waldens Ehrenbeleidigungsklage gegen Nissen beschäftigt und seine und Kraus' diesbezügliche Veröffentlichungen in der ›Fackel‹ zum Anlaß für unschöne Hetztiraden nimmt: das STURM-Projekt scheint sich herumgesprochen zu haben, und jetzt fühlt man sich wohl veranlaßt, dem neuen Konkurrenten schon vorher den Wind aus den Segeln zu nehmen: Die Solidarität unter Künstlern hat bisweilen allzu enge Grenzen… Im Schwanken zwischen Zuversicht und sicherer Verzweiflung muß Else sich eingestehen, daß sie auch in diesen Tagen nur Luftschlösser gebaut hat. Als wieder einmal nichts sich vorwärtszubewegen scheint, fährt Herwarth nach Wien, Else in einem wahren Schlamassel von Ängsten und Hoffnungen zurücklassend. Auch daß er ihr versprochen hat, nicht allzulange fortzubleiben, hilft da nicht. Sie flüchtet sich zu Peter Baum, mit dem sie stundenlang in Wuppertaler Platt herumalbern kann, um dann plötzlich und ohne Übergang wieder wie ein gefangenes Tier im Zimmer herumzustreichen, sich an Tisch und Stühlen zu stoßen, alles, was sie in die Hand nimmt, fallenzulassen. Mit dieser Fahrigkeit übertrifft sie bald alles, was vorher von ihr bekannt war. Ruhig ist sie nur an den Tagen, an denen Baum bei ihr auftaucht, nachdem er sie vergebens im Café gesucht hat, und ihr mit brüderlicher Geste die Opiumpfeife ansteckt. Dann sitzen sie auf ihrem Bett und bauen verschworen an einer mit heiteren Bibelgestalten bestickten Welt, durch die Karawanen von bunten Dromedarherden an den heiligen Fluß ziehen und Knaben und Mädchen sich in sternfunkelnden Nächten auf den Dächern der Kalifenpaläste mit Palmwedeln Kühlung fächeln. Aber oft gestattet sie sich jetzt solche Ausflüge nicht, – zu traurig wird sie jedesmal, wenn sie von dort zurückkehrt in die Ungewißheit der Berliner Februartage.

Eines Nachmittags, als sie sich fast allein im Café befindet, – Herwarth wird in den nächsten Tagen zurückkehren, und weil sie so gar nicht weiß, was er da an Ideen und Anregungen aus Wien mitbringen wird, – entschließt sie sich zu einem Brief an Karl Kraus. Wenn Herwarth schon △ dort ist, um sich Rat zu holen, ist es doch nur vernünftig, Kraus auch von ihrer Sicht der Dinge zu unterrichten. Kraus ist viel realistischer als Herwarth, – der vergißt sicher über seinen ganzen Plänen zu erwähnen, daß es ihnen in erster Linie darum gehen muß zu überleben. Ganz davon abgesehen, daß ein neues Blatt im Berliner Zeitungswald sowieso von Anfang an ein Verlustgeschäft darstellen wird. Auch wenn es noch so scharfzüngig gehalten und von noch so hervorragenden Leuten geschrieben ist. Wenn er ihn wenigstens dazu bringen könnte, die Sache in Ruhe anzugehen, – aber so, als Verzweiflungstat gleichsam, kann das doch gar nicht gelingen!

Anton hat ihr einen Kaffee gebracht mit einem Extrastück Zucker, das steckt sie sich zwischen die Lippen wie einen Zigarettenstummel, während sie mit großen Schriftzügen zu schreiben beginnt:... Sie haben den meisten Einfluß auf Herwarth. Bitte sprechen Sie ihm doch heute noch zu (ohne ihm von meinem Brief zu sagen), daß er nur uns helfen soll zu spielen und dann mit mir ziehen, sich einmal zwei Jahre ausruhen soll. Ich werde ja so leicht verdienen, im wirklichen Sinne eine Spielerei wird es sein. Mein Schaustück dauert fünfzehn Minuten und eine Herrlichkeit es zu spielen. Herwarth muß sich ausruhen. Die Qual ist schrecklich, die wir ausstehen; vor einigen Tagen waren wir beide das Leben so satt, wir dachten daran nie mehr den Tag zu erleben. Ich kann Ihnen nicht sagen, lieber Herzog, wie schrecklich erbärmlich wir leben und es gibt nur eine Rettung, mein Spiel. – Sie steckt sich das Zuckerstück ganz in den Mund, lehnt sich zurück. Doch, Kraus weiß von dieser Idee. Schon als er letzten Monat in

Berlin war, hat sie ihm einen ganzen Abend lang über Auftrittmöglichkeiten für Tino von Bagdad erzählt. Und seitdem das in ihrem Kopf konkretere Formen angenommen hat, hat sie ihm auch davon geschrieben. Aber ob er überzeugt ist? Sie spült den restlichen Zucker mit einem Schluck ihres Kaffees hinunter, taucht die Feder wieder neu in die schwarze Tinte und fährt fort: F. Pfemfert sagt, mit meiner Nummer sei viel – sie unterstreicht es zweimal – Geld herauszuschlagen. Er versteht die Varietésache (hm, zumindest war Franz Pfemfert einer der ersten gewesen, dem sie von ihren geplanten Märchenabenden berichtet hat, kurz nach Weihnachten schon, und er hat sie seit damals ermutigt, doch ein richtiges zusammenhängendes Stück zu entwerfen, – es mache gar nichts, wenn den Zuschauern der tiefere Sinn verborgen bleibe, hat er gesagt, je mehr Fragen am Schluß da seien, desto größer der Effekt. Und Varieté ist Effekt, und nichts sonst…) darum, fährt sie fort, sagte ich es am Abend auch immer wieder. Hätte Herwarth sich bekümmert, dann hätte ich Stellung. –

Sie nickt vor sich hin. Auch wenn das bitter klingt, – aber es ist doch schließlich die Wahrheit. Mit seinen Beziehungen! Ein Wort von ihm hätte genügt, – aber er dreht und windet sich ja, seitdem sie ihn um seine Mitarbeit bittet. Davon hat er Kraus sicher nichts erzählt bisher. Und sie will doch wirklich nur das Beste für ihn. Also schreibt sie weiter: Dann kann er immer Klavier spielen; für mein Geld bin ich sogar so noble, es geht so weit, daß er leben mag wie er will in jeder Beziehung… (Stimmt das etwa nicht? Wenn sie sogar gegen seinen Vorschlag, Regelungen für das tägliche Zusammenleben zu treffen, nicht revoltiert hat? Und Kraus weiß ja Bescheid, nicht erst seit Herwarth bei ihm in Wien ist und ihm sicher mit mokantem Lächeln über ihre, Elses, Eifersuchtsszenen erzählt hat, durch die er sich so bevormundet fühlt angeblich.) Das, setzt sie hinzu, hört sich alles romantisch an – aber nur eine Weile ist so ein Notkampf anständig durchzumachen. Es geht alle Arglosigkeit verloren... – Sie steckt die Feder ins Tintenglas zurück, schiebt den Briefblock beiseite und betrachtet ihre Hände: sie hat die Fingernägel heute morgen bunt lackiert, golden, türkisfarben und rot, alles durcheinander in unregelmäßiger Reihenfolge. Jetzt sehen die Finger aus wie mit Edelsteinen besteckte Tanzmädchen. Sie läßt sie über die Tischplatte hopsen, lächelt zu ihren sanften Bewegungen. Und an ihrem Mittelfinger, der Ring mit dem roten Glasstein, der von Straßsplittern eingerahmt ist – lächelt der nicht zurück über so viel Übermut? Sie hält ihn sich vors Gesicht, seufzt: sie wollte schon gern übermütig sein von morgens bis abends, wenn nur nicht... Wenn ich alleine mit Herwarth wäre, nimmt sie den Faden im Brief wieder auf, dann ginge die Sache bis ins Ungewisse – (für mich ist es eine Beruhigung, eher kommt ein Kamel durchs Schlüsselloch als ein Reicher ins Himmelreich) – aber für meinen Paul – denken Sie sich – ich bin ganz tot vor Unruhe. Ich muß mir eine Existenz gründen, und ich bitte Sie, verehrter Herzog, Herwarth zuzusprechen, seine Sache aufzugeben, bis ich das nötigste verdient habe. Das Ausruhn tut ihm nötig. Ich habe sicher Geldglück, da ich keins in der Liebe habe.

So. Mehr kann sie dazu nicht sagen. Viele, viele Grüße, schreibt sie noch, von Tino von Bagdad, dann faltet sie das Blatt schnell zusammen, adressiert ein Kuvert und, während sie es zuklebt, winkt sie mit den Augen Anton, der gerade an ihrem Tisch vorbeigehen will, heran, um noch eine Tasse Kaffee bei ihm zu bestellen, auf Rechnung, versteht sich.

Der Nachtzug, mit dem Herwarth Walden aus Wien wiederkommt, ist eben eingefahren. Mit großen Schritten geht Else den Bahnsteig entlang, hat den Kopf hochaufgereckt, um mit den Augen das Gewühl der Wartenden und

Ankommenden zu überfliegen. Da, wenige Waggons weiter vorne, das ist Herwarth, wie er die Stufen herabspringt, den kleinen Koffer in der rechten Hand, eine Zigarette im Mund. Die nimmt er jetzt, da er stehenbleibt, um sich umzusehen, in die andere Hand, bläst den Rauch mit einem Kopfschütteln von sich, als sei er ihm lästig. Er hat sie noch nicht gesehen, und Else stockt einen Augenblick, steht verborgen hinter einer Gruppe sich begrüßender Menschen, schaut: daß die Leute immer behaupten, er hätte einen zu großen Kopf... Sie hat ihn nie so gesehen. Eine hohe Stirn hat er, und weil sein blondes Haar ihn wie eine Mähne umflattert, und vielleicht auch weil er es immer abgelehnt hat, Bart zu tragen, springen seine Gesichtszüge stärker in die Augen als bei anderen Männern. Sie mag das, auch seine unruhigen Bewegungen, auch diese zigarettenrauchende Nervosität, die ihm stets den Anschein, er sei eben auf dem Sprung zu neuen Eroberungen, gibt. Jetzt hat er sich dem Ausgang zugewendet, will eben fortgehen, da springt sie hervor, wirft sich ihm mit geöffneten Armen entgegen. Das tiefe Lachen, mit dem er sie auffängt: Du hast mich also doch nicht vergessen! Er legt ihr eine Hand auf die Schulter, sieht sie von der Seite her an und läßt die Augen noch einmal im Kreis wandern: weißt du, sie sehen doch anders aus, die Leute hier, als in Wien. Ist dir das auch schon aufgefallen? – Sie gehen langsam, er spricht über die sich in Äußerlichkeiten ausprägenden Unterschiede zwischen wilhelminisch und habsburgisch geprägten Bourgeois, das slavische Element dort, das proletarische hier, – Künstler ausgenommen, sagt er, da kannst du sein, wo du willst, die kennst du heraus. – Am Ausgang bleiben sie stehen, während sie sich nach einer Droschke umsehen, schlägt er vor: laß uns doch erst noch in Ruhe eine Tasse Kaffee trinken, nach Hause oder ins Café kommen wir noch früh genug. – Er lacht sie an, schräg von der Seite: eigentlich sollte ich dich ins Kempinski einladen zur Feier des Tages, nur: ich habe leider meine Brieftasche vergessen... –

Sie nehmen ein kleines Restaurant in einer Seitenstraße, sitzen an einem weißgedeckten Tisch am Fenster und entschließen sich für eine Flasche Rheinwein. Er beugt sich zu ihr über den Tisch, hält ihr sein Glas entgegen: Auf dich, auf uns und auf den Sturm, den wir über Berlin werden brausen lassen in den nächsten Jahren. – Sie hat es gewußt, hat die Frage nach seiner Entscheidung, die ihr in den letzten Tagen so sehr das Herz abgedrückt hat, schon gar nicht mehr gestellt, jetzt kann sie nur wortlos ihr Glas heben. Sie hört ihm zu, wie er erzählt von diesen Tagen in Wien, wie Kraus ihm Mut gemacht hat, wie sie sich als Verbündete gefühlt haben, je mehr sie über das Sturm-Projekt gesprochen haben, wie sicher er jetzt weiß, daß er diese Zeitung herausgeben wird, daß sie der Markstein sein wird für eine neue Richtung, daß sich andere Wege durch sie werden erschließen lassen nach und nach, die Künstler Europas, der ganzen Welt sollen ein Zentrum finden im Sturm, vielleicht wird man Ausstellungen organisieren können, Auktionen, Vortragsabende, – er glüht, strahlt vor Unternehmungslust. – Weißt du, sagt er schließlich, als ihm auffällt, daß sie ihm so schweigsam gegenübersitzt, es kann wirklich nicht in erster Linie darum gehen, daß wir selbst unser Schäfchen ins Trockene bringen. Die Geschichte der Kunst zeigt es so deutlich, daß Künstler, die anfangen, für sich selbst zu arbeiten und nicht mehr für die Kunst, versagen. Es ist mehr als ein bürgerlicher Topos, daß der, der Kunst wirklich lebt, sich nicht gut verkauft und arm ist. Man kann sich eben nicht der Kunst bedienen. Du kannst als Künstler keine wirtschaftlichen Forderungen stellen. –

Sie schüttelt den Kopf, aber er läßt jetzt keine Einwände zu. Wenn du mit Kunst reich werden willst, mußt du Massenprodukte herstellen. Damit beugst du dich dem herrschenden Geschmack. Aber wahre Kunst ist Trieb, ohne Berechnung. Kunst muß als Kunst gesehen werden und Leben als Leben. Und wir Künstler müssen beides sehen: wir dürfen uns weder um des Lebens willen von der Kunst abwenden, noch dürfen wir uns der Kunst wegen vom Leben abwenden. Weil das Leben nämlich die Kunst braucht. Was wir tun müssen, ist, der Kunst Raum im Leben zu verschaffen, – der Kunst, nicht den Künstlern, – verstehst du? – Er lehnt sich zurück, hält eine neue Zigarette zwischen den Fingern, raucht schweigend. Else, ein wenig in sich zusammengesunken, spielt mit den herunterhängenden Kanten der Tischdecke, wickelt sie um die Finger, läßt sie wieder los, faltet sie kunstvoll zu einem Fächer zusammen, bis ihr Weinglas ins Rutschen zu kommen droht. Da legt sie die Hand um seinen Stiel, wischt mit der anderen die Tischdecke glatt. Trotzig sagt sie: du mußt mir keinen solchen Vortrag halten, Herwarth Walden. Wer bin ich denn? Glaubst du, ich sehe das auch nur in einem Komma anders als du? – Sie möchte noch mehr sagen, möchte ihm sagen, daß sie sich trotzdem zerrissen fühlt in dieser Einsicht, daß niemand da ist, der ihr das Schulgeld für Paul schenkt, daß sie nicht auf Dauer von zusammengeliehenem Geld leben kann, daß sie sich manchmal so elend fühlt unter diesem ständigen Druck, daß ihr die blauen Seiten des Künstlerseins vor den Augen verschwimmen, – aber sie zuckt die Schultern: auch er weiß das, nein, sie muß es ihm nicht noch einmal erzählen.

Sie trinkt ihr Glas leer, hält es ihm hin; und als er ihr wieder eingegossen hat, fragt sie zaghaft: und wann also erscheint die erste Nummer des Sturm?

Er zieht die Augenbrauen hoch: das weißt du doch, in der ersten Märzwoche, wie besprochen.

Als die Flasche leer ist, hat Else einen Schwips. Sie lacht und torkelt ein bißchen, als sie die Straße entlang zum Droschkenstand gehen. Es ist schon, – es ist schon ein gutes Gefühl, neben jemand zu gehen, der so genau weiß, was er will. Sie ist richtig fröhlich, als sie sich in seinen Arm hängt. Keine Frage, – sie wird mit ihm gemeinsam diesen Sturm entfachen.

März

Ah, – war das ein Tag, gestern!

Else steht mit einer Gruppe von Freunden auf einer Brücke des Landwehrkanals, wo sie angehalten haben in dieser lockenden Vorfrühlingssonne, deren Reflexen sie jetzt im Wasser nachschauen; blinkender Fluß unter ihnen, lautlose Wellen, da, noch dort hinten vor der Biegung funkelt es Grüße zurück, auf Nimmerwiedersehen. Else, weit vornübergebeugt, sucht ihr Spiegelbild unter sich. Mit dem einen Arm angelt sie nach hinten, ihre Hand greift den Mantelärmel des ihr Nächststehenden, zieht an ihm, bis sein Besitzer neben ihr übers Geländer gebeugt steht, dann weist sie mit dem Zeigefinger auf ihre beiden im Wasser sich zueinander wellenden Gesichter: schnell, schau, hier im Fluß schwimmen wir ganz ineinander – und bleiben trotzdem rein dabei. Ist das nicht wie im Märchen? – Sie wendet sich ihm zu, legt eine weiche Hand an seine Wange, – immer wenn sie ihn sieht, hat sie das Gefühl, ihn streicheln zu müssen, nicht nur mit Blicken, dieses zarte Gesicht, diese strahlenden Augen, dann schwebt sie, und alles rundherum verwandelt sich in zartgoldene Träume. Er greift nach der Hand, die ihn streichelt, zieht sie an seinen Mund, küßt ihre Finger. – So schön hast du lange nicht ausgesehen, du strahlst ja richtig vor Glück.

Sie tritt einen Schritt zurück, betrachtet ihn nachdenklich: nein, sagt sie dann und schüttelt den Kopf, Glück ist das, glaube ich, nicht. Bloß Erleichterung. Ich kann dir gar nicht sagen, wie froh ich bin, daß das alles so gut abgelaufen ist. Sogar Herwarth hat nichts daran auszusetzen. – Sie greift nach seiner Hand, zieht ihn mit sich: du, die haben uns einfach hier vergessen, haben sich heimlich aus dem Staub gemacht, – und wir haben das gar nicht gemerkt! – Sie lachen beide und machen große Schritte, um die Freunde, die, ins Gespräch vertieft, weitergegangen sind, wieder einzuholen. – Als die ersten Exemplare fertig waren, erzählt sie, – wir waren in der Druckerei, Herwarth und Kurtchen und Blümner, und Friedländer kam dann auch noch, und dann mußten die Blätter noch gefaltet werden, und wir haben alle mit ganz zittrigen Händen dagestanden und gelesen, als könnten wir's nicht bereits Zeile für Zeile auswendig, was da steht, – weißt du, es ist ja schon ein seltsam neues Gefühl, es dann als Zeitung noch einmal in der Hand zu haben…

Sie muß Luft holen, so atemlos ist sie geworden beim Erzählen und Gehen. Jetzt haben sie die anderen auch fast wieder eingeholt, Herwarths schmächtige Gestalt in der Mitte zwischen Blümner und Baum auf der einen Seite und Loos und Kraus, die extra zur Feier des Sturm aus Wien gekommen sind, auf der anderen, und ein paar Schritte hinter ihnen Paul Zech mit seiner schwarzlockigen Eroberung, – so, wie sie sich heute morgen im Café getroffen haben, sind sie aufgebrochen, – eine Stunde nur, hat Else gebettelt und den sich sträubenden Herwarth von seinem Stuhl hochgezogen, er geht nicht gern spazieren, alle Welt weiß das, aber Else hat die Freunde auf ihrer Seite gehabt dieses Mal, – bei diesem Wetter, das sei ja gerade als wolle der liebe Gott seine Freude ausdrücken über die erste Sturm-Nummer. Und er hat sich gefügt, – eine Stunde und keine Minute länger, hat er gesagt, und jetzt marschiert er fast im Stechschritt voneweg, kann es einfach nicht erwarten, wieder an seinen Schreibtisch zu kommen. – Er ist auch erleichtert, sagt Else aus ihren Gedanken heraus, – Herwarth meine ich, das siehst du ja schon daran, daß er hier mit uns spazierengeht, obwohl er – sie lacht glucksend und drückt die Hand des Freundes – bestimmt überhaupt nichts wahrnimmt von diesem blauen Himmel und der Sonne. Gestern, als einer der Drucker sagte, jetzt hoffe er bloß noch, daß dieser Sturm sich möglichst schnell über ganz Berlin ausbreite, hat Herwarth gesagt: die Güte der Leistung ist ihre Gestaltung und nicht ihre Verwertung. Das ist – weißt du, er war wirklich zufrieden. Aber ich glaube, für die Verbreitung müssen wir anderen sorgen. Herwarth sitzt ja in Gedanken schon über den nächsten Nummern. Du, sagt sie und bleibt stehen, – hast du Zeit heute abend? Peter Baum und ich wollten nämlich, wir haben uns gedacht, wir tragen die Zeitungen aus. In alle Cafés und Restaurants, – und wenn wir zu dritt wären, dann kämen wir schneller voran.

– Was hältst du denn davon, wenn wir uns jemanden suchen mit einem Wagen, der uns durch die Stadt fährt, und dann stecken wir sie in die Briefkästen? In bestimmten Straßen wenigstens? – Sie sind beide begeistert von diesem Vorschlag, lachen sich an wie Kobolde, und Else, mit einem schnellen Blick nach vorn, zu den Freunden, nimmt sein Gesicht zwischen ihre Hände: du bist ein Freund, ein Ritter, ein Gralsprinz, – aber das gehört nicht hierher.

Die Aktion wird ein voller Erfolg. In den Cafés und Künstlertreffs reißt man ihnen die Zeitung aus den Händen, überall wohin sie kommen, sehen sie Köpfe hinter erhobenen Sturm-Blättern zusammengesteckt, – das raschelt und tuschelt und debattiert, und wenn sie auftauchen mit neuen Zeitungsstapeln unterm Arm, werden sie freudig empfangen. Jeder möchte selbst eines dieser ersten Exemplare besitzen. Jetzt zeigt es sich, daß Herwarth Waldens Name doch für viel mehr Menschen schon ein Begriff ist, als sie sich das zu erhoffen wagten. Seine Experimentierfreudigkeit und sein außergewöhnliches Gespür für das Echte, das ihn hocherhobenen Hauptes schon manchen Skandal provozieren ließ durch die Unbedingt-

heit, mit der er sich für bislang unbekannte Künstler eingesetzt hat, haben sich herumgesprochen und lassen jetzt,
mit dem eigenen Organ, neue Akzente erwarten. Daß
Karl Kraus' Name auf der ersten Seite prangt, ist ebenso-
wenig verwunderlich, wie daß der von Walden protegierte
René Schickele zu dieser ersten Nummer einen Artikel
über Berlin geliefert hat. Man liest, wiegt den Kopf und ist
angetan. Elses Portrait von Peter Baum, das ihr in liebe-
voll-spitzbübischer Heiterkeit zu einer Huldigung ganz
besonderer Art gelungen ist, läßt doppelt aufhorchen: ein
Dichtwerk in Prosa ist es, das zeigt, daß die Zauberkün-
ste, die ihrer Sprache Leuchtkraft geben, nicht angewiesen
sind auf Märchenlandphantasien, um das Beschriebene
herauszuheben aus dem unübersichtlichen Großstadtge-
schehen, – ja, man sieht es schon mit den ersten Zeilen,
auch ihre Alltagsprosa kennt keinen Alltag, und ihr eigener träumerisch-weitsichtiger Blick eröffnet dem Leser,
der ihr zu folgen bereit ist, eine Unzahl neuer Gesichtsfel-
der. Und dann, – sie hat ja geschrieben am Schluß ihres
Essays: Die Wochenschrift Sturm wird Peter Baums neue-
stes Werk bringen, das spielt zur Rokokozeit und ist in
geblümter Seidensprache geschrieben… das ist keine
bloße Vorankündigung, wie man sie zu überlesen gewohnt ist, das ist ein Versprechen. Das läßt einen warten,
auf mehr von Else, auf mehr von Peter Baum.
   – Ich finde ja sowieso, sagt Else und schaut herausfor-
dernd in dem kleinen Lokal umher, in das sie mit Peter
Baum und ihrem Gralsritter Tristan eingekehrt ist, nachdem sie zuletzt noch an die hundert Zeitungen in – ausgewählte! wie sie Herwarth gegenüber betont hat – Briefkästen gesteckt haben, – also, ich finde ja sowieso, daß dieses
Portrait des Dichters Peter Baum mit Abstand der einfühl-
samste Text ist, der sich in der ganzen Zeitung findet. – Sie
hat es sehr laut gesagt, blinzelt den Freunden zu und fährt
fort: von Männern wie Kurtz, Loos, Friedländer, Karl

Kraus oder René Schickele und wer da sonst noch alles versammelt ist in diesem Sturm, erwartet man ja eh nur das Brillanteste, aber dieses Dichterportrait ist ein wahres Bilderbuch, – findet ihr nicht auch? Wenn ich seinen Roman und die Novellen nicht längst kennen würde, ich würde sofort in die nächste Buchhandlung laufen und sie mir holen... ein wetternder Weihnachtsbaum, der seinen Schmuck abgeschüttelt hat, – da möchte man doch am liebsten die Adresse von diesem Peter Baum wissen und nachsehen gehen, ob er nicht noch ein paar Geschenke in seinen Schatztruhen verbirgt! – Sie faltet die Zeitung, die sie aufgeschlagen hatte, zusammen und legt sie neben sich auf den Tisch. Dann nimmt sie ihre Tasche und fängt an, nach ihrem Portemonnaie zu suchen. – Ich bin so hungrig, klagt sie, – wir sollten etwas essen. Den ganzen Abend auf den Beinen, und so viel Geld haben wir eingenommen... Wollen wir?

– Leider sind die Schatztruhen des Dichters Peter Baum ziemlich leer.

– Aber ich lade euch ein, selbstverständlich, alle beide. Herwarth wird nichts dagegen haben, und ich will ihm das Geld natürlich zurückgeben, sobald ich es eingespielt habe mit dem Fakir. Das ist kein Problem, – wirklich nicht.

Sie rutscht mit ihrem Stuhl näher an den Tisch heran, schiebt unternehmungslustig die Ärmel ihrer dunklen Bluse zurück, legt die Unterarme auf den Tisch. Mit um Einverständnis bittendem Blick wendet sie sich dann dem neben ihr sitzenden jungen Mann zu: Mein Ritter? – Der nickt, und sein schmales Gesicht erscheint ihr ganz unirdisch strahlend. So hell wie du, schießt es ihr durch den Kopf, blühen die Sträucher im Himmel. – Sie kann ihre Augen gar nicht lösen von ihm. Was er denkt, jetzt, da er so ruhig an diesem Tisch sitzt neben ihr, kann sie nicht erraten. Vorher, auf den Straßen, mit dem Stapel Zeitun-

gen unterm Arm, ist er herumgesprungen wie ein junger
Hund, ein herrliches Spiel scheint es ihm gewesen zu sein,
in diesem Hauseingang zu verschwinden und in jenem,
Sturmbotschaften in honorablen Briefkästen zu hinterlas-
sen. Jetzt ist er wieder der, den sie mit Tristan vergleicht △
und mit einem Gralsprinzen, einer, der Unschuld und
Arglosigkeit sich bewahrt in den Kämpfen, die ihm abgefordert werden, in die er gerät, weil er auf der Suche ist, –
sie hat ihn durchschaut nach den ersten Zeilen, die sie von
ihm gelesen hat, er hat Saiten in ihr berührt, die nun immer
von neuem klingen, wenn sie ihn nur sieht, – Worte muß
sie dafür nicht finden. Ein Ausspruch Herwarths fällt ihr
dazu ein: Die gefühlsmäßige Aufnahme setzt die Aus- △
schaltung der Erfahrung durch den Verstand voraus. Das
hat er ihr geantwortet, als sie ihm von Tristan berichtete
und davon, daß sie eigentlich gar keinen Anhaltspunkt dafür hat, daß sie ihn so sieht. Ganz kurz über die Schulter
hat er das gesagt, und dann hinzugefügt: du kennst das
doch von deinen Gedichten, von deiner Kunst überhaupt,
– warum soll es sich denn im Leben anders verhalten? –
Diese kurzen Momente des gegenseitigen Verstehens sind
es, das weiß sie inzwischen, die sie an diese Liebe glauben
lassen, bei allem, was sich an täglichen Mißverständnissen
zwischen ihnen abspielt. Jetzt sitzt sie da, gefangen in den
unergründlichen Augen des Gralsprinzen, und muß daran
denken, wie sie sofort ein Gedicht für ihn geschrieben hat,
kaum daß sie ihn einige Stunden lang von ferne im Café
beobachtet hatte, – das war lange, bevor sie auf ihn zu-
ging –, und wie sie es Herwarth gezeigt hat und ihn aufge-
fordert hat zu raten, für wen hier im Raum es geschrieben
worden sei. Wie er sich umgesehen hat unter all den Leuten, die sich an diesem Nachmittag im Café drängten, viele
unbekannte Gesichter waren dabeigewesen, und wie er
doch ohne Zögern mit seiner Zeitung genau auf den Richtigen gezeigt und sich zu ihr gebeugt hat: soll ich dich mit

ihm bekannt machen, – er ist selbst Dichter? – Und sie hat erschrocken den Kopf geschüttelt und gar nicht gewußt, warum diese Scheu so plötzlich über sie gefallen war. Wie ein Kind hat sie sich gefühlt, das man über verbotenen Leckereien ertappt, und sie hat das Blatt Papier mit dem Gedicht umgedreht und angefangen, auf seine Rückseite ein Gewirr von Köpfen zu zeichnen, alle durcheinander, wie sie sie um sich herum beobachten konnte. Tristans Kopf war nicht dabei gewesen. – Das alles läuft wie ein Film durch ihren Kopf, bis sie bemerkt, daß der Ober auf einen Wink Peter Baums inzwischen eine Speisekarte vor sie hingelegt hat, in die hinein sie sich jetzt vertieft mit überängstlicher Aufmerksamkeit. Da gibt es Hirschragout mit Preiselbeeren, Kasseler und Sauerkraut, Rinderfilet mit Erbsen, Schmorbraten in Zwiebelsauce, Wachteln, Rebhühner, Täubchen und sogar Weinbergschnecken, jungen Spargel, Blattspinat, aber auch Kohlsuppe oder Erbswurst, – je länger sie liest, desto weniger weiß sie, was sie haben möchte. Schließlich, nachdem sie aufgepaßt hat, daß die Freunde eine gute Wahl getroffen haben, bestellt sie sich ein Omelette mit Zucker und Mirabellenkompott und fühlt sich reich wie eine Königin. Solche Auswahl! Man wird ja schon vom Lesen der Speisekarte satt!

Sie ißt langsam, nascht mit der Gabel einen Happen Blattspinat, ein wenig Zwiebelsauce von den Tellern der Freunde, – hmmm, köstliches Menü. So soll es sein, ab und zu. Tagelang hält sie es sonst aus ohne warmes Essen, eine Scheibe Brot oder eine Handvoll Nüsse zwischendurch, – mehr braucht sie nicht. Viel Kaffee, ein paar Gläser Wein, auch einmal ein Cognac, je nachdem, mit wem sie trinkt, – nein, diese Kosten, die anfallen für leibliche Bedürfnisse, sind es nicht, die ihr Kopfzerbrechen machen. Geraucht wird sowieso nur in Gesellschaft, und das Geld für ein Opiumpfeifchen ab und zu oder für die Letzter-Retter-in-Not-Spritze weiß sie ebenso heimlich zu beschaffen wie es ausgegeben werden muß. Das ist kein Laster, dessentwegen sie schlechtes Gewissen hat. Wenn man bedenkt, was Andere unnötigerweise in Kochtöpfe stekken... – Sie freut sich, wie es den Freunden schmeckt. Viel öfter möchte sie sie einladen können! Es würde ihr nichts ausmachen, sie alle freizuhalten, alle, die sie kennt und die sich ebenso schlecht verkaufen wie sie selbst, – sie würde nicht darauf sehen, daß ihr der größere Teil bliebe. Sie ist eine Spielernatur, und der einzige Grund, warum sie versucht, Überblick über ihre Schulden zu behalten, ist ihr Junge. Wenigstens der soll nicht darunter zu leiden haben, daß seine Mutter den Schritt aus gesicherten bürgerlichen Verhältnissen fort und hinein in diese Existenz der Bohemiens getan hat. Er leidet auch nicht, das weiß sie. Viel zu verständig ist er, mit seinen zehn Jahren, als daß er nicht erahnte, daß dieses Leben, wie sie es ihm nun bietet, besser – oder wenigstens zufriedenstellender – ist als das wohlbehütete Aufwachsen im bürgerlichen Familienkreis. Mit Köchin und Kindermädchen und einer Mutter, die entweder matronenhaft bedächtig den geregelten Ablauf jedes einzelnen Tages vom halbdunklen Salon aus überwachte, oder – und das wäre wohl mehr ihr Schicksal gewesen – hinter zugezogenen Vorhängen an ihrer Migräne zu leiden hätte, unfähig, sich um Mann und Haushalt und Kindererziehung zu kümmern. Else stochert in ihrem Omelette. Ganz so eindeutig, das weiß sie, sind diese Alternativen nicht. Hat sie nicht schon manche Nacht voller unruhiger Träume verbracht, in denen ihr die eigene Kindheit, die lieben Gesichter der Eltern, erschienen sind, dieses Traumparadies von Nestwärme und Geborgenheit, – das sie eigentlich hätte vorbereiten müssen auf ein ähnliches Leben? Sie hat schon schlechtes Gewissen, daß sie selbst es dazu nicht gebracht hat. Nicht sich selbst gegenüber, aber wegen Paul. Hat man ihr nicht alles mitgegeben, was ein kleines Mädchen nur bekommen kann, um selbst einmal fähig zu sein, Glück und Zufriedenheit, Harmonie und Lebensfreude, gut abgesichert durch ein respektabel zu führendes Haus, comme il faut, an die ihr liebsten Menschen weiterzuleiten? Sie hatte doch gar keinen Grund zu diesem Ausbruch! Die Eltern, denkt sie manchesmal, wären sehr unglücklich, wenn sie vom selbstverschuldeten Schicksal ihrer jüngsten Tochter wüßten. Sie wären nicht böse, – nein, dazu haben sie ja von Anfang an viel zu sehr als eigene Persönlichkeit behandelt, ihr viel zu wenig Formen aufgezwängt. – Else muß nur an die ungeliebten Schulbesuche denken, die die Eltern ihr schließlich, in Berücksichtigung (oder in Vorschützung?) ihrer Krankheiten erlassen haben – nein, nein, die Eltern wären traurig, sie so zu sehen, wie sie jetzt lebt in Berlin. Manchmal, wenn sie nach Hause geht, nachts, drückt sie sich ganz eng an den Hausmauern entlang, im Schatten der Wände, damit sie sie nicht sehen, die beiden, Vater und Mutter, von ihren himmlischen Plätzen aus, und sich sorgen. Sorgen würden sie sich, wie es weitergeht, mit ihr, mit Paul, – und der Vater würde den Kopf wiegen, daß sie nicht bei ihrem Kind ist täglich. Und sie kann ihn doch nicht bei sich behalten, wenn er immer schon nach zwei Wochen spätestens wieder anfängt zu husten und ganz blaß wird, ganz durchsichtig. Alles, was sie tun kann für ihn, ist doch wirklich, dafür zu sorgen, daß er nicht infiziert wird von dieser Stadt, daß er nichts schlucken muß von der Hektik ihres Lebens und dem Rauch, den die Schornsteine verströmen, daß er aufwächst in einer Atmosphäre, die ihn Kind sein läßt und die ihm erlaubt, sich zu entwickeln, körperlich und geistig. Daß sie selbst nicht auf dem Land leben kann – das würden sie verstehen, alle beide, Vater und Mutter. Und daß sie mit Lasker ihr eigenes Todesurteil unterzeichnet hätte, daß sie zu etwas geworden wäre, was weder die herzliche Mama noch der bewunderte, gute Papa für richtig und gut hätten befinden können, weiß sie, hätten sie ihr nie bestritten. Und daß alles so gekommen ist wie es gekommen ist, – da hat der liebe Gott, von dem ihr der Papa so viele Geschichten erzählt hat, sicher seine Hand mit im Spiel gehabt. Und die Mama, wenn sie Herwarth gesehen hätte, sie hätte ihn sicher ins Herz geschlossen, ohne daß Else auch nur mit einer zaghaften Bitte darum vor ihr hätte auftauchen müssen.

Else legt die Gabel zurück auf den Teller, schiebt ihn weg von sich. Es ist ihr gar nicht aufgefallen, daß sich da ein lebhaftes Gespräch entsponnen hat zwischen Peter Baum und dem Gralsritter, daß die beiden längst fertig sind mit ihrem Essen und nun über ihren leeren Tellern mit Messer und Gabel diskutieren, – witzig sehen sie aus, als müßten sie sich mit Macht zurückhalten, nicht aufeinander einzustechen mit ihren Waffen; über Sprache sprechen sie, über Dichtkunst, wie sollte es anders sein, und darüber, daß sich das Publikum viel leichter mit einem Prosatext einfangen läßt als mit Poesie, und daß es beim Prosaschreiben nicht darum gehen kann, möglichst hohe Verkaufszahlen im Kopf zu haben, sondern eben die Sprache, die dichterische Sprache, was von zu vielen Dichtern vergessen würde, – ach, sagt Else, hört doch auf, ich weiß gar nicht, warum ausgerechnet ihr beide euch darüber streitet, ihr seid doch beides Dichter, echte Dichter. Und zu viel verkauft von seinen Texten hat bisher auch noch keiner von euch beiden.

Sie sehen sich an, alle drei, und müssen ganz ungeheuerlich anfangen zu lachen, weil Else nun auch noch ihre Gabel ergriffen hat und genauso wild wie die beiden vorher damit in der Luft herumfuchtelt, – und wie sie so sitzen und sich gar nicht mehr einkriegen können, weil immer, wenn zwei aufgehört haben zu lachen, der dritte wieder losprustet und die beiden anderen mitreißt von neuem, da sind sie schon wieder fort, die traurigen Gedanken, die ihr durch den Kopf geschwebt sind vorher. So ist es eben im Leben – tatsächlich eigentlich wenig, vor dem man sich ängstigen muß. Aus dem Portemonnaie, in dem sie die Einnahmen aus dem Verkauf der Zeitung mit sich trägt, bezahlt Else die Rechnung, und dann läßt sie sich von den Freunden nach Hause bringen, – sie hat gar keine Lust mehr auf einen Besuch im Stammcafé, obwohl sie von dort sicher die ersten Sturm-Erfolgsmeldungen mitnehmen könnte – sie will jetzt nach Hause, zu Herwarth, – und ist erstaunt und ratlos, als sie ihn nicht, wie erwartet, an seinem Schreibtisch vorfindet, über Texte gebeugt, in Arbeit versunken.

Nein, die Wohnung ist dunkel und leer und kalt. Und nachdem sie den Rest des Abendertrags auf Herwarths Schreibtisch geschüttet hat, hat Else nun doch keine Lust zu bleiben. Sie zieht den Mantel gar nicht erst aus, sondern läuft gleich wieder nach draußen, in die Nacht hinein, – es ist ja nicht weit zum Café. Sie wird ihn schon finden.

Sie findet alle möglichen Leute, aber nicht Herwarth, nicht Kraus oder Loos. Als sie sich gegen Morgen endlich verabschiedet – die Ober haben schon ganz kleine Augen und wedeln mit ihren Servietten zum wiederholten Mal über die leeren Tische, aber sie sind es gewöhnt von den Künstlern, daß sie bleiben bis andernorts die Fabrikarbeiter schon wieder zur Morgenschicht unterwegs sind – als sie sich leise an der leeren Portiersloge vorbei ins Haus zurückschleicht, um keinen Lärm zu machen im Treppenhaus, als ihr dann vor der Wohnungstür der Schlüsselbund aus der Hand gleitet und rasselnd und klirrend zu Boden fällt und Else sich seufzend nach ihm bückt, als sie die Wohnungstür endlich geöffnet und wieder hinter sich zugezogen hat, da weiß sie es schon, ohne nachsehen zu müssen: er ist nicht da. Die Türen zum Flur sind offen,

wie sie waren, als sie fortgegangen ist, und durch die un-
verhüllten Fenster blinzelt zaghaft die Dämmerung her-
ein, – so zaghaft, als wäre sie selbst nicht ganz sicher, ob es
nicht noch ein wenig zu früh ist.

Else, hellwach, bückt sich zum Ofen und stochert in der
kalten Asche. Sie wird sich ein Feuer anzünden, sich dick
vermummt in die Sofaecke zurückziehen und zusehen,
wie es von draußen her allmählich Tag wird im Zimmer.
Sie liebt diese Morgenstunden und das Gefühl, daß es
nicht darauf ankommt, wann man in Schlaf fällt, wann
man erwacht. Nie fühlt sie sich dem Universum verbun-
dener als wenn sie das Gefühl hat, ihrem eigenen Rhythmus folgen zu können, jeder von außen aufgedrängten
Strukturierung entglitten zu sein. Mit Naturerlebnis hat
das wenig zu tun, – sie muß nicht durch morgentaufrische
Wiesen streifen, um die Schöpfung Gottes in sich wider-
gespiegelt zu fühlen, schon der schmale Streifen Himmel,
den sie vom Fenster aus sehen kann, reicht aus, um ihr das
unendliche Sternenheer vor Augen zu führen, wie es jetzt
langsam erblaßt vor den nachdrängenden Wolken der
Dämmerung. Und der Wechsel der Jahreszeiten wird ihr
an den Ästen und Zweigen des Baums vor ihrem Fenster
genauso deutlich, als würde sie ihn von einem Aussichts-
punkt in hügeliger, waldreicher Landschaft aus beobachten. Sie leidet mit ihrem Baum, im Winter, wenn sein ab-
getragenes, buntscheckiges Kleid in der Rumpelkammer
unterm Schnee zu vermodern beginnt und er sich nicht zu
schützen weiß vor Sturm und Kälte, und sie freut sich mit
ihm, wenn die Natur ihm dann im Frühling aufs neue eine
noch tausendmal reichere Ausstattung zukommen läßt als
im Vorjahr, aber sie hat nie den Wunsch verspürt, die Stadt
zu verlassen. Es ist, als hätte sie in sich einen Baum, einen
Pfad gefunden, dessen Sprache sie versteht und selber zu
sprechen weiß, und nun kommt es ihr nicht mehr darauf
an, dem Häusermeer, dieser kreisenden Weltfabrik Berlin

zu entfliehen. In ihr selbst liegt das Material, das sie braucht. Nicht, daß die Liebe zu Berlin, zu allen großen Städten, ihre Liebe zu Wiesen und Wäldern ausschließen würde, – viel zu gern sammelt sie auf ihren Spazierwegen alle die blühenden Spielsachen, die die Natur da verstreut, – Eicheln, Kastanien, Beeren, Gräser, Muscheln, aber zum Dichten und Zeichnen braucht sie vor allen Dingen sich selbst; sie braucht Freundschaften, sie braucht Liebe, dann kann sie sich auf die Reise begeben, und ihre Worte fangen an zu blühen. Und für diese Reise wiederum reicht ihr ein ruhiges Eckchen, ein ungestörter Platz im Café, eine Dämmerstunde auf dem Teppich in ihrem Zimmer.

Als sie sich vom Feuermachen wieder aufrichtet und Mantel und Mütze, die sie noch gar nicht abgelegt hat, aufs Bett wirft und eben nach einem langen türkischen Schal greifen will, der sich im Armsessel vor ihrem Schreibtisch zusammengerollt hat, fällt ihr Blick auf ein Blatt Papier, das zu Boden gefallen ist. Sie hebt es auf und betrachtet die fremde Handschrift, – richtig, sie hat es selbst mitgebracht, gestern abend. Es ist ein Gedicht, das ihr Schickele anvertraut hat mit der Bitte, es zu lesen und ihr Urteil darüber abzugeben. – Warum er es ihr und nicht Herwarth zeigen wolle, hat sie ihn gefragt, und er, schüchtern, hat etwas gestottert von der Gleichheit von dichterischen Visionen und daß es ihm wichtig sei zu erfahren, ob sie, die selbst eine ganz andere Sprache spreche als er, hier mit ihm einig wäre oder nicht. Sie ist geschmeichelt und gerührt gleichzeitig gewesen, hat das Blatt eingesteckt und gesagt, sie werde, weil sie sich wirklich damit beschäftigen wolle, das Gedicht jetzt nicht sofort ansehen, sondern wenn ihr der Sinn danach stehe. Jetzt, da sie es in der Hand hält, beginnt sie sofort noch im Stehen zu lesen und, einmal zu Ende gekommen, dreht sie das Blatt wieder um und liest nochmal von vorne:

Ich schwöre ab:
jegliche Gewalt,
jedweden Zwang,
und selbst den Zwang,
zu andern gut zu sein.
Ich weiß:
ich zwänge nur den Zwang.
Ich weiß:
das Schwert ist stärker
als das Herz,
der Schlag dringt tiefer
als die Hand,
Gewalt regiert,
was gut begann,
zum bösen.

Wie ich die Welt will,
muß ich selber erst
und ganz und ohne Schwere werden.
Ich muß ein Lichtstrahl werden,
ein klares Wasser
und die reinste Hand,
zu Gruß und Hilfe dargeboten.

Stern am Abend prüft den Tag,
Nacht wiegt mütterlich den Tag.
Stern am Morgen dankt der Nacht.
Tag strahlt.
Tag um Tag
sucht Strahl um Strahl.
Strahl an Strahl
wird Licht,
ein helles Wasser strebt zum andern,

weithin verzweigte Hände
schaffen still den Bund.

Sie muß an Sascha denken, sieht ihn vor sich auf einer
schmalen Pritsche liegend, leere Wände anstarren, das
vergitterte Fenster, das diesen Märztag gar nicht bis zu
ihm vordringen läßt, – ein Lichtstrahl werden, ein klares
Wasser und die reinste Hand, zu Gruß und Hilfe dargeboten... weit verzweigte Hände schaffen still den Bund:
wenn er hier wäre, wenn er dies lesen könnte wenigstens,
er wüßte, daß er nicht vergebens ausgezogen ist. Daß das,
was er zum Leben bringen wollte, nicht abgetötet worden
ist, weil man ihn schachmatt gesetzt hat, – ein Hoffnungs-
schimmer wäre ihm solches Gedicht. Sie wird Schickele
bitten, es Sascha schicken zu dürfen. Gleich, es muß nicht
erst gedruckt werden. Die Herren von der Zensur werden
es nicht verstehen und durchlassen. Sie ist sich ihrer Sache
ganz sicher, möchte sich am liebsten sofort aufmachen,
Schickele wachklingeln. Ach, – es ist ja erst sechs vorbei,
die Zeiger ihrer kleinen Uhr stehen noch weit voneinander
abgewendet. Nein, bei aller Begeisterung, das geht nicht.
Wie spät es jetzt bei Sascha ist? Ob er selbst es weiß? Ob
man ihm sein Essen schon hingeschoben hat, – ob er überhaupt zu essen bekommt heute? Ob er krank ist? Ob er
wenigstens ab und zu Menschengesichter zu sehen bekommt, andere Mitgefangene, nicht nur die stumpf-dump-
fen Visagen des Aufsichtspersonals, – oh, sie wird ihm Bilder schicken, Zeichnungen, die wird man ihm nicht vorent-
halten; dann hat er etwas, was ihn ablenkt von diesen engen
△ Mauern, sie wird ihm einen Palast malen und –
   Sie sinkt auf ihren Schreibtischstuhl, sitzt da in fiebriger
Erregung und findet doch keinen Anfang. Sechs Uhr vorbei war es eben? Und Herwarth ist immer noch nicht zu
Hause?? Das kann doch nicht an Kraus und Loos liegen,
die sind doch sicher längst in ihren Hotelzimmern, und

Herwarth, – ein Frühaufsteher wie er, ein Arbeitstier, – der braucht zwar nicht viel Schlaf, aber ganze Nächte schlägt er sich selten um die Ohren. Irgend etwas stimmt da nicht. Ungeduldig schiebt sie ihren Stuhl zurück, springt auf, läuft wie gehetzt durchs Zimmer. Hin und zurück und wieder hin zur Türe, hinaus in den Flur, in die Küche, in Herwarths Zimmer, dort zum Fenster, – keine Spur von ihm zu sehen, sie wendet sich ab, kaum daß ihre unruhigen Augen die Straße abgesucht haben, hält vor dem Flügel inne, schlägt mit zwei Fingern Tasten an, – wie das klingt, das ist ja zum Wahnsinnigwerden! Voller Verbitterung wirft sie den Deckel zu, fährt zusammen vor dem lauten Knall, erschrocken greift sie nach einem Buch, das oben auf dem Flügel liegt, aufgeschlagen, hält es unschlüssig in der Hand, wirft es dann voller Verachtung gegen das Sofa. Sie trifft die Lampe, die auf dem Tischchen davor steht, die schlägt klirrend zu Boden, der Glasschirm liegt in Scherben, – das hat sie nicht gewollt. Bestürzung drängt ihr Tränen aus den Augen, sie kniet auf dem Boden, sammelt Scherben auf, weinend. Aber sie ist zu zornig gleichzeitig, mit einer großen Scherbe zieht sie eine dicke Kratzspur in die Tischplatte einmal, zweimal, das gräbt sich ein ins Holz, hin und her, – oh, sie kann gar nicht mehr innehalten, wütend wendet sie sich jetzt gegen ein Kissen, das liegt da voller Unschuld, als sei nichts geschehen, sie hackt mit der Scherbe auf seinen Bezug ein, – nichts, keine Spur, wirklich: die Unschuld, vom Lande! Da rennt sie in die Küche, kommt mit einem dicken Küchenmesser wieder, und, während ihr die Tränen über die Wangen rinnen und sie laut vor sich hinschluchzt, sticht sie auf das Kissen ein, in die Polster des Sofas wieder und wieder, das hinterläßt tiefe Schnittwunden, Seegras blutet daraus hervor, – oh, das ist ja schauerlich, wie nach einem Krieg! Else hält mitten in einem neuen Schwung ein, läßt das Messer zu Boden fallen, wirft sich mit dem Oberkörper aufs Sofa, breitet die Arme darüber und beginnt mit den Händen, seine Verwundungen zu streicheln. Ihr Mund flüstert sinnlose Koseworte, die unverständlich in ihrem Weinen untergehen, sie hockt da und streichelt und tröstet und wird allmählich selbst wieder ruhiger. Es ist ja nichts, – es ist ja nichts, murmelt sie vor sich hin, aber als sie sich umdreht und die Lampe auf dem Boden liegen sieht und die Scherben und das Messer, da überkommt sie von neuem alles Unglück dieser Welt, und sie läßt sich mit dem ganzen Körper zu Boden sinken und weint haltlos in den Teppich, kann auch nicht aufhören, als Herwarth plötzlich vor ihr steht, im Mantel, Zeitungen in der Hand, und, mit einem Blick in die Runde, ironisch-leise fragt: wolltest du das mit dem Amoklaufen jetzt auch einmal selbst ausprobieren?

Da weint sie nur noch heftiger, und wenn er sich auch zu ihr bückt und ihren Kopf streichelt, – aufhören kann sie jetzt nicht. Nein, sie will gar nicht, daß er sie streichelt, daß er sie tröstet, daß er hier ist und so tut, als hätte er selber mit all dem nichts zu schaffen, als sei er immer nur derjenige, der alles ins Lot brächte, der ihre Unarten und Entgleisungen zurechtböge. Ruckartig reißt sie den Kopf hoch, setzt sich auf. Faß mich nicht an, schluchzt sie wütend, faß mich bloß nicht an, sonst – – Sie greift sich das Messer, das neben ihr auf dem Boden liegt, hält es drohend gegen sein Gesicht. Mit einem Griff hat er das Messer in der Hand, wirft es durch die offene Tür in den Flur. Er hält ihr Handgelenk fest, schaut ihr ruhig in die Augen. Du, sagt er mit ganz leiser Stimme, die jetzt keine Spur mehr ironisch klingt, – nicht. Das bist doch gar nicht du, – du bist doch nicht dein Amokläufer. Du, – und einen Menschen umbringen…? Er schüttelt den Kopf, läßt ihr Handgelenk los: Mach das bitte nie, nie wieder, hörst du?

Sie sieht die Szene entsetzlich klar plötzlich: das verwüstete Zimmer, sie mittendrin auf dem Boden, weinend, um sich schlagend, Herwarth im Mantel, wie er ihr das Messer entwindet, sie festhält, und dann dieses fast drohend ruhige: mach das bitte nie, nie wieder, hörst du?

– Und wenn doch? fragt sie trotzig.

Er antwortet nicht, steht auf, klopft an seinen Hosenbeinen. Dann bückt er sich nach den Zeitungen, die er fallengelassen hat vorhin, nimmt sie in die Hand, rollt sie zusammen.

– Ich gehe jetzt irgendwohin frühstücken, sagt er, – und ansonsten: wenn ich nach Hause komme, dann brauche ich Ruhe zum Arbeiten, verstehst du? Du weißt selbst, daß da jetzt in der nächsten Zeit mehr anfallen wird als jemals zuvor. Ich muß diese Ruhe haben und bitte dich, dich darauf einzustellen. Andernfalls –

Er sagt nicht mehr, was andernfalls seiner Meinung nach geschehen wird, – aber er muß es auch nicht sagen. Als er schon längst das Haus verlassen hat, friert Else immer noch unter der Eiseskälte seines Blicks, seiner Stimme.

Die nächsten Tage vergehen in emsiger Geschäftigkeit. Kein Wort mehr wird über diese Szene verloren. In Nr. 2 des Sturm erscheint Elses Essay über den Amokläufer, – ◁ fast ist es, als würden beide, Else und Herwarth, sich jetzt nachträglich amüsieren darüber, daß sie, kaum daß sie das Manuskript für die Zeitung fertiggestellt hatte, selbst diesen Anfall von besinnungsloser, sich an keinem greifbaren Anlaß festmachender Wut bekommen hat. So ist das Leben eben – unberechenbar.

Wie um wieder gutzumachen, stürzt Else sich in ein doppeltes Maß an Aktivitäten. Nicht nur, daß in ihrem Kopf die Gedanken sich zu poetischen Blüten entwickeln, die sie kaum Zeit hat, aufs Papier zu bringen, – sie quillt über vor Einfällen für den Sturm, für die eigenen Vorhaben. Jede Woche ist sie mit der Neuausgabe des Sturm unterwegs, verkauft, sammelt Abonnenten, bittet um Spenden. Tagelang klappert sie Berlin ab, um ihren Fakir endlich ins Engagement zu bringen, ihre Begeisterung ist ansteckend, – doch: die Künstler können sich schon vorstellen, daß sie Publikum anziehen kann. Aber wen auch immer sie fragt von den zuständigen Herren, – da hat sie kein Glück. Verlangt sie zuviel? Sie will auf einen festen Vertrag hinaus, garantiertes Einkommen, garantierte Spielzeit, – und sie hat noch nicht einmal selbst die Kostüme oder die Grundausstattung für die von ihr geplante Bühnendekoration. Man scheut das Risiko, man fürchtet den Skandal, – kann er ausbleiben bei diesem stadtbekannten Paradiesvogel?

Else redet mit Engelszungen – es ist alles zwecklos.

Nichtsdestotrotz läßt sie keine Gelegenheit verstreichen, um von neuem vorstellig zu werden. Wenn sie selbst abends in Theater geht – die Ibsen-Stücke haben es ihr angetan, und ihre Begeisterung für die Künstlerinnen des Schauspiels ist grenzenlos – versäumt sie nicht, den Direktor von ihrer Idee zu unterrichten, sie will ja lieber Varieté, – aber, wer weiß? Daß die Wupper auch immer noch nirgends fest in Vertrag genommen wurde, nagt noch zusätzlich an ihr. Von viel zu vielen Menschen hat sie Lob dafür bekommen, – die können sich doch nicht alle irren! Nein, die Sterne des Theaterhimmels sind ihr nicht gut gesinnt in dieser Zeit, aber sie will ihr Glück zwingen. Sie wird nicht ablassen, wird immer und immer wieder die Klinken putzen, – es muß doch zu schaffen sein!

Wenn sie nach Hause kommt, ist sie müde, erschöpft und oft mutloser, als sie zugibt. Dann greift sie sich Papier und Stift, und es gelingen ihr großartige Träumereien. Über wen oder was auch immer sie schreibt, immer ist sie selbst mit dabei, bringt sich ein mit ihrer ganzen Person, macht deutlich, daß sie hier mit dem eigenen Maßstab mißt, – deshalb schafft sie es auch, echte Begeisterung überströmen zu lassen auf den Leser. Die Subjektivität ihrer Schriften ist ihr Markenzeichen.

Ist das nicht überhaupt das einzige, was du guten Gewissens veröffentlichen kannst, – ein Stück von dir selbst? Bleibst du denn wirklich echt, wenn du versuchst, dich ängstlich fernzuhalten von dem, was du ausdrücken willst? Ha, – was sie mit Worten beschwört, was sie umtanzt wie ein Schleiermädchen mit wiegenden Hüften, was sie mit gefalteten Händen ans Licht hebt, das ist doch nichts anderes als der Schein, der aus ihrem Herzen auf die sie umgebenden Menschen, auf die Dinge fällt, – soll sie ihr Herz dabei aussparen?

In den Portraits, die sie zeichnet als Bilder oder als Wortbilder, ist ihr Blick scharf und liebevoll zugleich. Manchmal zögert sie, sie zu veröffentlichen. Wird der Beschriebene ihre Seiltänzereien auch nicht mißverstehen? Dann ist es Herwarth, der sie beruhigt. Er, dessen eigene Sätze so oft bissig und hart klingen, hat ein gutes Gehör für Mißklänge. In ihren Spielen findet er keine. Adolf Loos, der Wiener Architekt, wird unter ihren Händen zum Gorilla, aber zu einem mit sanft hängenden Lidern, dessen runde, hellbraune Augen aus einem anderen Denken greifen, – ein gefährlicher, reißender Geist, falls man sein Mißfallen heraufbeschwört. Ein handgreiflicher Philosoph, dem die Verschnörkelung der Architektur ein eitler Greuel, ein verwirrtes Knäuel ist, den er rücksichtslos löst. Und Else: die Wände meiner Rast sind auch die Wände meiner Last, schreibt sie, sind mit mir verwachsen, aufgewachsen. Meine Behausung gleicht mir auf ein Haar. Darum springe ich gerne aus meiner Haut mal, am liebsten in das mir vermählte Zimmer. Ist sein Bewohner auch meist nicht in seiner Hauptperson anwesend, sein Heim aber spricht für ihn. Kühlritterblau empfängt mich das Tapetengesicht. Ich setze mich vor den Schreibtisch… Über den Flügeldeckel kehren Lieder heim und legen sich auf die Tasten –... hingezaubert sitzt ja ihr Schöpfer auf dem runden Stuhl und spielt. Ich denke an meine Prinzessinnenzeit... Ich hasse die Tische, Stühle, Sessel und so weiter... Ich helfe dir räumen, Loos, aber wehe dir, wenn ich nach Wien komme, und du sitzt nicht auf einem australischen Urwaldast zurückgezogen hinter Gedanken tausendgittrig. –

Sie kann es nicht lassen: wenn sie auch über einen anderen spricht, – sie muß von sich erzählen. So ist das nun einmal.

Aber sie beschließt, erst Loos' Einverständnis zur Veröffentlichung einzuholen, sie hat ihn zu gern, als daß sie ihn mit diesem Essay hinterrücks überfallen möchte.

Das wäre Verrat an der Freundschaft, an der Bruderliebe. Das ist fast so schlimm wie Brudermord. Kains Augen sind nicht gottwohlgefällig – durch Kains Leib führen die Gräben der Stadt – und er wird seinen Bruder erschlagen... Daß ihr die Bibelgleichnisse doch ständig durch den Kopf summen! Sie muß sie einmal zusammenstellen. Da ist noch so viel, was in ihr gräbt aus der Kinderzeit, was sie nicht losläßt, was sie begleitet. Ob Paul einmal, wenn er erwachsen ist, wenn er sein eigenes Leben führt, auf einen solchen Schatz aus seiner Kindheit wird zurückgreifen können? Sie wiegt den Kopf, – selbst als Mutter kannst du nicht vorhersehen, was Wurzeln schlagen wird von dem, was dir selbst wichtig war weiterzugeben. Paul, – sie hat ihn lange nicht gesehen. Er wünscht sich, daß sie ihn besuchen kommen in Drebkau, jetzt, um die Ostertage. Sie hat mit Herwarth darüber gesprochen, will fahren und doch wieder nicht, sie schwankt zwischen der Sehnsucht nach dem Kind, die sich paart mit mütterlicher Verantwortung, und ihrem Entschluß, jetzt, in diesen Wochen, definitiv den Grundstein zu legen für eine finanzielle Absicherung ihrer weiteren Zukunft. Wie die Dinge jetzt stehen, kann sie nicht einmal für einen einzigen Tag aus Berlin fort. Wenn alles so weitergeht wie bisher, muß sie Paul früher oder später zurückholen. Momentan lebt er dort auf Freundschaftskredit, der ihr von der Leiterin dieser Institution ohne Zögern eingeräumt worden ist, einer warmherzigen, großzügigen Dame, deren unkonventionelle Pädagogik Else ebensosehr bewundert wie $\triangle$ ihre Art, die ihr anvertrauten Kinder an der eigenen Geistes- und Herzensbildung teilhaben zu lassen. Else kommt gut mit ihr aus, fühlt sich ihr freundschaftlich verbunden, – nicht nur aus Dankbarkeit für ihren Paul. Wen auch immer sie kennenlernt, weist sie auf Schloß Drebkau hin. Bis nach England zu Jethro Bithell singt sie ihr Loblied, – es könnte doch sein, daß er Freunde hat, die für ihr Kind genau solche Umgebung suchen! – Aber jetzt, sie hat das Gefühl, wenn sie jetzt wegfährt aus Berlin, dann verpaßt sie möglicherweise die einzige Chance, die sich ihr in dieser ausweglosen Zeit bieten könnte. Festmachen kann sie dieses Gefühl nicht an konkreten Ereignissen...

Nachdem die vierte Nummer des Sturm erschienen ist, fährt Herwarth alleine. Die Knopfabzählsituation: wir gehören zusammen, du verläßt mich, wir gehören zusammen – tägliches Zweifeln und Schwanken. Jetzt, da sie Herwarth bei Paul weiß, hat sie fast schlechtes Gewissen, daß sie ihr Gedicht ›Ich bin traurig‹ unbedingt im Sturm hat abdrucken lassen müssen. Herwarth hat ihr nur einen ergründlichen Blick zugeworfen, als sie es ihm noch gebracht hat. Kein Wort darüber hat er verloren. Er hat es zu den vier anderen Gedichten genommen, kommentarlos, als handle es sich bei dem angeredeten Du um eine ihm unbekannte Person. Über die biblischen Gestalten, auch über Sascha, die in den anderen Gedichten von ihr besungen werden, hatten sie lange gesprochen, es war ein gutes Gespräch gewesen, ganz zufrieden war sie, daß dieses Mal im Sturm gleich vier ihrer Gedichte erscheinen sollten. Und eigentlich weiß sie gar nicht, warum sie dann auch noch ›Ich bin traurig‹ vorgeschlagen hat. Es war, als müßte sie sich offenbaren auf diese Weise, als hätte das, was da nun als Gedicht fertiggestellt war, größere Ernsthaftigkeit, tiefere Bedeutung als alles, was sie Herwarth sonst von sich erzählt. Er muß es erfühlt haben. Wahrscheinlich war er zu betroffen, um sich direkt dazu äußern zu können?

Wenn er zurück ist, wird sie ihn fragen.

In der Zwischenzeit will sie all die Splitter und Steinchen, die sie zu einem bunten Mosaik für Karl Kraus zusammengesucht hat, auf dem Papier vereinen. Sie hat es sich schon so lange vorgenommen und ist bisher doch immer wieder davor zurückgeschreckt, – es ist, als fürchte sie, ausgerechnet ihn, der selber so unübertrefflich treffsicher seine Worte zu setzen weiß, nicht genau genug erfassen zu können. Oder ihm Wahrheiten zu sagen, die er auszusprechen nicht verzeiht? Sei's darum, sie will es versuchen.

An Herwarths Schreibtisch setzt sie sich, auf dem herrscht weniger Unordnung als auf ihrem. Und bevor sie noch richtig bequem sitzt, weiß sie auch schon, wie sie anfangen wird: Im Zimmer meiner Mutter (da ist sie oft hingeflüchtet, wenn sie mit sich selbst bei ihren Spielsachen nichts anzufangen wußte, – das war fast so wie heute, wo sie nicht an ihrem eigenen, sondern an Herwarths Schreibtisch arbeiten will) hängt an der Wand ein Brief unter Glas im goldenen Rahmen. Oft stand ich als Kind vor den feinen pietätvollen Buchstaben wie vor Hieroglyphen und dachte mir ein Gesicht dazu, eine Hand, die diesen wertvollen Brief wohl geschrieben haben könnte. Darum auch war ich Karl Kraus schon wo begegnet – – in meinen Heimatjahren…

So einfach geht das, wenn erst einmal der Anfang gemacht ist. Die Worte purzeln ihr aufs Papier, als könnten sie's nicht mehr erwarten, endlich aufgereiht nebeneinander zu stehen. Karl Kraus wird ihr zu einer langen, langen Geschichte, die sie ganz atemlos aus der Feder schüttelt, ohne Pause, fast ohne Luftholen dazwischen. Hinterher fühlt sie sich stolz und erleichtert. Sofort muß sie es Kraus mitteilen: so prachtvoll, ich bin nur bang, Du könntest beleidigt sein, aber... beleidigender wie Ad. Loos ist es nicht. Es muß so bleiben, ich kann ja nicht für, ich bin ja immer ganz besoffen, wenn ich schreibe.

Zwei Tage lang hält dieses Hochgefühl an. Dann, am Morgen des dritten Tages, schon als sie die Augen aufschlägt, ist ihr, als sei über Nacht der Himmel eingestürzt, als läge er jetzt wie eine Last zentnerschwer auf ihr. Sie kann sich gar nicht bewegen, so drückt die Bettdecke sie in die Matratze. Sie schließt die Augen, wartet. Es geht nicht vorbei. Rote Kreise tanzen vor ihr, das ist Feuer, das sie einschließt, es brennt in ihrem Kopf, und irgend etwas drückt ihr die Luft ab. Stirbt sie? Liegt sie schon in einem Sarg? Ist sie tot? Es kostet sie unendlich viel Kraft, die Augen wieder zu öffnen, da – da ist es vorbei, wie ein Spuk verschwunden, sie kann den Kopf bewegen, die Arme, die Beine, und mit Staunen stellt sie fest, daß es wirklich nur die geblümte Decke ist, unter der sie liegt, nichts über ihr, was zusammengebrochen ist, was sie begräbt. Das flaue Gefühl im Magen bleibt, und entsetzliches Herzklopfen hat sie noch, als sie jetzt in der Küche aus dem Porzellankrug Wasser in die Waschschüssel gießt. Sie taucht die Hände hinein, hält sie auf dem Boden der Schüssel, bis sie sie vor Kälte nicht mehr spürt, dann preßt sie sich die nassen Finger gegen Stirn und Augen. War das ein Traum eben? Im Kopf ist ihr immer noch ganz schummrig, und dieses Herzklopfen... als wenn irgend etwas Entsetzliches geschehen wäre. Was kann es nur sein? Mit einem Handtuch reibt sie sich das Gesicht trocken, die Hände. Auf hölzernen Beinen stakst sie zurück in ihr Zimmer, als sie die auf dem Boden verstreuten Kleidungsstücke zusammensucht, zittern ihr die Finger. Wie lange sie braucht, um sich anzuziehen! Ein schrilles Läuten läßt sie zusammenschrecken. Sie fährt herum, starrt auf die Tür. Wieder das Läuten. Und noch einmal, es hört gar nicht auf. Aber es ist nicht die Türglocke. Da rast sie los. Das ist ja das Telefon, das auf Herwarths Schreibtisch steht. Sie vergißt immer, daß es da ist. Herwarth hat es einrichten lassen, weil er doch jetzt den Sturm herausgibt und meint, erreichbar sein zu müssen. Wenn es nur nicht so fürchterlich laut wäre! Else greift nach dem Hörer, aber gerade als ihre Hand ihn berührt, hört das Läuten auf. Sie hält sich den Hörer ans Ohr. Da ist nur noch fernes Tuten. Ärgerlich stößt sie die Luft aus, wirft den Hörer zurück auf die Gabel. Daß man sie so erschrecken muß! Beide Hände preßt sie gegen ihr klopfendes Herz. Das hat ihr gerade noch gefehlt, jetzt pocht es, als wollte es ihr aus der Brust springen. Sie steht und wartet. Als sie sich umdrehen will, um wieder zurück in ihr Zimmer zu gehen, schrillt das Telefon von neuem. Sie reißt den Hörer an sich, schreit fast: Hallo? – Am anderen Ende eine Frauenstimme. Ob Herwarth nicht da ist? – Nein. – Wann er wiederkommt? – Vielleicht morgen. – Wieso morgen. Er hätte doch gestern gesagt, er sei heute den ganzen Tag zu erreichen. – Herwarth? Gestern? Das muß ein Irrtum sein. Herwarth ist vor drei Tagen nach Drebkau gefahren. – Aber gestern Abend war er doch in der Konditorei Josty. – Herwarth? In der Konditorei Josty? Das ist nicht wahr, schreit Else ins Telefon, Sie lügen! – Sie könne ja Paula Richter fragen, mit der sei er jedenfalls zusammen weggegangen. – Else fällt der Hörer fast aus der Hand, zwei-, dreimal schnappt sie nach Luft, dann faucht sie in die Sprechmuschel: das ist eine Verleumdung, eine ganz gemeine. Sie, Sie – wer sind Sie denn überhaupt? Was erlauben Sie sich? Sie sollten sich schämen, nicht nur meinen Mann, sondern auch meine

Freundin – – die Stimme bricht ihr, sie kann nicht weiter-
reden. Aber auf der anderen Seite ist längst eingehängt
worden. Die Leitung ist tot.

Else sinkt in sich zusammen. Paula Richter, – nein, das
ist nicht wahr, das kann nicht wahr sein. Vor Wochen, im
Januar, – sie hat das Bild wieder ganz deutlich vor Augen,
Herwarth, wie er mit Paula so verliebt die Straße entlang-
gegangen ist, wie sie sie gesehen hat, die beiden, – aber
seither, Herwarth hat ihr doch geschworen, daß das vorbei sei, noch vor ein paar Tagen hat er ihr auf ihre drängen-
den Fragen gesagt, er habe Paula nicht mehr gesehen seit
dieser Geschichte, ein Abenteuer wäre es gewesen für ihn,
und für Paula auch, nichts von Dauer, keine Sekunde hätte
er daran gedacht...

Sie wischt sich mit dem Handrücken die Tränen ab. Das
ist doch alles erfunden und erlogen! Da hat sich jemand
mit ihr einen üblen Scherz erlaubt. Sie kann ja, – ja, sie
kann ja Blümner anrufen. Falls Herwarth wirklich schon
aus Drebkau zurück sein sollte, dann weiß Blümner das
bestimmt.

Sie findet die Nummer von seinem Büro, läßt sich mit
ihm verbinden. Guten Morgen, – nein, seine Stimme
klingt nicht anders als sonst auch. Freundlich, zauberhaft
ruhig. Else fällt ein Felsen von der Seele. Ob er wisse,
wo Herwarth stecke? – Jetzt, im Moment? Nein. Sei er
denn nicht zu Hause? Er habe ihn, Blümner, doch vor
einer halben Stunde angerufen, um mit ihm etwas über
den Druck der nächsten Sturm-Nummer zu besprechen.
Das müsse er dann wohl vom Café aus gemacht haben.
Ob Else denn schon da nachgefragt habe? Oder in der
Druckerei? –

Else schluckt, stottert. An die Druckerei habe sie gar
nicht gedacht. Doch, gut möglich, daß er dort sei. Sie
wolle gleich einmal anrufen. – Ob etwas passiert sei? –
Nein, nein. Es sei eigentlich nicht so wichtig. Sie hoffe,

ihn nicht von einer dringenden Arbeit weggerufen zu haben. –

Da sind wieder die Feuerkreise. Die Last über ihrem Herzen... es ist also doch wahr. Der eingestürzte Himmel, heute morgen... Ah, wie das tanzt vor ihren Augen! Und sie rennt sich die Füße wund, um endlich ein Engagement zu bekommen, um Geld zu haben, um Herwarth zu helfen! Ah! Und er? Mit Paula Richter! Und läßt sie denken, er sei noch in Drebkau bei Paul! Keine Andeutung, nicht die leiseste Andeutung, es ist nicht zu fassen. – Aber sie weiß, was sie zu tun hat. Er soll sich wundern.

Sie ist so wütend, so wütend!

Mit Riesenschritten eilt sie in ihr Zimmer, an ihren Schreibtisch. Mit einer Handbewegung fegt sie alles, was darauf liegt, zu Boden. Dann zieht sie ein neues weißes Blatt Papier aus der Schublade, greift nach dem Federhalter. Herwarth, schreibt sie, wie gemein du bist, wie erbärmlich klein. Mich in dem Glauben zu lassen, es sei alles gut zwischen uns. Wenn ich dir nur noch Lügen wert bin, sollst du künftig darauf verzichten, deinen Sturm mit meinem Namen zu schmücken. Ich habe noch nie mich verkauft, nur um mich gedruckt zu sehen. Auch du bildest da keine Ausnahme. Es gibt keine Paradiese mehr zwischen uns, es ist deine Schuld, und ich liege zerstört unter deinem Tritt. Man wird dich zur Rechenschaft ziehen, und die Welt und der Himmel werden auf meiner Seite stehen.

Schwungvoll unterschreibt sie. Dann, während sie das Blatt zusammenfaltet, kommt ihr eine Idee: Rasch holt sie sich einen neuen Bogen aus der Schublade und schreibt an Karl Kraus: Sehr werter Herzog, bitte lesen Sie durch und senden Sie mir im inl. Couvert zurück sofort bitte. Ich bin so wütend, ich bin so wütend, ich habe schon alle Stühle alle Tische Bettlehne Schrank tot geschossen mit meiner Pistole. Die Art, wie ich belogen wurde von Anfang an, ist so grenzenlos. Bitte schicken Sie mir wieder. Wenn H.

Brief hat, werde ich ruhig. Darin steht alles. Ich sagte immer alles, auch die Schwärmerei damals zu Oskar Kokoschka und alles. Er heimlich.

– So. Jetzt geht es ihr schon ein wenig besser. Wenn Kraus erst weiß, wie man mit ihr umgeht hier, wird er Herwarth zur Rechenschaft ziehen, ganz bestimmt. Ob Herwarth ihren Brief zwei Tage früher oder später bekommt, ist nicht so wichtig. Wichtiger ist ihr im Moment, daß er dieses Mal nicht ungeschoren davonkommt. Kraus wird für sie Partei ergreifen, das steht fest. Mit ihm an ihrer Seite braucht sie sich nicht vor Herwarths schweigender Mißachtung zu fürchten. Sie wird ihn zum Kampf fordern. Und er wird sich stellen müssen.

Sie springt auf, zieht sich hastig den Mantel an, greift nach ihrer Tasche. Bloß schnell den Brief zur Post bringen. Ob sie Kraus zwischenzeitlich schon ein Telegramm schicken soll? Ihren Zorn erst einmal in Kurzfassung loskabeln? Es kann nicht schaden, beschließt sie, wenn Kraus sofort Bescheid weiß. Sie läuft fast durch die Straßen, atemlos kommt sie vor dem Postamt an, genauso atemlos verläßt sie es schon wenige Minuten später wieder. Jetzt bleibt ihr nur noch eines zu tun: sie muß zur Druckerei, ihren Beitrag für die nächste Sturm-Nummer zurückziehen. In dieser Zeitung hat ihr Name künftig nichts mehr verloren.

April

Doch, der Winter ist vorbei. Else und Kete sind über trokkene Wege gewandert, die Arme ineinandergeschlungen, haben den Tiergarten durchstreift, immer wieder ihr Gespräch unterbrochen, um sich gegenseitig aufmerksam zu machen auf eine Stelle, an der das Grün zu ihren Füßen besonders hoffnungsvoll schimmert, auf die ersten Gänseblümchen, auf Weidenkätzchen und Blattknospen. Kreuz und quer sind sie gelaufen, haben sich über den Himmel und die milde Sonne gefreut und über den Frühlingsduft, der sie umgibt wie zarter Schleier. In einem Gartenlokal sitzen sie jetzt, vor einer Hecke aus lichtgrünem Blattwerk, beugen die Köpfe über dem Tisch zusammen. Ketes blondes Haar, im Nacken zu einem lockeren Knoten gebunden, flimmert silbrig um ihr zartes Gesicht. Das Kinn in die Hand gestützt, wendet sie den Blick nicht von Else, beobachtet sie aufmerksam mit gegen die Sonne etwas zusammengekniffenen Augen: Lichtreflexe auf glattem schwarzem Haar; unruhige Finger, die an einem Limonadenglas spielen, an der Tischdecke zupfen, ein Zigarettenpäckchen umschließen; Augen, die gegen den Frühlingstag noch schwärzer erscheinen als sonst, den Kontrast zu dem winterblassen Gesicht verstärken; die Stimme ungewohnt matt.

– Und dann? fragt Kete, in die Pause hinein, die entsteht, als Else sich eine Zigarette anzündet.

△   – Dann habe ich Kraus gebeten, mir den Brief zurückzuschicken. Verstehst du, ich kam mir plötzlich so hysterisch vor, so ungerecht.

– Ungerecht?

– Ja. Als ich sah, wie niedergeschlagen Herwarth war, wie bedrückt, wie abgearbeitet, – er hat mir so leid getan plötzlich.

– Das heißt, ihr seid also wieder versöhnt?

Else schleudert die Zigarette in hohem Bogen über die Hecke, schaut ihr lange nach, wie sie da vorne auf dem Kiesweg liegt und Rauchzeichen sendet. Dann streift sie mit einer ruckartigen Bewegung das Haar aus der Stirn und sagt, während sie sich zurücklehnt: du weißt ja, wie das so geht zwischen uns…

Kete nickt. Jeder weiß es. Daß das Ehepaar Walden seit längerer Zeit von Entzweiung zu Versöhnung zu neuer Entzweiung und neuer Versöhnung wechselt, ist kein Geheimnis. Nicht immer ist der jeweilige Anlaß dieser Auseinandersetzungen für Außenstehende ganz durchschaubar. Sie selbst, Kete, hat mitunter Schwierigkeiten, Elses wirren Erzählungen zu folgen. Aber dieses Mal ist es ihr nicht schwergefallen, Elses Reaktion nachzuvollziehen. Sie weiß, wie die Freundin sich abmüht seit Wochen, um ihren Teil zur finanziellen Absicherung des Familienlebens beizutragen. Sie weiß, wie sehr sie darunter leidet, bisher nur gegen verschlossene Türen geraten zu sein. Sie versteht, daß Waldens Seitensprung sie gerade in dieser Situation so enttäuscht und verbittert. Daß das geringe Interesse, das Walden Elses Plänen gegenüber zeigt, jetzt, zusammen mit dieser Affaire, ihr völlig den Boden unter den Füßen weggezogen haben muß. Um so weniger will es ihr einleuchten, daß schon drei Tage später wieder alles beim alten sein soll.

– Wir lieben uns doch, hört sie Elses Stimme in ihre Gedanken hinein, – wir wollen uns doch nicht gegenseitig zerstören.

Kete nickt. Wahrscheinlich ist es das, was diesen Knoten so unlösbar erscheinen läßt. Daß keiner der beiden bisher sich wirklich vom anderen freigemacht hat innerlich,

Walden nicht, trotz aller Versuche, eigene Wege zu gehen, und Else schon gar nicht.

– Else, sagt Kete vorsichtig und streckt ihre Hand über den Tisch, legt sie auf die der Freundin und fängt deren Blick mit ihren klaren grünen Augen ein, – meinst du nicht, daß ihr trotzdem beide ganz heftig daran arbeitet, euch kaputtzumachen? Jeder sich selbst und den anderen?

– Das ist nicht wahr. – Else schüttelt den Kopf. Sie will noch mehr sagen, aber Kete fährt fort, ohne ihr Zeit zu weiteren Einwänden zu geben. Ihre Stimme gleicht einer ruhigen Altglocke, die streichelt und besänftigt gleichermaßen, und Else, die diesen Glockenton liebt, sitzt kerzengerade und aufmerksam. Sie hört zu und macht keinen weiteren Versuch zu unterbrechen. Von der langen Zeit spricht Kete, die Else und Herwarth jetzt zusammenleben, von den vielfältigen Anstrengungen, die sie gemacht haben, jeder für sich und doch immer wieder gemeinsam, einen Weg zu finden, sich zu verwirklichen, sich nicht einschließen zu lassen von den festgefügten Mauern der Konvention. Wie sie wachsam geblieben sind und aufmerksam für das, was um sie her vorgeht. Wie sie jeder bereit waren, für den anderen sich einzusetzen, zu streiten, Barrikaden zu stürmen, wie sie sich allmählich einen immer unüberschaubarer werdenden Freundeskreis erschlossen haben, in dem jeder für sich seinen Platz hat und – Kete wiegt den Kopf bedächtig hin und her, sie ist jetzt an den Punkt gekommen, um den es ihr eigentlich geht, schau, sagt sie leise, und trotz dieser langen Geschichte, trotz dieser ganzen Entwicklung, die ihr zusammen gemacht habt, hat keiner von euch sich aufgegeben. Jeder ist er selbst geblieben, ihr seid nicht miteinander verschmolzen, ihr wart immer frei genug, genau das zu tun, was ihr richtig fandet. Das war vielleicht das Grundprinzip eures Zusammenlebens bisher. Ihr solltet es beibehalten.

Else, noch ganz im Bann ihrer Stimme, nickt überrascht. Sie weiß nicht so richtig, worauf die Freundin hinauswill. Ja, sagt sie und kneift die Augen zusammen, weil sie trotz angestrengten Nachdenkens sich keinen Reim auf Ketes Schlußfolgerung machen kann, – warum glaubst du denn, daß wir jetzt momentan etwas anders machen als vorher?

– Mir kommt es so vor, sagt Kete und streift mit dem Blick den Weg entlang, wie er sich hinter dem Café in den Büschen verliert, – als hättet ihr angefangen, euch gegenseitig erziehen zu wollen. Vielleicht kommt das daher, daß ihr finanziell so fürchterlich unter Druck steht. Aber, schau, du rennst hinter einer Sache her, und Herwarth rennt hinter einer Sache her. Jeder ist überzeugt, daß seine Idee die bessere ist. Früher hättet ihr euch gegenseitig geholfen –

– Das mache ich doch jetzt auch. Ich arbeite doch mit am Sturm.

– Ja. Ja und nein. Sag lieber, du entziehst dich nicht ganz.

– Weil ich meine Sache im Moment für wichtiger halte. Und der Sturm ist Herwarths Kind.

– Und wenn du Streit mit ihm hast, stellst du deine Mitarbeit ein.

– Aber er hilft mir überhaupt nicht. Wenn er sich nur ein bißchen für mich einsetzen würde, hätte ich Stellung.

Kete schüttelt den Kopf: ich will auf etwas anderes hinaus.

Ich denke nämlich, ihr könnt euch gar nicht füreinander einsetzen, weil ihr viel zu mißtrauisch seid. Jeder hat Angst, daß der andere ihn verläßt. Die Bestätigung, die ihr euch nicht gegenseitig gebt, holt ihr euch von anderen. Ob das jetzt Paula Richter ist oder dein Tristan.

– Das ist etwas anderes, das weißt du. Ich mache da nie ein Geheimnis daraus, wenn ich mich verliebe. Aber –

Else fährt sich mit den Händen durchs Haar, starrt sekundenlang vor sich hin: weißt du, Kete, ich glaube, ich war gar nicht so wütend, weil er ausgerechnet mit Paula... ich glaube, ich war hauptsächlich darauf eifersüchtig, daß er jetzt den Sturm hat und ich sitze immer noch da und kriege meine ganzen Ideen an niemanden los. Wenn ich nur einen Monat lang auftreten könnte, müßte Herwarth keine Literatur mehr machen, sondern könnte wieder Klavier spielen, und wir wären alle Sorgen los.

– Er will aber jetzt Literatur machen.

Sie sehen sich an, greifen dann beide zur gleichen Zeit nach dem zwischen ihnen liegenden Zigarettenpäckchen, lachen. Else, die schneller war, hält Kete die Schachtel unter die Nase: nach Ihnen, bittesehr.

Sie geben sich gegenseitig Feuer, sitzen dann zurückgelehnt und rauchen schweigend.

– Mir fällt da gerade etwas ein. – Kete läßt den Rauch langsam zwischen fast geschlossenen Lippen hervorquellen: bist du sicher, daß du nicht eifersüchtig bist darauf, daß Herwarth jetzt auch Literatur macht?

– Ach wo. – Else zuckt die Schultern: er dichtet ja nicht. – Sie lacht. Ein nicht ganz geglücktes, nicht ganz echtes Lachen.

– Dann laß ihn doch Literatur machen. Mit allen Konsequenzen.

– Mit allen Konsequenzen? Was meinst du?

– Na, als Herausgeber einer Zeitung wird er den ganzen Tag beschäftigt sein. Es ist ein fulltime-job, verstehst du? Er wird sich ein Büro mieten müssen. Er braucht eine Sekretärin...

– Du meinst, – du meinst, es wird nicht möglich sein, in unserer Wohnung, wie jetzt...?

Else schluckt, – daran hat sie gar nicht gedacht bisher. Daß da andere Arbeitsbedingungen notwendig werden könnten, daß da wirklich Eingriffe stattfinden würden in ihrer beider persönliches, ganz privates Leben. Doch, sie hat ihn vor sich gesehen, wie er Manuskripte vor sich hat, wie er liest, korrigiert, lektoriert, wie er plant, – aber daß all das mit ernsthafter beruflicher Anstrengung gekoppelt sein wird, langfristig, daß ihr gegenwärtiges Leben sich, so, wie sie es führen momentan, kaum mehr beibehalten lassen wird – all das hat sie bislang nicht so konsequent vor sich gesehen. Sie sitzt da, raucht sich mit einer schnellen, nervösen Bewegung eine neue Zigarette an, starrt vor sich hin. Vielleicht – vielleicht hat sie es geahnt, vielleicht war da unbewußt in ihr diese Angst vor dem Neuen, Ungewissen, was sie so sehr auf den eigenen Plan, mit einer kurzfristigen Variéténummer genügend Geld zu verdienen, bestehen lassen hat, – vielleicht hat sie es sich nur nicht eingestanden, daß Herwarth mit dem Sturm jetzt so ganz anders würde leben müssen, als sie es sich für sich selbst wünscht? Schweigend, mit weit aufgerissenen Augen sitzt sie Kete gegenüber, und es ist, als hätte sie jetzt gerade, in diesem Moment zum ersten Mal einen Blick in eine Realität gewagt, die ihr vorher verschlossen schien.

– Kete, sagt sie und schaut hilfesuchend auf die Freundin, die, die Ellbogen auf den Tisch gestützt mit ineinander gefalteten Händen, so ruhig und sicher ihr gegenübersitzt: heißt das, du meinst, – es ist nicht nur das Büro und die Sekretärin…?

Dieses sanfte, unergründliche Lächeln, allwissend, hinreißend schön, aus grünen Augen in blonden Farben: Kete lächelt fast ohne eine Miene zu verziehen. Sie sitzt lange stumm da, als müßte sie jedes Wort genau überdenken, und dabei weiß Else doch, daß Kete sich längst klar ist darüber, was sie ihr sagen will.

– Sag doch, drängt sie, ist es – meinst du, es ist besser, wenn ich mich mit dem Gedanken vertraut mache, daß wir tatsächlich in nächster Zeit verschiedene Wege zu gehen haben?

Aber Kete, immer noch lächelnd, schüttelt den Kopf.

Auch diese Bewegung ist sanft und kaum wahrnehmbar. Nur in ihren Augen scheint plötzlich ein Funke erwacht, der irgendwo zwischen Wissen und gekonnter Berechnung beheimatet sein muß. Else kann den Blick gar nicht von ihr wenden. Mit erwartungsvoll geöffneten Lippen sitzt sie, bereit, jedes Wort, das die Freundin sprechen wird, aufzunehmen und nachzuformen.

– Es ist doch, sagt Kete endlich, eigentlich gar nicht so schwer vorherzuberechnen: Herwarth, wenn er tun kann, was er für nötig hält, – auch, um sich von dir abzugrenzen – wird, nach einer gewissen Zeit, in der er dieses und jenes ausprobieren wird jedenfalls, um so fester zu dir gehören. Falls – sie zieht die Augenbrauen in die Höhe, wiegt den Kopf – ihr beide es dann wirklich noch wollt. – Sie greift über den Tisch nach Elses Hand, hält sie fest. – Versteh mich richtig, Else, – ich kann auch nichts vorhersagen. Ich kann nicht in die Zukunft sehen. Aber es würde mir einleuchten nach allem, was du erzählst von euch, daß ihr wirklich euch wieder zusammenfinden könnt, nicht nur für einen Tag oder für zwei, wie jetzt, wenn ihr erst beide wieder jeder für sich Boden unter den Füßen habt. Dazu gehört Zeit. Und die Möglichkeit zu experimentieren. Und Vertrauen, – setzt sie hinzu, als sie den Zweifel in Elses Augen entdeckt.

– Das ist Pokern, was du da vorschlägst.

– Vielleicht. Vielleicht ist das Pokern. Aber du hast gute Karten. Du hast doch jede Menge eigene Pläne, oder?

Else nickt stumm. Dann, in einem plötzlichen Impuls, steht sie auf und legt Kete beide Arme um den Hals: Hedda Gabler. Ich habe es schon immer gesagt. Ibsen würde seine Freude an dir haben. –

– Mag sein. – Kete, die ihrerseits nun auch die Arme um die Freundin gelegt hat, Elses Kopf ganz nah zu dem ihren herunterzieht, flüstert ihr ins Ohr: aber das Puppenheim hat er für dich geschrieben. Du mußt immer wieder von dort ausbrechen, mußt dir immer wieder neu klarmachen, daß diese Zeiten vorbei sind, – auch wenn sie so herrlich bequem waren. Wir – und damit steht sie auch auf, greift nach ihrer Tasche – können dorthin nicht mehr zurück. Und sei's nur, weil unsere Männer heute ihre Rollen nicht mehr richtig stilgetreu spielen können.

Sie gehen zurück durch den frühlingsduftenden Park. Langsamen Schritts, die Arme ineinander verschlungen, schweigend. In Elses Kopf tönt vielfältiges Echo von Ketes dunklen Glockenworten.

Als sie das Viertel der eleganten Wohnhäuser durchquert und hinter sich gelassen haben und wieder eintauchen in den geschäftigen Lärm der Weltstadt, läßt Else Ketes Arm los, läuft ein paar Schritte voraus, hebt die Arme über den Kopf, wirbelt einmal im Kreis um sich selbst, und, innehaltend und darauf wartend, daß Kete sie wieder einholt, fragt sie: weißt du, was ich möchte? – Sie wartet gar nicht auf Antwort und fährt fort: ich möchte, ich möchte mir einen Hut kaufen. Auf der Stelle. Einen schwarzen Hut mit einer breiten Krempe, wie Peter Hille ihn trug. Seit ich ihn kenne, wünsche ich mir so einen Hut. Schwarz muß er sein. Auch wenn jetzt Sommer wird. Schwarz, breitkrempig, – weißt du, welchen ich meine?

Kete nickt und lacht und läßt sich mitziehen.

– Und, sagt Else, während sie zwischen den Passanten hindurch auf ein Geschäft zusteuert, in dessen Auslagen Seidenstoffe und Putzmacherzeug liegen, – heute abend, – hast du Zeit? Heute abend gehen wir in den Gott der Rache. Ich muß diese Bordellkupplerin noch einmal sehen, – Tilla Durieux, so frech und keck und so voll im Bewußtsein ihrer Macht, daß sie vernichten kann je nach Berechnung. Eine hervorragende Rolle für eine hervorragende Frau, – findest du nicht auch? Wie sie sich verändert in jedem neuen Stück, – ich kann gar nicht genug davon bekommen.

Die Klinke der Eingangstür zu dem Geschäft, in dem sie den Hut kaufen will, schon in der Hand, zögert sie noch einmal, schaut an Kete vorbei die Straße hinunter, alle die Menschen, die bunten und grauen, die ihr entgegenkommen und an ihr vorbeilaufen, und fragt leise: es sind die Frauen, nicht wahr, – wir sind es doch, die die alten Rollen nicht mehr richtig stilgetreu spielen können?

Anstelle eines Nachworts:
Abgrenzungsversuche

Das Erschrecken, wenn ich mich wieder einmal auf ihren Spuren ertappe. Anfangs noch fröhliches Wiedererkennen: genau deshalb interessiert mich diese Frau, das war eine von uns, 70 Jahre vor uns.

Meine Freundin Denny hat den Ausschlag gegeben. Eines Abends – Denny und Kathrin hatten ihre Lieder gespielt in einer Bremer Kneipe, und hinterher war Kathrin mit Andreas nach Hause gefahren – saß Denny in einer Runde guter und weniger guter Freunde, redete und lachte, und es war so, wie wir es uns tausendmal erzählt hatten: wenn du Erfolg hast, wenn du oben bist, wenn du dich gut fühlst, wenn du etwas gemacht hast, was du vorzeigen kannst, dann sind alle um dich herum, jeder mag dich, jeder scheint teilzuhaben an deinem guten Stern. Zwei Tage später oder schon am nächsten Morgen liegst du auf der Nase, fühlst dich krank, kannst nicht einmal den Kopf heben, um aus dem Fenster zu sehen. Da willst du nicht schreiben oder Musik machen, dein Hirn ist leer und dein Herz unglücklich, und das einzige, was du möchtest, ist, dich wie ein Kind in geöffnete Arme flüchten können, dich an einer Schulter ausruhen, dich streicheln lassen. Jemand soll da sein, der für dich Tee kocht, dem es nichts ausmacht, daß du jetzt nicht strahlst und lachst, der diesen Tag mit dir übersteht. Aber wie ein Spuk sind sie alle verschwunden, die Freunde, die Geliebten, die dich noch abends vorher umringt haben. Jetzt weißt du es wieder, daß du allein bist, und es nützt dir nichts, daß jemand dich auf der Straße anspricht und den Termin von deinem nächsten Auftritt wissen will.

Das Auseinanderklaffen von öffentlichem und privatem Erfolg: »Jeder liebt meine Gedichte, aber keiner mein Herz«, hat sie einmal gesagt, Else, wobei offenbleibt, ob mit ›Herz‹ sie selbst oder ihr Briefroman, dem sie den Titel *Mein Herz* gegeben hat, gemeint ist. Sie hat es geäußert zu einer Zeit, als sie sich endgültig mit dem Gedanken an Scheidung von Herwarth Walden auseinandersetzen mußte. Aus späterer Zeit wird berichtet, sie habe nicht nur einmal das Geländer vor ihrem Pensionszimmer kurz und klein geschlagen aus Enttäuschung, aus Liebeskummer, aus Einsamkeit.

Als Aussteigerin habe ich sie beschrieben. Das war ein Artikel, der im Dezember '80 erschienen ist. Damals wußte ich noch nicht viel von ihr. Mein vages Interesse hat sich erst in den folgenden Monaten gefestigt, mit der genaueren Beachtung von Erfahrungen anderer Frauen, bei Denny z. B., bei mir selbst.

Ich stehe vor dem Spiegel. Während ich damit beschäftigt bin, einen Ohrring im rechten Ohr einzuhaken, habe ich mich ganz im Blick: ich trage einen dunkelblauen Kittel mit weiten Ärmeln und Stickerei an den Bündchen, samtigweite Pluderhosen über Stiefeln, Ringe an den Händen. So sehe ich oft aus. Der Schreck, der mich durchdringt: Else. Ich schüttle solch aufgesetzte Parallelität von mir ab. Ein paar Tage später sage ich nachmittags beim Tee zu Isabel, mit der ich zusammenwohne: ich glaube, ich möchte ein Buch über die Lasker-Schüler schreiben. Keine Germanistenlektüre.
   Es ist Ende April.

Aus Isabels Bücherregal hole ich mir den Gedichtband und die paar Briefe, die in der WOLKENBRÜCKE abgedruckt sind – ich hatte sie nach dem Aussteiger-Artikel wieder zurückgestellt; selbst habe ich kein Buch von Else.

Zwei Nächte später ist das erste Kapitel fertig. Ich lege es weg, will erst einmal einen Plan machen für das ganze Buch. Einen Monat darauf stelle ich beides in der SCHREI-BEN-Zeitung vor, will Reaktionen testen, auch mich mit diesem Schritt nach draußen vor eigenem Rückzug bewahren. Ich werde ermutigt. Aber ich weiß zu wenig, um einfach weiterzuschreiben.

Die nächsten Monate bin ich auf Suche. Der Berliner Stadtplan gibt vage Orientierungsmöglichkeiten – aber: wann ist die U-Bahn gebaut, wann elektrifiziert worden? Telefonanschlüsse in Privatwohnungen? Was heißt das: Rohrpost? Gaslampen, elektrisches Licht, Tauchsieder?? Das Café des Westens, die Kaiserbüste auf dem Telefonhäuschen, Anton, einer der Kellner: die rege Germanistentätigkeit, aus der eine Vielzahl von Sammlungen über den Expressionismus und alles Drum und Dran hervorgegangen ist, macht mich dankbar und verunsichert mich gleichermaßen. Ich weiß zu wenig. Mit den Dissertationen über Elses Sprachstil will ich nichts zu tun haben – und doch: hier ein paar auffällige Wortkombinationen, dort ein Querverweis… Mein Kopf besteht aus einem Sammelsurium ohne Beginn und Ende. Das könnte ich genausogut auf die Müllhalde bringen.

Juli in Kreta. Eines Morgens gehe ich los, mein Schreibbuch und ein Handtuch in der Umhängetasche, auf der Suche nach einer ungestörten Stelle am steinigen Strand. Mein Sohn sitzt bei einem Freund auf dem Balkon. Sie wollen das Meer malen. Vorher, als ich aufgewacht bin, hat er mir eine Zeichnung gezeigt, die er von mir gemacht hat während ich schlief. Ist es der schwarze Filzstift – oder warum schießt mir sofort diese Ähnlichkeit mit Elses Tuschzeichnungen durch den Kopf? Mein Sohn ist achteinhalb.

Elses Sohn war zehn zu dem Zeitpunkt, als meine Erzählung beginnt. Else hat sein zeichnerisches Talent von Anfang an bewundert und zu fördern versucht. Was mache ich – außer daß ich beeindruckt bin? Als ich zurückkomme, habe ich schlechtes Gewissen wie immer, wenn ich mich zum Schreiben zurückgezogen habe. Aber immerhin: fünf engbeschriebene Seiten aus dem zweiten Kapitel. Szene im Café des Westens, hier an der kretischen Südküste geboren. Verrückt. Den Rest der Zeit hocke ich auf der Terrasse unseres Stammlokals, nur noch ein paar unnötige Liebesgedichte sammeln sich in meinem Buch. Sendepause. Ich weiß wirklich nicht genug. Lebe im Café, das voll ist von Touristen, finde nicht von dort weg. Ende August, zu Hause, kommen noch ein paar Seiten zum zweiten Kapitel dazu. Dann ist endgültig der Punkt erreicht, von dem aus ich mich nicht mehr weiterwage.

Florians Zeichnung habe ich gerahmt und über mein Bett gehängt. Diese Mischung aus Stolz und Unbehagen, wenn ein Besucher die Lasker-Schüler Anklänge bemerkt! Wie lebe ich denn mit meinem Kind? Ist das, was ich ihm biete, inmitten all dieser vor sich hinwerkelnden Erwachsenen, wirklich so viel kindgemäßer als das Leben von Elses Sohn Paul? Vielleicht war der sogar besser aufgehoben in diesen Landschulheimen? Nein – ich möchte mein Kind nicht in ein Internat geben. Auch nicht, wenn ich klage, daß ich immer nur nachts zum Schreiben komme. Immerhin verdiene ich das, was wir zum Leben brauchen, indem ich mich als Lehrerin verdinge. Nicht mit voller Stundenzahl – es ist ein Kompromiß, der manchmal viel Kraft kostet. Aber ich bin nicht Else. (Daß wir überlegt haben, Florian Paul zu nennen! Es war, zugegeben, die Idee von Florians Vater, aber ich fand sie nicht übel, damals.)

Ich versinke wieder in Büchern. Die Unzulänglichkeit der örtlichen Bibliotheken macht mich ganz krank. Ich will endlich Peter Baums Spuk-Roman lesen. Ein Freund, der an der Universität Kiel arbeitet, macht sich für mich dort auf die Suche. Nichts. Und ich schaffe es nicht, diese dummen Zettel für eine Fernleihbestellung auszufüllen!

Ich lese in immer weiteren Kreisen, fange an, mich für alle möglichen Biographien zu interessieren, will Wegweiser finden. Hinter Christa Wolfs *Kein Ort. Nirgends* renne ich fast ein Vierteljahr lang her, ständig ist es ausgeliehen, als ich es endlich vorbestellt habe und es für mich bereitliegt, bin ich verreist, als ich zurückkomme und nachforsche, ist es wieder weg!

Im September ruft Jean Pierre aus New York an. Wir haben uns nicht gesehen diesen Sommer, jetzt will er wissen, ob ich vorwärtskomme. Ich kann nichts dazu sagen. Er hat noch ein paar Aufträge fertigzumachen, dann, im Oktober, als er da ist, fangen wir an, meine alten Thonet-Stühle auseinanderzunehmen und zu restaurieren. Beschäftigungstherapie? Für einen brauchen wir drei bis vier Tage. Wenn er fertig ist, kann man ihn streicheln und bewundern. Die Unruhe, die uns beide umgibt. Wie soll Jean Pierre mit seinen Bronze-Skulpturen weiterkommen, wenn er hier sitzt, mit mir Stühle repariert und mich, trotz der ganzen Fürsorge, mit der er mich umgibt, nicht zum Weiterschreiben verleiten kann? Wir stecken fest. Er fährt wieder weg, und ich verspreche ihm vage, Weihnachten zu ihm nach Princeton zu kommen, falls nicht – ach, ich weiß: ich werde wieder nicht fahren... Drei Stühle sind fertig, ich habe noch fünf davon. Den vierten nehme ich noch auseinander, aber ich weiß schon nicht mehr, wo ich die Schrauben gelassen habe.

Mit den Frauen der SCHREIBEN-Redaktion gerate ich in Streit. Ich sage, daß mir das alles über den Kopf wächst, daß ich keine fremden Manuskripte mehr lesen, keine Briefe mehr beantworten will, daß ich Zeit für mich brauche, daß ich auch mal wieder etwas selbst schreiben will, auch wenn es nichts zu tun hat mit diesem Buch. Es soll alles anders organisiert werden – und als sie anfangen umzuorganisieren, fühle ich mich ausgeschlossen und mißverstanden. Nur zu Denny bleibt das Verhältnis ungestört.

Nein, es ist kein guter Herbst. Ich will es mir nicht eingestehen, aber es hat mit Else zu tun. Ich treffe sie überall in der Stadt, auch in mir selbst, aber ich kann sie nicht packen und zu Papier bringen.

Als mir Anfang November die Nachricht ins Haus flattert, daß mir der Bremer Senat für die Durchführung dieses Buchprojekts ein Literaturstipendium – fünftausend Mark! – zugedacht hat, weiß ich gar nicht, ob ich mich freuen soll. Ich rufe die zuständige Sachbearbeiterin an, frage, was jetzt von mir verlangt wird. Sie ist nett, sagt, daß das Stipendium nicht an bestimmte Konditionen gebunden sei, daß es genüge, wenn ich nach Ablauf eines Jahres die Kommission über den Fortgang meiner Arbeiten unterrichte. Richtig beruhigt bin ich nicht. Vor einem halben Jahr hatte ich das erste Kapitel fertig und den Kopf voller Pläne. Jetzt bin ich ganze zehn Seiten weiter, und – verdammt! – ich weiß wirklich noch immer nicht genug, um weiterzuschreiben.

Das Leben in der Öffentlichkeit von Cafés, Restaurants, Kneipen. Räume, in denen sich Menschen drängen, ab und zu um eine Art Podest, auf dem jemand sitzt und Musik macht oder Texte vorliest, vorspielt – das Leben in der Öffentlichkeit von Menschenmasken, hinter denen du zwar Rollen, aber keine Gesichter erkennst; es wird viel getrunken, heftig diskutiert, und wenn du gegen zwei oder drei Uhr ins Bett fällst, weißt du, daß du den nächsten Tag überstehen wirst, irgendwie, und was dich erwartet am Abend. Das ist so, ob du in Köln bist oder in Hamburg, in München oder Bremen, in Berlin oder Wien – du weißt, mit welchen Leuten du in welcher Kneipe rechnen kannst, nach wenigen Wochen hast du es herausgefunden und kannst dich darauf einstellen. Café Größenwahn, Konditorei Josty, Romanisches Café – es fällt nicht schwer, sich als Nachgeborener in diese Scene hineinzudenken, da sie doch vom Prinzip her nicht anders aufgebaut war als die, die du selber kennst. Mag sein, daß das Publikum vielseitiger, interessanter, ausgeflippter war als man es heute trifft – weniger bürgerliche Möchtegernaussteiger vielleicht als gegenwärtig, weniger unzufriedene Lehrer oder Juristen möglicherweise, mehr wirklich entschiedene Bohemiens, Rebellen – wer weiß? Als Erich Mühsam noch Mitglied der Neuen Gemeinschaft war, war er für die Zeitgenossen eben auch noch nicht jener Erich Mühsam, der von offiziellen Geschichtsbüchern heute totgeschwiegen und von progressiven Anti-Lehrbüchern wieder hervorgeholt wird.

Spätherbst und Winter ist die Zeit, da ich mich kurz vor Mitternacht aufmache, um noch in einer der Kneipen um die Ecke ein Bier zu trinken oder ein Glas Wein. Ich weiß schon, wen ich da finde am Tresen, es gibt keine Überraschungen, man kennt sich. Zweite Heimat derer, die nicht ins Bett wollen. Und wenn ich nach Hause gehe später, ist wieder nichts passiert, was die Welt aus den Angeln heben könnte.

Ja, ich weiß schon, warum sie sich fortgesehnt hat, Else, warum sie nach London wollte zu Jethro Bithell, ihrem

Earl of Manchester, dort, in einem Traumzimmer auf dem Teppich tausendundein Märchen zu erleben, liebentlang. Und auch, warum sie dann doch nur in ihre Wüstenoasen gereist ist, um nachts auf mondbeschienenen Dächern spazierenzugehen und dem Gesang ihres arabischen Liebhabers zu lauschen. Und warum sie den Tibetteppich gewebt hat – wo sie doch, heute nennen wir es ›positive Rückkopplung‹ bekommen hat von vielen, die ihrem Denken nahestanden. So allein sie war meistens, – sie war nicht allein.

»Die gefühlsmäßige Aufnahme setzt die Ausschaltung der Erfahrung durch den Verstand voraus« – das hat Herwarth Walden geschrieben, viel später –, aber ist nicht der Zeitpunkt, wann ein Satz endlich in Worte gefaßt und gedruckt wird, unwesentlich, wenn du siehst, es handelt sich hier um ein Programm, um etwas, was sich wie ein roter Faden durchzieht durch alle Handlungen und Äußerungen eines Menschen, einer Gruppe?

Kein Problem, mir Walden vorzustellen. Ein paar Fotografien, ein paar seiner sprachspielerisch-gewandten Texte, Manifeste im eigentlichen Sinn waren es, ein paar Aussagen von Zeitgenossen über ihn – ein in sich geschlossenes Bild, auch wenn ich Mühe habe, an seine Musikstücke heranzukommen. Ist einer, der freiwillig nach Rußland gegangen ist bevor der braune Terror hierzulande endgültig das Ruder in der Hand hielt, immer noch einer von denen, über die zu sprechen sich nicht mehr lohnt? Wieviele wissen heute noch, wie viel wir ihm zu verdanken haben? – Einer dieser Jungen, Unruhigen, Frühreifen, immer bereit zum Schritt ins Ungewisse. Er war erst Anfang Zwanzig als er sich mit Else verband, und sie hat wohl recht, wenn sie schreibt, daß er viel zu jung Verantwortung auf sich geladen habe. Das war ja nicht nur Verantwortung in künstlerischer Hinsicht, das hatte auch mit ihr selbst zu tun, mit ihrer Unrast, ihren Krankheiten, ihrem Drogenkonsum, mit der Erziehung ihres Sohnes. Walden seinen Weg als Musiker und Komponist geradlinig weitergehen sehen – undenkbar. Undenkbar nicht nur nach allem, wie er sich in den Jahren bis nach dem Ersten Weltkrieg für die europäische Kunst eingesetzt hat. Aber Elses Traum war diese Musikerkarriere. Sie hätte sich eingefügt in das, was noch in Elses Kopf übriggeblieben sein mag von dem Wunsch nach familiärer Harmonie, aus der heraus die Kraft für wirkliche Kunstschöpfungen entstehen kann. Ich kann sie verstehen, daß sie sich, nachdem sie vorher ohne großes Bedauern auf die Enge eines honorablen Familienlebens an der Seite ihres ersten Ehemanns verzichtet hat, jetzt an die Beziehung zu Walden klammert, mit dem zusammen sie zu sich, der Dichterin, der Extravaganz in Person, gefunden hat. Mit dem zusammen sie dem Risiko der nirgends abgesicherten Existenz trotzen gelernt hat. Mit Walden hat sie das, was vorher durch Peter Hille in ihr ausgelöst worden sein mag, durchlebt. Ob sie bei ihrem Bemühen, diese Bindung zu halten, mehr an sich selbst oder mehr an Walden gedacht hat – es ist schwer nachvollziehbar. Später mag sie selber erkannt haben, daß hier zwei Wege in unterschiedliche Richtungen weiterverlaufen mußten – zum Zeitpunkt, da Walden den STURM gründete, war sie noch blind für diese Entwicklung. Daß er selbst, Walden, jetzt um so stärker nach einer Frau suchte, die ihm nicht täglich von neuem Verunsicherung brachte oder ihn in Krisen stürzte, sondern die ihm helfend zur Seite stand, seine eigenen Aktivitäten stützte, einen sicheren häuslichen Rahmen und damit die notwendige Arbeitsatmosphäre gewährleisten konnte – das weibliche Gegenstück zu Else also – es ist alles nachvollziehbar. Ein kleingeistiger Patriarch muß er deshalb trotzdem nicht gewesen sein.

Angelesenes Bücherwissen. Was weiß ich von den Wünschen und Sehnsüchten, die, auch Anfang 1910 noch, zwischen den beiden standen, sie verbanden, sie trennten?

Ich wage immer noch nicht weiterzuschreiben.

Daß sie sich verliebt, immer wieder, spontan; ihre Schwärmereien für die Jungen, Blondlockigen und für alle, die sie, berechtigt oder unberechtigt, für Künstler hält. Wie sie sich ihres Alters, ihrer Erfahrung, ihrer Narben bewußt wird, und die Trauer, wenn sie sehen muß, daß Tino von Bagdad zwar Herzen erobern, daß Else Lasker-Schüler sie aber nicht halten kann.

Ich will sie ja begleiten bis zur Scheidung, bis zum bitteren Ende, bis zur neuen Hoffnung, die sie auf Benn setzt – aber: »Keiner soll mein Wegrand sein« – –, wie ich sie hasse, diese einsamen Wölfe, die nichts verstehen, nichts von dem, was eine Frau dazu bringt, sich zu öffnen und zuzuwenden, Wärme zu suchen, Liebe zu geben! Dieser kaltherzige Mustermediziner – nein, ich weiß, ich tue ihm Unrecht. Aber ich bin parteiisch. Elses Weg ist schon ein Stück zu meinem eigenen geworden. Manches sehe ich mit Augen, die nicht ihre sind zwar, aber auch nicht mehr meine.

Dieser Benn, gerade 26 Jahre alt, siebzehn Jahre jünger als Else, seinen ersten Gedichtband hat er herausgebracht, und Else ist begeistert. *Morgue* – wie affektiert das klingt! Und sie lobt ihn über den grünen Klee bei jedermann. Sie klammert sich an diese Entdeckung. Doch ihr Temperament, ihre Liebesfähigkeit sind wieder einmal mit ihr durchgegangen. »Ich bin dein Wegrand. / Die dich streift, / Stürzt ab.« In solchen Fällen pflegen Männer es mit der Angst zu bekommen. Die kalte Dusche trifft Else in der Öffentlichkeit, in derselben Öffentlichkeit, in die hinein sie ihre Liebeserklärungen zu machen gewohnt ist.

Keiner soll mein Wegrand sein. Ich hätte ihn keines Blickes mehr gewürdigt. Aber sie, besessen, umdichtet ihn weiter. – Haben die Kommunikationsformen damals sich wirklich so von den heutigen unterschieden?

Ich kann nicht drei Jahre ihres Lebens beschreiben, beschließe ich – zumindest nicht in der Genauigkeit, wie ich sie erstrebe. Auch Benn will ich mir ersparen. – Bin ich die Wächterin ihrer Entgleisungen?

Ich komme trotzdem nicht voran. Kein Wort formt sich in meinem Kopf zum erlösenden Neuanfang. Wenn ich mir die Fingernägel lackiere, denke ich an Else. Meine Kittel, meine Pluderhosen – ich ziehe sie immer seltener an. Ich vergesse ganz, daß ich sie schon trug vor dieser Zeit meiner Identitätsprobleme.

Es ist Februar, und ich stecke immer noch im zweiten Kapitel fest. Aufgeben? Nein. Vage Bestätigung, wenn man mich fragt, ob ich vorwärtskomme. Ein Jahr brauche ich schon noch, sage ich vorsichtig. Im Winter gibt es immer so viel zu tun für die Schule; um Weihnachten herum die ganzen Korrekturen, dann Zeugnisse, Abiturvorschläge auszuarbeiten, Prüfungsvorbereitungen...
   Und dieses Gefühl, allein zu sein, trotz des Kindes, trotz der Freundinnen und Freunde. Dabei keine Lust, mich eben mal schnell zu verlieben. Kurzfristig. Es gab Zeiten, da war ich Jägerin aus Leidenschaft, Spielerin. Jetzt verlangt es mich nicht mehr nach diesen Zärtlichkeiten, die das Morgengrauen kaum überdauern, die mich noch vor gar nicht langer Zeit fröhlich durch den nächsten Tag laufen ließen im Bewußtsein der erfolgreichen Eroberung und der siegreichen Unabhängigkeit. Vielleicht bin ich einfach nur älter geworden, müder? – Aber Else: waren das bei ihr in der Hauptsache platonische Schwärme-

reien? Welche Grenzen sind da wo von wem gesetzt worden? Ihre Gedichte triefen ja von Erotik; mit unserem heutigen Blick weisen sie uns auf eine Vielzahl sexueller Eskapaden hin; das Spiel, das wir heute spielen, ist direkter, eindeutiger, zielgerichteter – oder baue ich jetzt an einem Altar, obendrauf Else, die Heilige? Vielleicht hat sie auch da die Grenzen ihrer Zeit zu durchbrechen gewußt? Sie, eine von uns, vor uns. Schwer nachzuvollziehen heute, daß Verliebtsein nicht auch sexuell ausgelebt wird. Darüber findest du nichts in den klugen Büchern der Germanisten. Eine Sammlung von Nachrufen nach ihrem Tod – oh ja, da zücken die, die von zwei Weltkriegen noch übriggeblieben sind, noch einmal ihre Federn, tauchen sie ein in die Tinte der Vergangenheit. Aber die bürgerliche Moral gebietet auch heute noch Schweigen über gar zu Intimes. Da ist keiner, der eingesteht, daß ihre Zärtlichkeiten ihn verzaubert hätten, daß sie ihn mitgetragen hat mit ihrem Körper in die Welt ihrer Märchenpaläste, daß er es gespielt hat mit ihr, das Liebesspiel, von dem ihre Sprache so reich zu berichten wußte. Der Sänger Höflichkeit – oder wirklich nur meine verdorbene Fantasie der Achtziger Jahre? Wo ich doch weiß, daß die Art, wie Männer heute darüber sprechen, noch immer nicht frei ist von Chauvinismus und Prahlerei; wo die Armut unserer eigenen Sprache es auch verlangen sollte, darüber zu schweigen... Was will ich denn? Wünsche ich mir wirklich, daß da einer geschrieben hätte: ja, auch ich habe es mit ihr getrieben, und es hat Spaß gemacht – sie war sehr fantasievoll...? Aber trotzdem kann ich nicht umhin, es als elegantes Rückzugsgefecht aufzufassen, wenn ich, z. B. von Benn, dann lese: sie war knabenhaft schlank damals, und so weiter. Da haben sich Dramen abgespielt zwischen dieser knabenhaft schlanken Else und diesem Dr. Benn! Aber wir kennen diese vornehme Art des Sich-nicht-mehr-erinnern-wollens. Fragt eure Freundinnen, sie werden euch

Bände erzählen! Es ist immer das Gleiche: die Männer, entweder sie waren nie wirklich verwickelt oder sie holen die Geschichte hervor in einem Ton, der jeden Anflug von Gefühl von Anfang an zu einer Peep-show werden läßt. (Von langfristigen Beziehungen spreche ich hier nicht! Nur von dem, was wir Abenteuer nennen, und was trotz alledem etwas rücksichtsvoller behandelt werden könnte.)

Nein – ich bin wieder sehr puritanisch geworden. Inwieweit das mit Else zusammenhängt, wage ich nicht zu entscheiden. Vielleicht ist auch nur das Maß an Enttäuschungen voll? Elses Toleranzschwelle scheint da höher gewesen zu sein. Ich grenze mich ab.

Mit dem Termin für eine Lesung ist da plötzlich Druck von außen, auf den ich reagiere. Ich lasse mir zwar noch ein Hintertürchen offen, sage, daß ich unter Umständen ja auf jeden Fall etwas aus dem ersten Kapitel vorlesen kann, aber unvermutet finde ich doch den drive. Mitte April soll es sein, vorher möchte ich noch Skiferien machen – also, in einer Nacht schreibe ich fast zehn Seiten weiter, das zweite Kapitel steht jetzt im Grundgerüst. Ich lese es den SCHREIBEN-Frauen vor, ihre Nachfragen helfen mir noch zusätzlich auf die Sprünge. Plötzlich bin ich mittendrin. Es geht, – auch wenn ich noch immer nicht alles gelesen habe, was ich brauche, um wirklich sattelfest zu sein!

Und mit einemmal weiß ich es: die Struktur, die ich diesem Buch geben werde, soll einer Art Kalender entsprechen. Die Tagebuchnotizen und Briefe – ich kann sie nicht alle verwerten, muß auswählen. Ich werde mich endgültig von der Idee, Else zwischen Herbst 1909 und Herbst 1912 begleiten zu wollen, verabschieden; ich habe im Oktober 1909 begonnen, ein halbes Jahr später erfolgt die Gründung des STURM, ab dann waren die Weichen gesetzt, unwiderruflich, für beide, für Walden, für Else. Was auch immer sich in der Zeit bis zum tatsächlichen Scheidungstermin abgespielt hat, es war nichts als eine Variation dessen, was die beiden sich liefern in den Monaten bis zum Sommer 1910. Wie Else mit sich selbst zurechtkommen lernen muß, wie sie sich von neuem neu findet, sich nicht aufgibt – alles das liegt in wenigen Monaten konzentriert. Daß der innere Kampf länger gedauert hat, vielleicht lebenslänglich nicht endete – das ist eine Kombination, die sich ergeben soll am Ende. Am Ende meiner biographischen Skizzen. Ich werde mir die meiner Ansicht nach entscheidenden Monate herausgreifen, ich werde nicht flüchtiger, ungenauer werden, als ich es vorhatte, nur um quantitativ mehr hineinpacken zu können. Wenn ich weiter so vorgehen sollte, wie ich es geplant hatte, und dennoch drei Jahre beschreiben wollte – nicht nur, daß es sich für mich zu einem Lebenswerk ausarten würde, aber ich könnte wohl nicht unter tausend Seiten bleiben –, tausend Seiten, wer will denn das noch lesen?? Ich habe mir hundertfünfzig Seiten vorgestellt ursprünglich, ich bin immer noch der Meinung, daß das reicht, daß das realistisch ist. Zwanzig Seiten mehr oder weniger – geschenkt. Ich weiß, daß ich ziemlich diszipliniert arbeiten kann, wenn nötig.

Manchmal, wenn nichts sich für mich weiterbewegt, liegt es daran, daß ich keine Form wahrgenommen habe, innerhalb derer ich mich bewegen kann. In diesem Fall muß es so gewesen sein. Von dem Moment an, da ich mich für den Rahmen entscheiden konnte, war es kein Problem mehr, die Binnenstruktur zu finden. Alles weitere ergab sich wie von selbst. Jetzt heißt es nicht mehr: ich sitze am zweiten Kapitel, sondern: November, Dezember, Januar... Bis spätestens Juni ist alles entschieden. Wahrscheinlich eher vorher.

April (*mein* April, nicht der von Else): vor einem Jahr hat das alles angefangen, bisher habe ich nur zwei Kapitel geschafft, aber was sich in meinem Kopf alles angesammelt hat, ist nicht in Kapiteln zu beschreiben. Ich fühle mich ungeheuer mutig – mutig genug, um dieser Lesung am 15. April ruhig entgegenzusehen.

Trotzdem: am Nachmittag vorher der Gedanke, daß sie, wie sie ihre Lesungen zelebriert haben soll, traumhaft und unerreichbar gewesen sein muß. Himmelnochmal – ich bin nicht sie, will es auch nicht sein. Ich werde meine eigenen Texte lesen, und dann, vielleicht, falls die Zuhörer überhaupt mitmachen wollen, ein Stück aus dem zweiten Kapitel. Aber: ist es denn so schlimm, sich ein Vorbild zu nehmen? In diesem Fall, ja, es ist schlimm. Es gibt genügend andere Beispiele. Mir fallen ein: Gabriele Wohmann, Ingeborg Drewitz, Peter Handke, Peter Weiß – die sind alle so groß; berühmt meine ich, und mit Else haben sie nichts zu tun. Mit mir etwa? Doch. Ich habe von ihnen gelernt. Aber sicher nicht mehr als von Else. Oder von Denny. Denny – was ist mit Denny? Sie und Kathrin machen heute abend Musik, öffentlich, wenige Straßen weiter. (So – ist es jetzt schon soweit, daß wir uns gegenseitig das Publikum wegschnappen? – Vergiß es. Vergiß es bloß. Wir wissen doch, wie das läuft.)

Denny hängt nicht mehr so durch wie im letzten Jahr. Sie hat die Erfahrung gemacht, daß es wirklich auch Männer gibt, die nicht spurlos verschwinden, wenn es dir schlechtgeht. Wie abhängig wir sind in unserem Glauben an uns selbst von dieser Sicherheit konstanter Zuneigung... Das Auf und Ab: Jetzt lebt Kathrin allein mit ihren Kindern, Andreas ist ausgezogen vor kurzem. Liebe, die trotzdem immer noch da ist, auch wenn du sie nicht täglich ertragen kannst: Else zieht von Walden fort, kommt wieder zurück, Walden zieht aus, kommt zurück, ein paar Wochen schweben sie gemeinsam über Wolken, bis wieder ein neues Gewitter hereinbricht, einen von beiden zu Boden schlägt. Die Unfähigkeit, das alltägliche

Nebeneinanderherlaufen zu ertragen. Der Traum vom Absoluten, Außergewöhnlichen, das sich nicht abnutzt. Die Welt in dir nicht in Übereinstimmung bringen können mit deiner Realität.

Als ich die Caféhausszene vorlese, vergesse ich, daß da Leute sitzen, die zuhören. Was auf dem Papier steht, ist plastisch geworden, greifbar; es berührt. Ich höre es hinterher, lese es zwei Tage später in der Zeitung. Ob ich Schauspielunterricht genommen hätte, fragt mich die Journalistin in einem späteren Gespräch. Nein, seit den Laienspielaufführungen meiner eigenen Schulzeit habe ich mit Schauspielerei nichts mehr zu tun gehabt. Wenn ich darüber nachdenke, muß ich sagen, daß ich mich auch mehr interessiere für das In-Szene-Setzen an sich, für den Rahmen, der gebaut wird, als für das Hineinschlüpfen in eine Rolle. Ich hätte aber nicht gelesen, ich hätte gespielt, beharrt sie. Ich kann bloß sagen: gespielt habe ich nicht.

Wenige Tage später tippe ich das Dezember-Kapitel in die Maschine: Paul – nein, Florian, wie er immer ganz begierig ist, von meinen Kinderzeiterinnerungen zu erfahren. Als ich ihn abhole von seinem Vater, wo er die Osterferien verbracht hat, freue ich mich darauf, ihn jetzt wieder bei mir zu haben. Wir kuscheln lange auf seinem Bett bevor er einschläft. Mit seinen ruhigen Atemzügen fallen mir selbst die Augen zu. Es ist gut so für den Moment. Ich muß nicht immer hinter irgendwelchen Telefonaten, hinter irgendwelchen Manuskriptseiten und Büchern her sein. Von seiner kleinen Schulter, neben die ich meinen Kopf gelegt habe, strömt Sicherheit aus und Urvertrauen gleichermaßen. Auch tagsüber trägt er diese Sicherheit mit sich. Als ich ihn auf einer Veranstaltung, auf der wir als Verlagsgruppe Texte vorgelesen haben, aus den Augen verliere, bin ich es, die sich Sorgen macht. Eben ist er doch noch zu uns auf die Bühne geklettert… Ich brauche eine Stunde, bis ich ihn mitten in den Zuschauerreihen wiederentdecke, von wo aus er das weitere Programm verfolgt. Er ist nicht damit einverstanden, daß ich ihn jetzt da herausreißen, nach Hause bringen will, weil er am andern Tag früh aufstehen und zur Schule gehen muß. Er ist gar nicht müde! Ich weiß – mein Nachtrhythmus hat sich längst schon auf ihn ausgewirkt. Ist es richtig, ihn so sehr an meinem Leben teilnehmen zu lassen?

Else, wie sie ihren Sohn, wenn er bei ihr in Berlin ist, überall mit hinschleppt. Vollkommen verwöhnt, frühreif ist er im Urteil der Zeitgenossen. Aber damals ist man mit Kindern sowieso noch anders umgegangen als heute. Ich kenne viele Leute, die ihre Kinder mitnehmen, wo immer sie hingehen. Das ist doch ganz normal!

Es soll trotzdem nicht so weitergehen. In diesem Zwei-Frauen-ein-Kind-Haushalt ist er zu stark ausgeliefert. Ich habe mit Hilke gesprochen. Hilke hat zwei Söhne. Wir kennen uns nur flüchtig, aber wir mögen uns. Wir haben beschlossen zusammenzuziehen. Wir haben ein Haus gefunden, das ich kaufen will. Bei den hohen Mietpreisen momentan ist solche Idee gar nicht so absurd. Die fünftausend Mark aus dem Literaturstipendium werden gut angelegt werden. Sie werden mithelfen, uns und unseren Kindern ein Mehr an Geborgenheit zu schaffen, von wo aus wir dann alle ganz anders aktiv sein können. Wenn wir von dem, wie wir uns unser Zusammenleben wünschen, sprechen, geraten wir in Euphorie. Zukunft, die plötzlich Gestalt annimmt. Eine richtige Familie werden wir sein – drei Söhne! Wir haben die Details schon im Kopf lange bevor auch nur ein Vorvertrag für das Haus zustandekommt.

»Ich muß mir eine Existenz gründen«: Else, wie sie verzweifelte Hoffnung setzt auf eine Varieténummer, mit der sie glaubt, Paul und Walden und sich ernähren, die Miete bezahlen, für sie alle Freiraum schaffen zu können. Ausruhen will sie, reisen, leben. Wieder Kraft schöpfen für ein wirkliches Miteinander. Aber: wie sehr sie auch immer wieder schwärmt vom Elternhaus in Elberfeld, ihre Vorstellung von gesicherter Existenz hat mehr mit innerer Harmonie zu tun, mit dem Gleichgewicht, das sich erst einstellen kann, wenn du weißt, wovon du deinen Kaffee, dein nächstes Paar Strümpfe bezahlen kannst, wenn du weißt, daß es jetzt vorbei ist mit dieser täglichen Warterei auf die Pfennighonorare, die dir eine Abdruckerlaubnis oder eine öffentliche Lesung bringen. Für Hilke und mich steht fest, daß sich innere Harmonie nicht ohne geeignetes Drumherum verwirklichen läßt. Wenn wir zu fünft nur drei Zimmer haben, treten wir uns auf die Füße und werden nervös. (Und wo soll ich dann, bitteschön, nachts hingehen, wenn ich ein paar Seiten weitertippen will?)

Und ich tippe viel in dieser Zeit. Ich merke nun, daß die Monate, in denen ich nur gelesen habe, in denen ich kein Wort zu Papier brachte und mich so gelähmt gefühlt habe, keine verlorene Zeit waren. Beim Schreiben tauchen oft Texte vor mir auf, die sich wie von selbst in den Zusammenhang fügen, meine Ideen vervollständigen, weiterführen. Stellen, die ich nachschlagen muß, finde ich auf Anhieb – es ist wie eine Garnspule, deren richtiges Ende ich jetzt in der Hand halte und die nun von allein vor sich hinrollt. Ich brauche keine Einlesephasen mehr, muß mich nicht jeden Tag von neuem in den Text, in die beschriebene Situation hineinorientieren – ich setze mich vor die Maschine und schreibe, als ginge es nur darum, ein schon fertiges Manuskript noch einmal abzutippen.

Jean Pierre, als er sich telefonisch nach dem Fortgang meiner Arbeiten erkundigt, rät mir, doch endlich diesen Job in der Schule aufzugeben. Er ist überzeugt davon, daß ich nur deshalb so lange nicht vorwärtsgekommen bin, weil ich den Kopf nie ganz freihabe. Er hat recht und auch nicht. So lange etwas in mir selber nicht klar ist, suche ich mir tausend andere unaufschiebbare Aufgaben, türme sie vor mir auf als Ablenkungsmanöver. Die paar Stunden, die ich im Moment unterrichte, würde ich sonst mühelos füllen mit Geschirrspülen oder ziellosem Hin- und Hergerenne zwischen Kaufhausregalen. Ich kenne mich. Außerdem tut es mir auch ganz gut, meinen Aktionskreis nicht nur auf den eigenen Schreibtisch beschränkt zu sehen, auch regelmäßig Menschen zu treffen, die nichts zu tun haben mit dieser Geschichte, mit diesem Bohemeleben der Else-Figuren. Es ist alles gut so, sage ich ihm, ich komme vorwärts. Im Sommer, denke ich, bin ich durch.

Jean Pierre – auf der anderen Seite der Erde, von anderen Sternen beschienen? Eine Woche später ruft er wieder an, unglücklich, mutlos. Er hat sich an der rechten Hand verletzt, das muß operiert werden, jetzt kann er nichts anfassen, nicht arbeiten. Das heißt, daß er seine Aufträge nicht fertigbekommt. Das heißt, wir werden diesen Sommer wieder nicht zusammen verbringen. Wenn ich jetzt nicht diesen Job hätte, könnte ich zu ihm fahren... Wenn ich das Buch nicht schreiben würde, könnte ich wenigstens in den Ferien zu ihm fahren. Es ist diese Art von Besessenheit, die wir teilen, die uns nicht trennt, obwohl sie uns trennt. Ich werde trotzdem in die Bretagne fahren, in dieses einsame Haus, wohin Jean Pierre erst im Herbst zurückkehren wird, ich werde Florian mitnehmen und Else.

Es läuft weiter wie gehabt. Anfang Juni hat das Februarkapitel Normallänge. Ich klappe die Ordner zu, bringe die Bücher zurück in die Bibliothek – ich habe jetzt erst einmal keine Zeit mehr für sie, wir müssen endlich anfangen, das Haus umzubauen, Ende des Monats wollen wir einziehen –, und die Bücher, sie sollen nicht in Umzugskartons verschwinden und dann nicht mehr auffindbar sein, wenn die Leihfrist abgelaufen ist. Ich beschließe drei Wochen Pause, und dann, sofort nach dem Umzug, Endspurt in der Bretagne.

Ich sitze auf dem Fußboden, liste auf: hier müssen Kacheln abgeschlagen, Wasser- und Gasleitungen verplombt werden; die ganze Elektrik: alte, zweipolige Leitungen; dort, in dem kleinen Raum, soll einmal das Bad sein, man muß den Fußboden herausreißen, den Putz von den Wänden klopfen; unterm Dach gibt es Balken, zugemauert, übertüncht, die sollen freigelegt werden; die Heizungsrohre werden an dieser Seite nach oben gelegt... Je länger ich plane, desto schlechter fühle ich mich. Bin ich wahnsinnig geworden? Das schaffen wir nie in drei Wochen. Aber die Wohnungen sind gekündigt, und: wir wollen es doch gar nicht anders.

Das Zurückschrecken vor dem Neuen. Mit einemmal der Zweifel, ob du wirklich in der Lage bist, die gewohnte Rolle abzustreifen. Schließlich sind wir nur zu zweit, zwei Frauen. Die Verantwortung, die wir seit Jahren für die Kinder haben, erscheint uns plötzlich gering gegenüber dem, was uns durch dieses Umbauvorhaben offensichtlich abgefordert wird. Hinterher, wenn etwas nicht stimmt, sind wir schuld – bei einem Haus zeigen sich Fehler schneller als bei Kindern.

Es ist niemand da, der für uns entscheidet. Wir sind mißtrauisch, wir zweifeln, wir haben keine Vergleichsmöglichkeiten. Die Summen, von denen Freunde uns erzählen, klingen sowieso astronomisch. Andere haben in jahrelanger Kleinarbeit alles selbst gemacht, von der Heizungsinstallation bis hin zur letzten Fußleiste. Wir wollen in drei Wochen einziehen, aber wir sind keine Millionäre. Und wir wollen auch selbst arbeiten.

Ich flüchte mich ans Telefon, rufe Jean Pierre an. Der, der am weitesten weg ist, ist mir immer noch der nächste. Seine Stimme klingt als säße er im Nachbarhaus. Natürlich kann er nicht sofort kommen. Wenn er im Sommer nicht seine eigenen Entwürfe umsetzt, hat er das ganze Jahr nur für andere gearbeitet. Es muß ja nicht alles sofort sein, sagt er. Laß mir noch was zu tun übrig, im September, wenn ich komme.

Und es geht. Andreas, der im Ausbildungswerk arbeitet, wird die Elektrik machen. Er kommt mit den Kollegen für Installation und Maurerarbeiten, um alles anzusehen. Hinterher weiß ich gar nicht mehr, was ich will. Abends ruft Karl mich nochmal an, der Maurer. Er hat sich Gedanken gemacht, beruhigt mich. Ich habe plötzlich das Gefühl, daß ich ihm vertrauen kann. Es war richtig.

In diesen Wochen vergesse ich Else. Die Schreibmaschine ist eingestaubt. Ich habe Blasen an den Händen und manchmal morgens das Gefühl, die Arme nicht heben zu können. Es ist eine gute Zeit, in der wir uns aneinander bewähren, Hilke und ich, die Kinder, die Freunde, die kommen, um ein Zimmer zu tapezieren oder Schutt zu räumen, die Männer vom Ausbildungswerk, die für uns arbeiten und unsere Freunde werden. Karl vor allem. In der ersten Juliwoche, wir sind eingezogen, aber überall stehen noch Balgen mit Sand, liegen Rohre und Werkzeuge, die Türen sind noch nicht wieder eingehängt, und der größte Teil unserer Sachen steht kreuz und quer auf dem Dachboden – wir bewohnen ja erst die obere Hälfte des Hauses – in der ersten Juliwoche ist Schluß mit all dem. Urlaubszeit; aber Karl kommt noch, trinkt mit uns Kaffee, am ersten Tag, am zweiten Tag. Auch für ihn ist das nicht nur ein Auftrag, den er vergißt, weil er jetzt Ferien hat. Er erzählt von seiner Jugend in Polen, von seinen Kindern, die jetzt groß sind, von der Arbeit im Ausbildungswerk.

Er hat viel zu sagen. In einer Stunde mit Karl lerne ich manchmal mehr als in einem Semester an der Universität.

Ich bin nicht traurig darüber, daß die Bauerei nach den Ferien noch weitergehen wird.

Am zweiten Abend nach unserem Umzug krame ich meine Schreibmaschine hervor. Mein Schreibtisch steht vorläufig in Florians Zimmer. Florian ist in Finnland. Es kam ganz plötzlich, er ist eingeladen worden von Freunden, mit ihnen den Sommer dort zu verbringen. Florian war begeistert – dann kannst du wenigstens in Ruhe an deinem Buch arbeiten, hat er gesagt, wie um mich zu beruhigen. Es hat mir einen Stich gegeben, aber ich habe ihn doch ohne schlechtes Gewissen fahren lassen können.

Jetzt will ich am Februarkapitel weiterschreiben, mir beweisen, daß ich schon zu Hause bin, daß ich schon arbeiten kann inmitten all dieser Kartons und wild in der Gegend herumstehender Möbel. Zwei Seiten schaffe ich, nicht mehr. Die innere Harmonie stellt sich nicht ein auf Befehl. In meinem Kopf spukt ein blonder Junge herum, der ist biegsam und frech und schön. Er hat mir von Castaneda erzählt und von Träumen, die ich einmal selbst gehabt habe. Er hat mich angerührt mit seiner Ernsthaftigkeit, berührt mit zarten Händen, und ich habe – ich konnte nicht anders – an Else gedacht und mir vorgenommen, mich nicht zu verlieben. Nichtsdestotrotz hat er sich eingenistet in meinem Kopf, und ich weiß nicht, wie ich damit umgehen soll.

Selbstbestätigung? Ist es das, was Else immer wieder in solche Affairen tappen läßt? Ich halte mir einen Spiegel vors Gesicht, zähle die Falten in meiner Haut. Selbst wenn sie unsichtbar wären, sie sind doch da, die Verletzungen, die Wunden aus den vergangenen Jahren. Ich bin auch froh um die Erfahrungen, will gar nicht mehr zwanzig sein. Es macht mich nur traurig, wenn ich jemanden treffe wie diesen Jungen, so unbefangen, so aufmerksam und begeisterungsfähig, und wenn ich merke, daß ich, trotz allem, immer noch nicht viel klüger bin. Nur einfach zu alt, um mich noch einmal so ganz und voll einzulassen.

Wie steht sie denn da, dann, im Alter? 58 ist sie, als der Sohn stirbt, 64, als sie Berlin verlassen muß der Nazis wegen. Unbehaust war sie seit langem, seit ihrer Trennung von Walden eigentlich. Jetzt hat sie noch dreizehn Jahre vor sich, in der Schweiz, in Jerusalem endlich. Richtig gut ist es ihr wohl nie ergangen. Ich beneide sie nicht. Nicht um die späten Jahre, aber auch nicht um die frühen. Und die Fröhlichkeit in ihren Essays und Erzählungen erscheint mir, so, nachträglich betrachtet, doch häufig sehr aufgesetzt. Im Grunde, glaube ich, war sie unglücklich. Auch schon in den Jahren ihrer Kindheit, die sie, aus der Perspektive der sich gegen das Erwachsensein sträubenden Frau, verklärt. Warum, habe ich noch nicht herausgefunden.

Ich will wegfahren, schnell. Habe entsetzliche Sehnsucht nach diesem bretonischen Häuschen, den riesigen Bäumen, die es umgeben, dem Grün der Landschaft, der Ruhe des nahen Meeres, nach dem Feuer im Kamin am Abend und all diesen lieben Erinnerungen.

Trotzdem plötzlich Zweifel: jetzt, da Florian nicht mit mir fahren wird, da ich nur noch mit Else reisen werde, da ich allein sein werde mit ihr – werde ich das aushalten? Ich weiß, sie wird mich keinen einzigen Tag loslassen, sie wird sich festkrallen in mir, ich werde unfähig sein, mich mit irgend etwas anderem zu beschäftigen, werde von morgens bis in die Nacht hinein ihre Konflikte durchleben. Es wird niemand da sein, der mich ablenkt, mich herausreißt wenigstens für eine Stunde zwischendurch, ich werde niemandem erzählen können, was in mir vorgeht. Der Zwiespalt: so sehr ich mich zurückziehen will, um diese Geschichte endlich ungestört zu Ende bringen zu können, so sehr fürchte ich mich plötzlich davor.

Als Antje sagt, daß sie Lust hätte mitzukommen, freue ich mich. Sie wird ein paar Grafikentwürfe fertigstellen in diesen Tagen – wir werden also beide arbeiten. Ich erzähle ihr, wie mich die riesigen Bäume fasziniert haben, wie ich in meinem Zimmer unterm Dach gesessen und die Erzählung von Jonas geschrieben habe, ständig mit den Augen in den sich hin- und herwiegenden Wipfeln. Wie diese Bäume für mich zum Inbegriff einer gelungenen Flucht aus der Stadt geworden sind.

Else, wie sie sich lustigmacht über die Ästhetiker und ihren Hang, sich aufs Land zu begeben: »Zieht sich Gott etwa auf ein Dorf zurück? Wie der ästhetisch Schaffende – seine Romanseele lüftet auf der Weide in Worpswede oder Lüneburger Heide. Oder wie durch Vorstadt Maie, Amadeus Müller führet sein Naturhaar durch das Freie…«

Sei's drum. Ich sitze jetzt abends unter einem Mimosenbaum, um den letzten Sonnenstrahl, der übers Hausdach noch herüberkommt, einzufangen, und so, weit weg von allem, was mich ablenken könnte, bin ich bereit, ihr wiederzubegegnen. Wenn ich den Brief an Jean Pierre zu Ende geschrieben habe.

Und ich bin ihr bald näher als je zuvor. Ich wühle in ihren Büchern, greife ein Gedicht heraus, das ihr in dieser Zeit in den Kopf gekommen sein könnte, nach allem, wie ich ihre Lage versuche nachzuvollziehen – und finde ein paar Tage später meine Vermutung bestätigt beim Durchblättern ihrer Erstveröffentlichungen im STURM. Mit *Ich bin traurig* ist es mir so ergangen, mit der Anspielung auf die Bibelgedichte und dem Rückgriff auf Senna Hoy im März-Kapitel. Ich schwöre, ich habe es nicht gewußt bevor ich es aufschrieb. Am selben Tag stolpere ich in *Mein*

Herz über eine Passage, in der sie von Goldwasser-Trinken erzählt, ähnlich wie ich sie im Januar-Kapitel untergebracht hatte. Verwirrung und Ungläubigkeit: führt sie mir die Hand? Bin ich in ihre Haut geschlüpft? Werde ich langsam verrückt?

Vor zwei Jahren habe ich hier den *Kohlhaas* von Elisabeth Plessen gelesen. Die Stelle, wo Elisabeth Plessen kurz vor Beendigung des Buches beschreibt, wie sie wegfährt von zu Hause, nach Italien, um diesem Kohlhaas-Gespenst zu entkommen, das sie doch nicht abschütteln kann, bevor sie seine Geschichte zu Ende gebracht hat: es hilft nichts, ich weiß es. Ich kann kein anderes Buch mehr lesen – zu einem Patricia Highsmith-Krimi brauche ich eine Woche, weil ich ständig nach drei Seiten oder nach zehn, es macht keinen Unterschied, irgendetwas nachschlagen muß über Else oder über Berlin oder über einen der Freunde. Lese außerdem nur noch, was ich selbst geschrieben habe, bessere hier ein Wort aus, dort einen Satz. Schreibe seit Monaten nichts mehr, was nicht mit ihr zu tun hat, habe meine eigene Sprache verloren, selbst in Briefen stoße ich auf Wortschöpfungen, die an sie erinnern, ich bin vollkommen infiziert inzwischen, da ist nichts mehr übriggeblieben von mir selbst.

Sie interessiere sich sowieso nur für ihre eigenen Dichtungen, hat sie einmal gesagt. Ironisch oder nicht – sie muß von sich selbst besessen gewesen sein. Ähnlich wie ich es jetzt von ihr bin.

Keine Vorstellung, was ich mit mir anfangen kann, dann, wenn ich ihre Geschichte hinter mir habe. Werde ich wieder meine eigenen Worte finden? Werde ich in der Lage sein, mich einzulassen auf Bücher, auf Geschichten – auf Menschen –, die nichts mit ihr und nichts mit mir in ihr zu tun haben? Wie lange danach wird sie mich noch festhalten?

Ich sitze mitten im Februar 1910, es ist Sommer, Juli, und die bretonischen Hortensien blühen vielfarbig wie je. Keine Zeit, sie auf Farbfilm zu bannen. Ein einziges Mal raffen wir uns auf in diesen Tagen, um einen Abendspaziergang am Meer zu machen. Und der Februar nimmt und nimmt kein Ende. Zu Hause war ich der Meinung gewesen, ich hätte alles, was da sich zusammengebraut hat, schon aufgeschrieben. Jetzt erscheint es mir ungenügend und langweilig. Und ich weiß wieder einmal nicht, was ich sinnvollerweise auswählen, was fortlassen soll. Wenn ich an eine Stelle komme, an der ich konstruieren muß, erfinden, stocke ich. Ich mißtraue mir, will nicht auf Fantasieflügeln auf und davon fliegen. Der Anspruch: es soll nachprüfbar sein, wenigstens in groben Zügen. Nachvollziehbar. Einleuchtend. Lege ich ihr falsche Worte in den Mund? Reagiert sie glaubhaft? Ist überhaupt noch etwas von ihr übriggeblieben, das sie als wirklich lebendige Figur erscheinen läßt? Wenn ich vergleiche, was ich vor einem Jahr geschrieben habe und was ich jetzt aus ihr mache, muß ich mir eingestehen, daß sie anfängt, mich zu langweilen. Ich kenne sie jetzt. Ist es nicht immer dasselbe, was sie sagt, wie sie sich verhält, wie sie mit den sie umgebenden Menschen umgeht? Sie kann so nicht gewesen sein. Nicht nach dem, was sie geschrieben hat zu dieser Zeit.

Was mir hilft, ist Antjes Interesse. Kaum habe ich ein paar Seiten getippt, ist sie da, will wissen, wie es weitergeht. Daß sie sich beim Lesen nicht zu langweilen scheint, hindert mich letztlich daran zu kapitulieren. Ich kann ja, mit etwas Abstand, später, überarbeiten. Jetzt muß ich da erst mal durch.

Nebenbei und zur Abwechslung fange ich an, den Gartentisch zu streichen. Irgend etwas machen, was hinterher schöner und besser ist als vorher. Was mir, während ich mich damit beschäftige, Zeit gibt zum Weiterdenken. Was als sichtbares Zeichen zurückbleibt, wenn ich längst wieder fort bin.

Ein Satz von Noël, Jean Pierres Bruder, gräbt sich in mir ein: Vergiß nicht, daß du auch lebst. Sonst stellst du irgendwann einmal fest, daß du über deiner Arbeit dein Leben vergeudet hast. – Er sagt es, als er kommt und mich müde und schlaff vorfindet, ratlos und ohne Schwung, und nicht wie jemand, der gerade Urlaub macht. Als ich Tassen auf den Tisch stelle, um mit ihm Tee zu trinken, klappe ich die Briefe an Karl Kraus zu, über denen ich hängengeblieben bin: bis zum 27. März 1910 war alles klar, dann – und das sind drei wichtige, entscheidende Briefe – fehlt die Datierung. Die nächste Nachricht, die zeitlich wieder einzuordnen ist, stammt vom 6. Oktober. Ich kann keine anderen Bücher zu Rate ziehen, kann nicht gegenlesen, habe zu wenig Material mitgenommen. Ich stecke fest. Genau um diese drei Briefe geht es jetzt, um das Gefühlschaos, das sie enthalten, um Trennung und gescheiterte Pläne, um Versöhnung und Zukunftsangst. Der große Krach – wann hat er stattgefunden? Ist es richtig, ihn, der sonstigen inhaltlichen Kontinuität, die aus den Briefen herauszulesen ist, folgend, für Ende März anzusetzen, die Versöhnung, vorübergehend wie vorher schon häufiger, dann für April anzunehmen? Oder drehe ich jetzt Geschichte nach meiner Interpretation, nach meinen Wunschvorstellungen, – biege ich sie so lange zurecht, bis sie mir ins Konzept paßt? Kann ich das noch verantworten?

Anhaltspunkt: Else, nachdem sie in Nr. 4 des STURM ihr Gedicht ›Ich bin traurig‹ veröffentlicht hat, hat erstmalig zu Nr. 5 keinen Beitrag geliefert. STURM Nr. 5 erschien am 31. März 1910. Zugegeben, – das ist eine Konstruktion. Aber es wäre möglich, daß ihre Enttäuschung über Waldens Untreue, von der sie Karl Kraus berichtet, genau zeitlich übereinstimmt damit, daß sie sich zurückzieht aus seinem Projekt, vorläufig natürlich nur. Ihre Essays aus Nr. 6 und Nr. 7 dann könnten von der momentanen Beilegung dieser Krise zeugen.

Ich will es ja nicht beweisen. Aber es ist ein Denkmodell. Eine Möglichkeit. Die Tatsache, daß sie enttäuscht war und daß die beiden sich schließlich getrennt haben, bleibt bestehen, selbst wenn jemand kommt, der nachweisen kann, daß alles ein Vierteljahr später geschehen ist.

Warum wird mir an dieser Stelle ausgerechnet der Seiltänzerakt, die ganze Akrobatik meines Unterfangens so bewußt? War ich skrupelloser vorher? Will ich jetzt, da ich das Ende so greifbar vor mir sehe, noch einen Grund finden, doch nicht aus dieser Geschichte hinaustreten zu müssen? – Ich beschließe: nein. Ich will mich nicht drücken.

Als wir zurückfahren nach Hause, habe ich den Anfang des letzten Kapitels auch schon im Ordner. Es wird schnell gehen jetzt. Ein paar Tage gebe ich mir zum Neueingewöhnen – ich weiß ja, wie es ausgehen wird. Ich kann die noch nötige Arbeit schon in Stunden zählen.

Einen Abend brauche ich noch.

Und hinterher viel Zeit für mich, um herauszufinden, was davon alles zu mir gehört.

Der Neuanfang, den jedes Ende mit sich bringt? Vielleicht verpasse ich ihn, bin schon mitten in einem neuen Projekt bevor es mir bewußt wird. Mit Else ist es mir so ergangen.

Zwei Tage nachdem ich den letzten Satz geschrieben habe, bitte ich Hilke, mir die Haare abzuschneiden, radikal. Es ist der 31. Juli 1982.

Erläuterungen

Die folgenden Hinweise beziehen sich auf Personen, Örtlichkeiten, Ereignisse und Zusammenhänge, deren Kenntnis nicht vorauszusetzen ist, die aber den Hintergrund des hier Erzählten bilden. Ich gliedere nach den Kapiteln des Erzählzusammenhangs. Außerdem führe ich die als Zitate oder in Anspielungen benutzten Primärtexte auf.

Oktober

dear fourteenjähriger boy ...: ihr Briefpartner ist der englische   9
Literaturwissenschaftler Jethro Bithell, Lektor für Deutsch an
der Universität Manchester;
Jussuf aus Egypten: die Bibelgestalt des Joseph von Ägypten ist
durch lange Jahre das zweite Ich von ELS gewesen, sie taucht als
Prinz Jussuf ab etwa 1909 in ihren Zeichnungen und Briefen auf
und löst den von Peter Hille geborenen Namen Tino von Bagdad, den ELS vorher geführt hat, allmählich ab. In der Bezeichnung Prinz von Theben vermischen sich beide Figuren.
Herwarth: Herwarth Walden (i. e. Georg Levin), zweiter Mann   14
ELSs, (1878–1941?), Komponist, Schriftsteller, Redakteur,
gründet im März 1910 die expressionistische Zeitschrift DER
STURM; in den folgenden Jahren verhilft er durch die Organisation von unzähligen Ausstellungen der gesamten europäischen
Avantgarde auf dem Gebiet der Malerei und der Bildenden Kunst
zu einer bis dahin unvorstellbaren Breitenwirkung (1913: Erster
Deutscher Herbstsalon); gründet im selben Jahr, 1913, die
STURM-BÜHNE, in der mit Theater und Sprachkunst experimentiert wird; Höhepunkt seiner vielfältigen Aktivitäten um 1920;
geht 1932 als Sprachlehrer nach Rußland. (vgl. auch Erläuterung
zu S. 110 [auf S. 207/208])

November

20 *Das Café:* Café des Westens, Künstlertreffpunkt um diese Zeit,
   auch Café Größenwahn genannt;
24 *»Sie sehen wieder sehr weltmännisch aus...«:* ihr Gegenüber ist
   Dr. Rudolf Blümner, Freund der Waldens, Jurist, der in diesen
   Jahren seinen Beruf aufgegeben hat, um sich ganz der Schauspiel-
   und Vortragskunst zu widmen. Bekannter Sprachkünstler, um
   1910 an den Bühnen Max Reinhardts tätig, später, ab 1913, Leiter
   der STURM-BÜHNE.
   Der Prozeß: Walden war im Februar 1909 als Reorganisator und
   Redakteur der deutschen Bühnengenossenschaftszeitung *Der
   neue Weg* fristlos entlassen worden. Gegen den Präsidenten der
   Bühnengenossenschaft, Hermann Nissen, führte er einen Ehren-
   beleidigungsprozeß, weil ihm von diesem als Kündigungsgrund
   eine Unterschlagung zur Last gelegt worden war. Nissen wurde
   freigesprochen, obwohl die Grundlosigkeit der Anschuldigung
   anerkannt worden war, da er nicht wider besseres Wissen, sondern in Wahrung berechtigter Interessen gehandelt habe.
25 *Sascha* (Senna: Johannes Holzmann, von ELS Senna Hoy
   [= Umkehrung von ›Johannes‹] genannt), Schriftsteller, Anarchist, hatte 1904/05 in Frankfurt die Zeitung KAMPF. ZEIT-
   SCHRIFT FÜR GESUNDEN MENSCHENVERSTAND herausgegeben,
   war aber schon im selben Jahr nach Rußland gegangen, um dort
   die Aufstände gegen das Zarenregime zu unterstützen. Inhaftiert
   und zu Festungshaft verurteilt, von der deutschen Regierung, die
   nicht an einer Auslieferung interessiert war, totgeschwiegen, ist
   er jahrelang schlimmsten Bedingungen und Folterungen ausgesetzt gewesen, schließlich, nach einem Selbstmordversuch, in die
   Gefangenenabteilung des Krankenhauses nach Metscherskoje
   verlegt, starb er dort im April 1914, bevor die deutschen Freunde

seine Freilassung erwirken konnten. ELS hat jahrelang versucht, Freunde und Bekannte zu Aktionen zu mobilisieren, ohne viel Erfolg. Im November 1913 ist es ihr gelungen, genug Geld zusammenzusammeln, um selbst nach Rußland zu reisen, wo sie ihn, wie sie auf einer Postkarte an ihren Sohn Paul vom 7.11.1913 berichtet, im Krankenhaus besuchen konnte.

Bulus Mohammed Hassan: ihr Sohn Paul

Peter Baum: Freund von ELS aus ihrer Wuppertaler Heimat, Schriftsteller, schon vor ihr nach Berlin umgezogen, gehörte zum Kreis um Peter Hille und zur Künstlergemeinde NEUE GEMEINSCHAFT, später zu den STURM-Künstlern; am 5.6.1916 als Infanterist gefallen.

»Unser Buch aus England…«: Jethro Bithell hat bei der Zusammenstellung einer Anthologie *Contemporary German Poetry* (London, New York 1909) auch Texte von ELS und Peter Baum veröffentlicht. ELS erwähnt in einem Brief vom 15.12.1909, daß die Belegexemplare eingetroffen sind: »Ich bin fast zu bange das schöne Buch aufzuschneiden und Peter Baum mußte mir seins leihen. O, wie schön das alles klingt, namentlich meine Gedichte…«

»… er will nichts mehr von seiner Musik wissen…«: ELS hat immer wieder versucht, Waldens Musiker- und Komponistentätigkeit hervorzuheben und zu fördern; seiner Redakteurstätigkeit und der später durch die Sturm-Aktivitäten sich anbahnenden ständigen Geldknappheit stand sie skeptisch und hilflos gegenüber.

Die Fackel, hrsg. v. Karl Kraus in Wien (1899ff). In Nr. 290, am 11.11.1909, hat Kraus Erklärungen von Blümner und Walden zum Nissen-Prozeß abgedruckt und im Anschluß daran selbst eine erste Stellungnahme dazu abgegeben. Als dann die Berufungsklage Waldens abgelehnt wird, veröffentlicht Kraus in Nr. 292 vom 17.12.1909 einen Artikel *Rharbarber*, in dem er sich gegen das unkontrollierbare Gerede, gegen das keine gerichtlichen Schritte möglich sind, wendet. Kraus, ein Verehrer der Gedichte ELSs, hat auch von ihr Gedichte publiziert und später einen Aufruf für eine finanzielle Unterstützungsaktion für sie veröffentlicht. Am 13.1.1910 findet eine Lesung von Karl Kraus im Berliner ›Verein für Kunst‹ statt.

ELS hat ihren Sohn Paul, der von klein auf kränklich war, häufig

32
34

35

37

41

auf dem Land untergebracht; 1909 war er im Landerziehungsheim Schloß Drebkau, später u. a. in der Odenwaldschule. Während des Ersten Weltkriegs wird er wegen seines Lungenleidens in ein Sanatorium im Tessin gebracht. Trotz sich wiederholender Sanatoriumsaufenthalte stirbt er mit 28 Jahren, am 14. 12. 1927.

Laut Aussage von Waldens zweiter Frau, Nell Walden, ist Paul von Herwarth Walden wie ein eigener Sohn geliebt und behandelt worden. Wer Pauls wirklicher Vater war, bleibt in dichterisches Dunkel gehüllt. Die Meinung Nell Waldens, daß ELSs erster Mann, Berthold Lasker, auch der Vater ihres Sohnes gewesen sei, wird nirgends bestätigt.

25 – KAMPF. Zeitschrift für gesunden Menschenverstand. Frankfurt 1904/05, hrsg. v. Johannes Holzmann (= Sascha, Senna Hoy)

29 – *Ballade*, erste Fassung (in: *Hebräische Balladen*. Der Gedichte erster Teil, Berlin 1920)
   – *Mein Liebeslied* (in: *Meine Wunder*, aaO)
   – *Siehst du mich* (aaO)

30 – *Künstler*, Essay (in: *Gesichte*, Leipzig 1913)

35 – *Die Wupper*. Theaterstück, Berlin 1909 (Uraufführung 1919 am Deutschen Theater von Max Reinhardt in Berlin)

41 – Brief an Karl Kraus (undatiert) Nov. 1909

Dezember

46 »... *mit Hedwig zum Tiergarten* ...«: in ihrem 1913 in *Gesichte* veröffentlichten Essay *Arme Kinder reicher Leute* klagt ELS die Erziehungspraktiken der wohlhabenden Bürger an, die ihren Kindern nicht nur keine Bewegungsfreiheit im Spiel erlauben, sondern sie überdies auch noch mit ›sogenannten Fräuleins‹ belasten, die Federhüte tragen, ›ihre Allüren ihrer Dame abgesehen‹ haben und nicht davor zurückschrecken, die Kinder, wenn sie sich wie Kinder verhalten, zu schlagen. Dagegen lobt sie die ›tapferen Schulmädchen‹, die mit ihren kleinsten Geschwistern über die Wiesen toben. ›Ich habe‹, schreibt sie, ›immer solch eine Puppenmutter bei meinem Bengel, für seine sechs Jahre weiß er genug Streiche, ich lache ob seiner Ausgelassenheit, die auch von

seiner Kameradin ungestraft bleibt. Sie balgen sich und springen miteinander über die Wege, mutwillige Ziegenböcke.‹

Erich Mühsam: Schriftsteller, Anarchist, früheres Mitglied der 55 NEUEN GEMEINSCHAFT, ab 1909 in München ansässig, wird nach dem Zusammenbruch der Münchener Räterepublik mit 15 Jahren Festungshaft bestraft, 1924 amnestiert, 1934 in Oranienburg liquidiert. Zwischen 1905 und 1932 breitgestreute literarische Tätigkeit, von 1911–1914 Herausgeber der literarisch-revolutionären Zeitschrift KAIN. ZEITSCHRIFT FÜR MENSCHLICHKEIT, die vom November 1918 bis April 1919 als reines Revolutionsorgan wieder erscheint. Die Zusammenarbeit mit seinem Kampfgenossen Gustav Landauer war, was den persönlichen Lebensstil betraf, nicht ohne Differenzen.

»… eine Theorie zu haben und sie ausfüllen zu wollen…«: vgl. 58 Herwarth Walden: »Sobald die Theorie *vor* der Praxis kommt, ist es aus. Und eine Theorie *nach* der Praxis bleibt immer *nach* der Praxis und kann nicht mehr für etwas anderes als Schema gebraucht werden. Dann ist es mit der Kunst aus.« (zit. nach Nell Walden: *Herwarth Walden. Ein Lebensbild.* 1963, S. 107f.)

Peter Hille: impressionistischer Lyriker, Prosaist, Dramatiker (1854–1904), Vorbild, Freund und Förderer von ELS;

Kete Parsenow: Schauspielerin, Freundin von ELS.

»… die andere Hand, die aus Stein…«: in einem (undatierten) 59 Brief vom November 1909 schreibt Else an Karl Kraus: »… ich streichle Ihre kühle, steingewordene Hand, sie liegt vor mir auf dem Schreibtisch…«

»… seine Liebe ist ja begraben…«: die Schauspielerin Annie Kalmar, die nach Ablauf ihres Vertrags am Wiener Volkstheater im Herbst 1900 ein Engagement am Hamburger Schauspielhaus angetreten hat, dort aber schon im Mai 1909 an Miliartuberkulose gestorben ist. Kraus war während ihrer Krankheit alle 10 Tage von Wien nach Hamburg gereist und hatte sich täglich telegraphisch Bericht über ihr Befinden senden lassen. (vgl. Hans Weigel: *Karl Kraus oder Die Macht der Ohnmacht*, München 1972, S. 47 ff.)

– *Ich räume auf! Meine Anklage gegen meine Verleger*, Zürich 44
  1925
– Brief an Jethro Bithell, 12. 8. 1909 45

45   – Brief an Karl Kraus, 24. 8. 1909
47   – *Unser Gärtchen*, zit. n.: W. Springmann, *Else Lasker-Schüler und Wuppertal*, Wuppertal-Elberfeld 1965, S. 19f. (dort entnommen aus *Konzert*, 1932)
49   – *Vater und Mutter*, Springmann a a O S. 18
57   – Erich Mühsam, *Bohème*, 1906; *Der Künstler im ›Zukunftsstaat‹*, 1906
59   – Brief an Karl Kraus, 8. 12. 1909
60   – *Rudolf Blümner*, Essay (in: *Gesichte*, a a O)

Januar

66   »*Ich dachte, du seist noch in Prag…*«: vgl. ihren Brief an Karl Kraus vom 25. 1. 1910: »… ich wär in Prag was geblieben, aber ich hatte hier zu tun.«

71   »*… als ich im Schrank nach meiner Spritze suchte…*«: Herwarth Walden soll, nach Aussage von Nell Walden, einen jahrelangen Kampf gegen den Morphiumgebrauch seiner Frau geführt haben.

72   »*… das war eine Freundin von mir…*«: Elses Eifersucht war bekannt; grundlos scheint sie nicht gewesen zu sein, Ende März 1910 erwähnt sie in einem Brief an Karl Kraus, daß sie »belogen wurde von Anfang an«, und: »Ich bin so wütend, ich bin so wütend, ich habe schon alle Stühle alle Tische Bettlehne Schrank totgeschossen mit einer Pistole…« Nach Aussage von Nell Walden scheint Else auch in dieser Beziehung nicht vor theatralischen Szenen zurückgeschreckt zu sein. (vgl. Nell Walden: *Herwarth Walden. Ein Lebensbild*, 1963, S. 36f.)

69   – Postkarte an Karl Kraus, 20. 1. 1910
     – Brief an Karl Kraus, 25. 1. 1910
72   – Brief an Karl Kraus (undatiert), Ende März 1910
79   »… das schönste Essen war immer zum Versöhnungstag…« vgl.: *Der Versöhnungstag* in: *Konzert*, a a O
82   – *Freundschaft und Liebe*, a a O
84   – *Freundschaft und Liebe*, a a O

Der Fakir: Entwurf eines Bühnenstücks, das ELS in Briefen an   94
Karl Kraus und Jethro Bithell des öfteren beschreibt. (Genauere
Hinweise dazu in: Else Lasker-Schüler. *Briefe an Karl Kraus.*
hrsg. v. Astrid Gehlhoff-Claes, Köln–Berlin o. J., Anmerkung
34, S. 124 f.)

Eine Tournee, die sie über Brüssel und Paris nach London führen sollte, hat sie mit diesem Stück geplant.

Der Sturm: es ist bekannt, daß ELS diesen Namen vorgeschlagen   110
hat; die Zeitschrift wurde ab März 1910 erst wöchentlich, später
in größeren Abständen herausgegeben, war aber schon bald nicht
mehr der Mittelpunkt von Waldens Schaffen. Sein Hauptinter-
esse galt der Malerei und der Bildenden Kunst, und er organi-
sierte STURM-Ausstellungen, in denen die gesamte europäische
Avantgarde vertreten war. 1913 eröffnete er die Ausstellung ›Erster Deutscher Herbstsalon‹ (der seit 1912 schon 17 STURM-Ausstellungen vorausgegangen waren). Spätestens ab diesem Zeitpunkt steht er unangefochten als der Entdecker der neuen Kunst.
In seiner Eröffnungsrede zum ›Ersten Deutschen Herbstsalon‹
sagte er: »... Ich bin sicher, daß der unkünstlerische Teil des
Publikums über diese Ausstellung und über mich lachen wird.
Und ein guter Teil des Publikums auch, das sich ohne Berech-
tigung für künstlerisch hält. Diese Herrschaften möchte ich
besonders warnen... Es liegen bereits Erfahrungen für die bil-
dende Kunst vor. Als Oskar Kokoschka in jeder Nummer des
ersten Jahrgangs der Zeitschrift DER STURM mit graphischen Arbeiten gezeigt wurde, lachten die Kunstkenner und selbst der
verdiente Kunstkritiker, der heute nicht mehr weiß, wohin wir
treiben, verspottete die Kritzeleien. Heute, nach drei Jahren,
reißt man sich um die verhöhnte Graphik. Es gibt sogar naive
Leute, die behaupten, daß die Maler heute ›so‹ aus geschäftlichen
Gründen malen, und daß DER STURM diese Maler aus geschäftlichen Gründen vertritt und nicht aus künstlerischer Überzeugung. Einem dieser Herren, einem Kunstkritiker, habe ich zur
Zeit Gelegenheit gegeben, vor Gericht den angebotenen Beweis
zu erbringen. Er will nichts weniger beweisen, als daß ›Kan-
dinsky lediglich aus Geschäftsrücksichten sich dieser futuristi-
schen Kunstrichtung angeschlossen habe‹. Zu diesem Wahn ver-

steigt sich der Haß gegen Kunst. Solche Dinge können meine Freunde und mich in ihren Bestrebungen weder beirren noch hindern. Uns ist nicht das Leben die Kunst. Aber die Kunst das Leben.« (cf. Lothar Schreyer, in: Nell Walden/Lothar Schreyer: DER STURM, *Ein Erinnerungsbuch an Herwarth Walden*, aaO).

Zeitschrift, Verlag, Organisation von Ausstellungen und ab 1913 die STURM-Bühne – Herwarth Walden hat auf allen Ebenen das Kunstschaffen der Kunstwende gefördert, Künstler und ihre Werke gegen den Unverstand der Zeit verteidigt und protegiert.

»Die Überlebenden der STURM-Künstler und STURM-Dichter, die etwa zwischen 1912 und 1922 mit Herwarth Walden zusammenarbeiteten, wissen, was die Kunstwende ihm verdankt. Sie wissen auch, daß Herwarth Walden glänzende und endgültige Formulierungen der Erkenntnisse der Kunstwende gegeben hat. Und diese Erkenntnisse nicht beachtet oder verleugnet zu haben, ist ein unverzeihliches Versagen der Kunstwissenschaft und Sprachwissenschaft, der Kunstgeschichte und Literaturgeschichte wie der Kunsterziehung und Spracherziehung, ein Versagen, das die bis heute sich beharrlich wiederholenden Irrtümer und Mißverständnisse über schöpferische Gestaltung bezeugen. (Lothar Schreyer)

April

Literatur

Die Werke von Else Lasker-Schüler (Prosa und Schauspiele / Gedichte / Briefe) sind im Kösel-Verlag, München, erschienen; außerdem habe ich u. a. benutzt:

Else Lasker-Schüler, *Die Wolkenbrücke*. Ausgewählte Briefe. München 1972

Else Lasker-Schüler, *Briefe an Karl Kraus*. Hg. von Astrid Gehlhoff-Claes. Köln–Berlin o. J.

Hans Weigel, *Karl Kraus oder die Macht der Ohnmacht*. München 1972

G. J. Carr, *Zu den Briefen Else Lasker-Schülers an Karl Kraus*. In: *Literatur und Kritik*, H. 49 (1970), S. 549–556

Ernst Ginsberg, *Else Lasker-Schüler*. München 1951

Elga Kern (Hg.), *Führende Frauen Europas*. Neue Folge. München 1930

Michael Schmid, *Else Lasker-Schüler*. Ein Buch zum 100. Geburtstag der Dichterin. Wuppertal 1969

Wolfgang Springmann (Hrsg.), Else Lasker-Schüler und Wuppertal. Wuppertal-Elberfeld 1965

DER STURM, *Herwarth Walden und die Europäische Avantgarde*, Berlin 1912–1932. Ausstellungskatalog der Ausstellung in der Orangerie des Schlosses Charlottenburg, Berlin 24.9.–19.11.1961. Veranstaltet von der Nationalgalerie.

Nell Walden, *Herwarth Walden*. Ein Lebensbild. Berlin 1963

Nell Walden / Lothar Schreyer, DER STURM. *Ein Erinnerungsbuch an Herwarth Walden*, Baden-Baden 1954

Roy F. Allen, *Literary Life in German Expressionism and the Berlin Circles*. Göppinger Arbeiten zur Germanistik. Nr. 129. Göppingen 1974

Richard Hamann / Jost Hermand, *Stilkunst um 1900*. Berlin 1967

Jost Hermand (Hg.), *Lyrik des Jugendstils.* Stuttgart 1964

Dominik Jost, *Literarischer Jugendstil.* Stuttgart 1969

Helmut Kreuzer, *Die Boheme.* Stuttgart 1968

Gunter Martens, *Vitalismus und Expressionismus. Studien zur Poetik und Geschichte der Literatur*, Bd. 22, Stuttgart 1971

Paul Raabe (Hg.), *Expressionismus. Aufzeichnungen und Erinnerungen der Zeitgenossen.* 1965

Wolfgang Rothe (Hg.), *Expressionismus als Literatur.* Bern 1969

Inhalt

Rosamond Lehmann

Band 3771

Band 3767

Rosamond Lehmanns er-
ster Roman handelt vom
Ende der Kindheit, dem
Verlust der Unschuld. Er
spiegelt sowohl die Emp-
findungen einer jungen
Frau auf der Schwelle zum
Erwachsensein als auch den
Zeitgeist der zwanziger
Jahre. »Dunkle Antwort«
wurde bei seinem Erschei-
nen 1927 von Kritikern und
Lesern begeistert aufge-
nommen. Über Nacht
wurde der Roman zum
Erfolg, ein Kultbuch in
Europa.

Dinah und Madeleine, zwei
ungleiche Schwestern, im-
pulsiv und leidenschaftlich
die eine, besonnen und eher
defensiv die andere, voller
Rivalität und doch einander
verbunden: durch die ge-
meinsame Kindheit und
durch die Liebe zu Rickie,
der Madeleines Mann ist
und Dinahs Geliebter wird.
Lange nach Rickies Tod
treffen sich die beiden,
noch unversöhnt, wieder.
»Der begrabene Tag« – ein
Tag der Erinnerungen und
auch der Annäherung.

Fischer Taschenbuch Verlag

Autorinnen in der Collection S. Fischer

Ria Endres
Am Ende angekommen
Dargestellt am wahnhaften Dunkel
der Männerporträts des Thomas Bernhard
Fischer Taschenbuch Bd. 2311

Marianne Fritz
Die Schwerkraft der Verhältnisse
Roman
Fischer Taschenbuch Bd. 2304

Monika Maron
Flugasche
Roman
Fischer Taschenbuch Bd. 2317

Das Mißverständnis
Vier Erzählungen und ein Stück
Fischer Taschenbuch Bd. 2324

Evelyn Schlag
Beim Hüter des Schattens
Erzählung
Fischer Taschenbuch Bd. 2335

Johanna Walser
Vor dem Leben stehend
Fischer Taschenbuch Bd. 2326

Fischer Taschenbuch Verlag

Die Frau in der Gesellschaft

Mariama Bâ
Der scharlachrote Gesang
Roman
Fischer
Die Frau in der Gesellschaft

Band 3746

Dagmar Chidolue
Annas Reise
Roman
Fischer
Die Frau in der Gesellschaft

Band 3755

Monika Maron
Flugasche
Roman
Fischer
Die Frau in der Gesellschaft

Band 3784

Maya Angelou
Ich weiß, daß der
gefangene Vogel singt
Band 5751

Verity Bargate
Das Ende der Straße
Roman
Band 5764

Elfriede Brüning
Partnerinnen
Band 3734

Dagmar Chidolue
Ruth hat lange auf
den Herbst gewartet
Erzählung
Band 3736

Oriana Fallaci
Brief an ein nie
geborenes Kind
Band 3706

Maria Frisé
Montagsmänner und
andere Frauenge-
schichten
Band 3782

Gabriele M. Göbel
Amanda oder Der
Hunger nach
Verwandlung
Erzählungen. Band 3760

Franziska Greising
Kammerstille
Erzählung. Band 3765

Eva Heller
Beim nächsten Mann
wird alles anders
Roman. Band 3787

Angelika Kopečný
Abschied vom
Wolkenkuckucksheim
Eine Liebesgeschichte
Band 3776

Christine Kraft
Schattenkind
Erzählung. Band 3750

Dorothée Letessier
Eine kurze Reise
Aufzeichnungen
einer Frau. Band 3775

Tillie Olsen
Yonnondio
Roman. Band 5243

Marlene Stenten
Puppe Else
Band 3752

Jutta Strippel
Kreide trocknet
die Haut aus
Roman. Band 3733

Monika Tantzscher (Hg.)
Die süße Frau
Erzählungen aus
der Sowjetunion
Band 3779

Sybil Wagener
Das kleinere Unglück
Roman. Band 3748

Hedi Wyss
Flügel im Kopf
Roman. Band 3719
Keine Hand frei
Roman. Band 3732

Yvette Z'Graggen
Zeit der Liebe, Zeit des
Zorns. Band 3757

Fischer Taschenbuch Verlag

Die Frau in der Gesellschaft

Band 3754

Band 3726

Band 3705

Fischer Taschenbuch Verlag

Die Frau in der Gesellschaft

Band 3769

Band 3770

Band 3745

Fischer Taschenbuch Verlag

Die Frau in der Gesellschaft

Sylvia Conradt
Kirsten Heckmann-Janz
» ...du heiratest
ja doch!«
80 Jahre
Schulgeschichte von Frauen
Fischer
Die Frau in der Gesellschaft

Band 3761

Maria Frisé
**Auskünfte
über das
Leben zu zweit**
Fischer
Die Frau in der Gesellschaft

Band 3756

Christina Mei/Gudrun Reinke
**Jenseits
von Mond und
Mitternacht**
Frauen sprechen über Liebe
Fischer
Die Frau in der Gesellschaft

Band 3739

Sylvia Conradt/
Kirsten Heckmann-Janz
»... du heiratest
ja doch!«
80 Jahre Schulgeschichte
von Frauen
Band 3761

Gaby Franger
Wir haben es uns
anders vorgestellt
Türkische Frauen
in der Bundesrepublik
Band 3753

Imme de Haen
»Aber die Jüngste war
die Allerschönste«
Schwesternerfahrungen
und weibliche Rolle
Band 3744

Helga Häsing
Mutter hat
einen Freund
Alleinerziehende
Frauen berichten
Band 3742

Helena Klostermann
Alter als
Herausforderung
Frauen über
sechzig erzählen
Band 3751

Marianne Meinhold/
Andrea Kunsemüller
Von der Lust
am Älterwerden
Frauen nach der
midlife crisis
Band 3702

Jutta Menschik
Ein Stück von mir
Mütter erzählen
Band 3756

Erika Schilling
Manchmal hasse
ich meine Mutter
Gespräche mit Frauen
Band 3749

Inge Stolten (Hg.)
Der Hunger
nach Erfahrung
Frauen nach 1945
Band 3740

Irmgard Weyrather
»Ich bin noch aus dem
vorigen Jahrhundert«
Frauenleben zwischen
Kaiserreich und
Wirtschaftswunder
Band 3763

Fischer Taschenbuch Verlag

Rose Ausländer

Gesammelte Werke in sieben Bänden
Herausgegeben von Helmut Braun

Das Gesamtwerk wird mit einem Registerband
abgeschlossen.

Die Erde war ein atlasweißes Feld
Gedichte 1927–1955
371 Seiten, Leinen

Die Sichel mäht die Zeit zu Heu
Gedichte 1956–1965
360 Seiten, Leinen

Hügel aus Äther / unwiderruflich
Gedichte und Prosa 1966–1975
309 Seiten, Leinen

Im Aschenregen / die Spur deines Namens
Gedichte und Prosa 1976
246 Seiten, Leinen

Ich höre das Herz / des Oleanders
Gedichte 1977–1979
335 Seiten, Leinen

Wieder ein Tag aus Glut und Asche
Gedichte 1980–1982
408 Seiten, Leinen

Und preise die kühlende / Liebe der Luft
Gedichte seit 1983
ca. 200 Seiten, Leinen

S. Fischer

fi 409/3

Marie Luise Kaschnitz

Das Haus der Kindheit
Band 5939

»Die Faszination, welche die Tagebuchform schon stilistisch auf die Autorin ausübte, zeigt sich schon darin, daß sie ihre Kindheit weder in der Form der Erinnerung noch in einer Autobiographie darstellt, sondern durch ein fingiertes Tagebuch einer fingierten Erzählerin (...) in die Gegenwart zieht.«
(Elisabeth Pulver)

Eines Mittags, Mitte Juni
Erzählungen. Band 5815

Dieser Sammelband vereint eine Auswahl aus »Lange Schatten« und einige frühe, bisher wenig bekannte Erzählungen. Poetische Texte, in denen die Realität durchaus ihr Recht behält.

Wohin denn ich
Aufzeichnungen. Band 5814

»Die Einsamkeit und Umweltlosigkeit wird am Einzelfall des Witwenschicksals dargestellt mit einer Kühnheit und Folgerichtigkeit, die ihresgleichen sucht in der von Frauen geschriebenen Literatur.«
(Geno Hartlaub)

Überallnie
Ausgewählte Gedichte 1928–1965
Mit einem Nachwort von Karl Krolow
Band 5720

Die Genauigkeit ihrer Sprache entspricht der Suche nach der »härtesten inneren Wahrheit«, von der Marie Luise Kaschnitz selbst einmal gesprochen hat.

Fischer Taschenbuch Verlag

Else Lasker-Schüler
Gesammelte Werke

»Dies war die größte Lyrikerin, die
Deutschland je hatte... Immer unbeirr-
bar sie selbst, fanatisch sich selbst
verschworen, feindlich allem Satten,
Sicheren, Netten, vermochte sie ihre
leidenschaftlichen Gefühle auszudrücken, ohne das Geheimnisvolle zu
entschleiern und zu vergeben, das
ihr Wesen war.«   (Gottfried Benn)

Gedichte 1902–1943
dtv 10641

Mein Herz
Roman
dtv 10642

Der Malik
Roman
dtv 10643

Der Prinz von Theben
und andere Prosa
dtv 10644

Konzert
Prosa
dtv 10645

Das Hebräerland
dtv 10646

Die Wupper
und andere Dramen
dtv 10647

Verse und Prosa
aus dem Nachlaß
dtv 10648

Auch als Kassette
dtv 5927